A república das milícias

Bruno Paes Manso

A república das milícias

Dos esquadrões da morte à era Bolsonaro

todavia

1. Apenas um miliciano 7
2. Os elos entre o passado e o futuro 37
3. As origens em Rio das Pedras
e na Liga da Justiça 69
4. Fuzis, polícia e bicho 109
5. Facções e a guerra dos tronos 145
6. Marielle e Marcelo 187
7. As milícias 5G e o novo inimigo em comum 226
8. Cruz, Ustra, Olavo e a ascensão do capitão 257
Ubuntu 288

Notas 296

1.
Apenas um miliciano

A entrevista com Lobo foi marcada em frente ao McDonald's da estação de trem da Central do Brasil, o que me deixou animado por dois motivos. Primeiro, ali eu poderia chegar um pouco antes da hora marcada tanto para reduzir minha ansiedade como para observar o intenso vaivém naquele prédio histórico, de onde partia, ainda no século XIX, a estrada de ferro D. Pedro II. A estação, ainda por cima, ficava bem em frente ao Morro da Providência, a primeira favela brasileira, que eu pretendia conhecer. Depois que comecei a pesquisa para este livro, todas as coisas no Rio de Janeiro passaram a ter um lado fascinante. Sentia-me como um turista deslumbrado vagando pelo centro histórico e cultural brasileiro, olhando tudo à minha volta, querendo aprender todas as coisas que ainda não sabia e redescobrir aquelas que eu conhecia apenas de forma superficial.

Em segundo lugar, aquele encontro era especial porque, finalmente, depois de algumas tentativas frustradas, eu iria conversar sobre milícias com alguém que havia participado intensamente desse cenário e que tinha se oferecido para me contar o que sabia. Demorou para conseguir, mas a conversa prometia. Lobo, o entrevistado, vivia num sítio na Baixada Fluminense e não se sentia seguro para falar sobre o tema no bairro em que morava. Naquele dia, ele iria ao centro do Rio para acompanhar o enteado em um curso de gastronomia, ao lado da estação de trem. "Fico preocupado, porque ele volta tarde, e o Rio de Janeiro está muito perigoso. Por isso eu vou com ele sempre que posso. Teremos algumas horas para conversar enquanto espero", ele me sugeriu em uma mensagem de áudio no WhatsApp.

Eu não sabia o que esperar. O relato que ele me fez sobre a família, sua preocupação com a segurança do enteado, suavizavam na minha cabeça a imagem do miliciano. Tínhamos sido apresentados por um colega nosso, que eu havia conhecido meses antes e que trabalhava no sistema penitenciário do Rio. Para convencer Lobo a falar, me comprometi a não revelar seu nome — Lobo é um apelido que surgiu durante o nosso papo. Eu também não daria detalhes que acabassem por denunciá-lo às autoridades ou a inimigos. Garantir seu anonimato era a condição para a nossa conversa. E prometi presenteá-lo com um livro.

Vimos a foto um do outro no WhatsApp para que nos reconhecêssemos na estação. A impressão inicial que tive de Lobo, quando o vi pessoalmente, não correspondeu às minhas expectativas. Ele era forte, com excesso de peso, alto, pouco mais de um metro e oitenta, cabelo curto, quase raspado. Usava boné, uma barba moderna, dois alargadores de orelha e tatuagens grandes em um braço. Vestia uma camisa preta cheia de caveiras estilizadas, que evocavam mais o Dia dos Mortos mexicano do que os esquadrões da morte brasileiros. Parecia um integrante de uma banda de rock indie.

Pegamos o trem e fomos para o hotel onde eu estava hospedado, em Copacabana. Nos acomodamos na varanda, que estava vazia. Pedi duas garrafas de água mineral, dei a ele meu maço de cigarros quase cheio e iniciamos a conversa. Nas mais de cinco horas de papo, Lobo se revelou um ótimo contador de histórias. Falou da infância em São João de Meriti, onde convivia com matadores e grupos de extermínio, de seu ingresso nas milícias no começo dos anos 2000 e também de sua relação com as companhias e os batalhões policiais da região onde atuava. Fumou o maço inteiro.

Falamos ainda dos três anos em que ficou preso, acusado de mais de vinte homicídios e ocultação de cadáveres, de sua absolvição por falta de provas e, por fim, de sua nova vida em liberdade. Ele contou com naturalidade até mesmo episódios truculentos, sem remorso nem vergonha do passado. Não que se mostrasse frio, com toques de perversidade ou coisas do gênero. Nada disso. As histórias se respaldavam em crenças comuns no contexto em que ele viveu e no trabalho que passou a fazer. Na sua rede profissional, como segurança privado e depois miliciano, ações violentas faziam sentido e não eram vistas como problema, mas como solução para fortalecer a autoridade e a ordem num bairro ameaçado por criminosos.

Contou sobre os diversos homicídios que testemunhou ou cometeu como se não fossem nada de mais. E de fato não seriam se eu, seu interlocutor, enxergasse o mundo da mesma forma que ele. Como um soldado que lutou em uma guerra e matou diversos inimigos, Lobo não tinha por que negar seu passado. Fora do combate, tornou a ser um cidadão comum preocupado com a volta para casa do enteado depois do curso de gastronomia.

Lobo falou de violência, portanto, como se fosse um miliciano "reformado"; não precisava mais matar, mas compreendia a relevância e a necessidade dos assassinatos que presenciou ou cometeu. A disposição de praticar homicídios, segundo ele, colaborou na construção do poder e da ordem no bairro onde sua milícia agia. A nova ordem que ele ajudou a criar, na sua concepção, era melhor do que a vigente no passado, estabelecida pelos bandidos e pelo tráfico. A violência fardada dos paramilitares se justificava por ser um meio de defender os interesses dos cidadãos de bem contra a ameaça dos criminosos.

Por isso se orgulhava de ter sido assassino e passado a trabalhar no exército dos paramilitares do Rio — tinha se visto numa guerra contra o crime, e os homicídios, as surras e a violência eram ferramentas de trabalho. Percebi que a sua obsessão por caveiras também tinha a ver com isso. "Essas tatuagens eu fiz na prisão. Minha ideia era fazer uma caveira para cada pessoa que matei. Fiz duas, mas depois desisti de continuar tatuando." Lobo disse que precisou matar pelo menos quatro pessoas quando era miliciano, sem contar as vítimas durante trocas de tiros, que não entram na sua contabilidade por terem ocorrido durante os conflitos. "Mortos de guerra a gente não conta", explicou. Os assassinatos que contam são aqueles feitos para punir ou dar lições, em que ele agiu como se fosse um juiz aplicando uma sentença mortal aos desviantes.

Lobo arregaçou a manga da camisa e me mostrou tatuado o artigo 121, que no Código Penal identifica o crime de homicídio. "Antigamente, quando eu ouvia um 'é nóis', 'já é', 'é o trem', cara do meu lado falando gíria do Comando [Vermelho], eu já queria matar. Depois que fui para a prisão e dividi a cela com muito vagabundo, mudei, aprendi a ver o lado humano", disse. No presídio, Lobo começou a fumar maconha e acabou levando o hábito para sua vida fora da prisão. "Fumo todo dia. É o meu Gardenal. Acabo indo nas bocas comprar. Ainda não gosto de ladrão, mas não é como antes. Mudei minha visão", explicou, justificando com uma frase que seu enteado lhe ensinou e que atribuiu a William Shakespeare: "Quando a mente de uma pessoa evolui, não tem mais como voltar atrás".

A disposição de Lobo para matar, portanto, não era a de um psicopata. Tampouco sua obsessão por caveiras era satânica. Sua determinação homicida não decorria de uma pulsão nem fazia dele um assassino que matava para defender os próprios interesses. Considerava a violência que praticava instrumento em defesa de um ideal coletivo. Definiu sua trajetória com base numa antiga crença segundo a qual o assassinato garantia poder ao assassino e sua transformação em herói na guerra cotidiana contra o crime.

Sobretudo depois dos anos 1960, quando ladrões e criminosos passaram a ser vistos como uma grande ameaça aos moradores das metrópoles, ideias semelhantes de uma justiça retaliativa vinham seduzindo muita gente nas cidades brasileiras. De acordo com essa perspectiva, para anular a violência do crime bastaria ser ainda mais forte e violento que o criminoso. Crenças como essa se popularizaram entre policiais, levando à formação de diferentes arranjos. Policiais e vigilantes se organizaram em todo o Brasil. No Rio de Janeiro e no Espírito Santo, foi criada a Scuderie Le Cocq, em homenagem ao detetive Milton Le Cocq, morto em ação em 1964. Em São Paulo, nos anos 1980, grupos de justiceiros começaram a agir. Em diversas regiões do país, formaram-se batalhões especiais de polícia que exibiam caveiras como símbolo de sua coragem e letalidade no combate aos traficantes de drogas que estavam se armando e controlando territórios. Tais grupos passaram a travar disputas entre si, na tentativa de cumprir em suas áreas de atuação o papel que o Estado brasileiro não parecia capaz, que seria o de garantir, pelo monopólio legítimo da força, a formação de uma autoridade que impusesse a todos o respeito às regras locais. Durante o período democrático, com a propagação desses grupos armados, o Brasil se tornaria o país com a maior taxa de homicídios no mundo, mesmo sem estar envolvido em guerras, conflitos civis, étnicos ou religiosos.

Lobo foi apenas uma das peças dessa engrenagem urbana de conflitos entre grupos que acreditavam participar de uma guerra legítima, cada um defendendo interesses distintos e com efeitos devastadores sobre a imensa maioria da população, obrigada a viver em meio a balas perdidas e submetida à tirania de forças à margem da lei. Lobo ingressou nas milícias, o lado paramilitar dessas organizações, logo que esse modelo começou a se expandir no Rio de Janeiro. Acompanhou, portanto, a rápida expansão desses grupos, que cresceram e se infiltraram nas instituições do Rio, a ponto de se tornarem a principal ameaça à democracia no estado.

Lobo nasceu no final dos anos 1970, em Duque de Caxias, e passou a adolescência em São João de Meriti, um dos treze municípios da Baixada Fluminense. A região, um conjunto de planícies que se estende ao longo de oitenta quilômetros da Via Dutra, ficou famosa como reduto de grupos de extermínio. Apoiados por empresários, bicheiros, políticos municipais e pela polícia local, eles matavam sob a alegação de defender os trabalhadores.

O ex-miliciano se recorda de uma cidade tranquila em sua infância e adolescência, onde ele podia jogar futebol nos campinhos do bairro até as duas da manhã. Conforme registros oficiais, porém, a cidade não era tão calma assim: a taxa de homicídios ultrapassava os trinta casos por 100 mil habitantes no final dos anos 1990. Lobo, mesmo frisando a sensação pessoal de segurança, lembra de ter presenciado assassinatos. "Meu pai trabalhava com obras, fazia empreitadas com um cara conhecido na Baixada como Papa. Papa não era policial, era justiceiro. Não deixava roubarem no bairro. Uma vez, quando eu tinha uns oito anos, estava sentado no bar e vi dois negros passarem pela avenida. Na época, a gente ainda não via fuzil, as armas mais pesadas eram calibre 12. Papa estava passando de carro, parou e matou os dois. Depois entrou no bar, pediu uma cerveja, uma coca pra mim e ficou lá sentado. Eram umas onze da manhã. Passou a viatura da polícia e ele: 'Opa, é tudo comigo'. O problema lá onde eu morava era se você usasse droga ou roubasse."

Assim como outros de sua idade, Lobo curtia baile funk e chegou a descolorir o cabelo, num estilo semelhante ao de jovens de favelas ligadas ao Comando Vermelho. Quase morreu pela ousadia. "Eu vinha subindo a rua, o Papa parou o carro do meu lado, no meu cu não passava nem agulha. Ele acelerou, foi na minha casa e deu o maior esporro no meu pai. 'Pô, seu filho é bandido agora? Tá andando que nem vagabundo. Eu quase matei seu filho. Manda ele cortar o cabelo.'" Foi prontamente atendido.

Em 1998, Papa, que atuava como empresário na região e cujo nome é João Paulo Neves, assassinou o vereador Sérgio

Costa Barros. O político foi sequestrado na Câmara Municipal, colocado no porta-malas do carro e levado até um terreno baldio, onde carro e corpo foram queimados. "Um amigo nosso, o Berimba, vinha pela estrada, viu o Papa e ofereceu carona. O justiceiro aceitou e contou o que tinha feito. Depois disse que o Berimba tinha se tornado cúmplice por ajudá-lo a escapar da cena do crime." Um ano depois, durante as investigações sobre a morte do vereador, a polícia descobriu a identidade do carona. Berimba precisou testemunhar contra João Paulo, virando uma "granada sem pino" que podia explodir a qualquer momento. A vingança de Papa era dada como certa. O matador, no entanto, perdoou o rapaz. Em 2006, Papa foi condenado a dezoito anos de prisão pelo assassinato do político.

Os homicídios, Lobo explicou, funcionavam como um instrumento para controlar os comportamentos desviantes em seu bairro. "Normalmente, só morria quem devia e usava drogas." A ilusão de que as mortes são previsíveis e de que só morre quem desrespeita as regras é uma crença comum entre moradores de bairros onde atuam grupos de extermínio e que eu entrevisto faz alguns anos. Como se tais ações fossem um dispositivo para garantir a preservação das regras locais. Os roubos, estes sim, seriam ações intoleráveis e covardes. Por serem imprevisíveis e atingirem vítimas escolhidas aleatoriamente, causariam medo e repulsa nos moradores. Seriam repudiados e associados a valores negativos por causar imprevisibilidade e desordem. Já os matadores ganhariam aplausos ao resgatar a ordem usando violência contra os violadores das normas locais.

A amizade e o convívio com policiais reforçavam em Lobo a convicção de que violência produz ordem. Uma noite, ao sair de uma casa de shows na Baixada, a Via Show, em companhia de um amigo policial que estava de folga, os dois pararam diante de um carrinho de cachorro-quente que funcionava de madrugada fazia mais de vinte anos. Os donos eram um casal de idosos que vendia o lanche a um real; pelo copinho de refresco, cobravam mais vinte centavos. Enquanto Lobo e o amigo aguardavam na fila, dois jovens pediram seus lanches com suco e se recusaram a pagar pelo refresco. Como o vendedor insistiu na cobrança, eles jogaram uma moeda de cinquenta centavos na cara dele e foram embora dando risada. "Vamos lá que eu vou enquadrar os moleques", o colega policial disse a Lobo. "Calma aí, não vai matar os moleques", Lobo tentou ponderar. "Fica tranquilo, só vou dar uns tapas na cara, uns esculachos." Os dois voltaram para o carro e foram atrás dos garotos. O policial já desceu atirando. "Agora vocês não humilham mais um trabalhador", disse enquanto os executava.

Havia muitos caminhos possíveis para quem vivia em um contexto conflagrado como o da Baixada dos anos 1980 e 1990. O cotidiano de conflitos, ainda que influenciasse as escolhas, não determinava o futuro de ninguém. Existiam, no entanto, incentivos perversos que empurravam os jovens para a violência: talvez o principal deles fosse fazer parte de um grupo que controlava o poder local. Mesmo diante do risco de morte prematura e de prisão, a ideia era forte e sedutora, criava sonhos e oportunidades.

O sonho de agir em defesa da comunidade, bem como as oportunidades geradas no ambiente conflagrado do Rio de Janeiro, atraíram Lobo para a área de segurança. Ele queria ser policial desde pequeno, mas não passou nos concursos públicos. Sempre gostou de armas. Teve o primeiro revólver ainda com dezesseis anos, um "oitão enorme", trocado por uma pistola 9 mm, que, apesar de mais impactante, dificultava a compra de munição. Para ganhar a vida, foi trabalhar como estoquista em uma loja de brinquedos no centro do Rio. A dona, percebendo seu porte de estivador, sempre o colocava para tomar conta da loja no final de ano e o convocava como motorista e segurança em festas noturnas. Ele ia orgulhoso, usando terno e dirigindo o carro da madame.

Demitido da loja, investiu o dinheiro da demissão em um curso de segurança patrimonial. O mercado de segurança privada, em que predominam empresas de policiais, era uma forma de permanecer fiel, por outras vias, a seu sonho de infância, mesmo que longe da corporação. Seguiu em frente e fez o curso avançado de tiro e de transporte de valor, com pistola e espingarda calibre 12 para carros-fortes, e o de segurança pessoal. Ainda assim, a oportunidade de um trabalho formal não aparecia, porque ele nunca tinha sido contratado com carteira assinada, e os empregadores exigiam a comprovação de experiência.

Restaram, portanto, os bicos. Lobo foi trabalhar como segurança numa boate em Botafogo, junto com outros cinco funcionários, liderados por um policial da inteligência da Polícia Militar. Como não ganhava muito e era recém-casado, com uma filha de seis meses, aceitou que um amigo, dono de um açougue em Jacarepaguá, o indicasse para alguns policiais que mandavam na comunidade em frente ao seu comércio e que sempre pediam carne fiada quando faziam churrasco para os moradores. "Conheço um moleque sério que faz segurança", o açougueiro disse a um desses policiais. O policial aceitou a indicação: "Quero falar com ele". O salário era irrecusável, quatro vezes mais do que Lobo ganhava na boate de Botafogo. Precisava tomar uma decisão e acabou aceitando mesmo sem saber direito do que se tratava. Era o ano de 2002, e ali começava sua carreira no negócio que anos depois seria batizado de milícia.

Lobo foi mais do que um segurança normal. Integrou uma espécie de subprefeitura de uma área localizada em um pequeno morro em Jacarepaguá com 1500 casas. Nos três primeiros meses, como se mostrou confiável, acabou se tornando "o frente da comunidade", o segundo posto numa hierarquia cuja liderança era exercida por dois policiais de batalhões cariocas — um da zona norte e outro da zona oeste. O trabalho era remunerado com a taxa de segurança paga à associação de moradores local, que servia de fachada institucional aos milicianos. O grupo de policiais também fornecia aos moradores gás por um preço acima do mercado, produto que eles eram proibidos de adquirir fora do morro. O fantasma da invasão dos traficantes da Cidade de Deus, bairro vizinho controlado pelo fortemente armado Comando Vermelho, favorecia a adesão dos moradores, que não se viam em condições de recusar o pagamento. Tudo com a aprovação tácita do 18º Batalhão de Jacarepaguá, que se aproveitava da parceria para ganhar dinheiro e poder de fogo.

O morro também era vizinho da comunidade do Rio das Pedras, bairro onde a governança, historicamente feita por policiais e associados, era considerada bem-sucedida e começava a servir de exemplo para os arredores. A nova solução para gerenciar o território se baseava na presença de autoridades policiais com capacidade e disposição para usar a violência. Envolvia também uma parceria com a associação de moradores, que fazia contatos no Parlamento municipal para conseguir benfeitorias em troca de votos, e a cobrança de taxas que geravam receitas na própria comunidade, como a venda de gás, instalação de gato de eletricidade e água. Tudo isso com o apoio dos policiais dos batalhões locais.

Em 2002, no pequeno morro de Jacarepaguá, a instalação de TV a cabo clandestina, a "gatonet", ainda não fazia parte do empreendimento. Também não havia espaço físico para a expansão de área para grilagem, ação ideal em regiões próximas a terrenos preservados por leis ambientais. Os policiais, contudo, logo perceberam o potencial da construção de lajes, erigidas sobre o térreo dos barracos, para ganhar dinheiro com aluguel de quartos. Os novos imóveis adensavam o bairro, ampliavam as receitas com as taxas e multiplicavam os votos em potencial a serem trocados com políticos. A vizinha Rio das Pedras, como não podia deixar de ser, era a fonte de inspiração.

"Quando comecei a trabalhar com as milícias, a gente via passar um *paraíba* [forma pejorativa de se referir a pessoas que migraram do Nordeste] com um carro zero quilômetro, vindo lá do Rio das Pedras. A gente pesquisava, perguntava se era miliciano e eles diziam: 'Não, o cara tem trinta lajes na favela'. Aí as milícias começaram a fazer igual."

A estrutura do grupo que comandava o pequeno território em Jacarepaguá era formada pelo sargento e pelo cabo de dois batalhões distintos; eles é quem davam as ordens nos bastidores. Lobo era um dos contratados, numa estrutura de cerca de vinte pessoas, que incluía os funcionários da associação de moradores. "A taxa era de mais ou menos vinte reais por semana para os moradores e cinquenta reais ou mais para os comerciantes. Quando não queriam pagar, a gente era obrigado a oprimir. Botava cartaz na casa das pessoas, batia na porta e perguntava: cadê o dinheiro? Até pagar." O dinheiro era enviado para a associação de moradores local, onde se contavam os valores.

Esse grupo de cerca de vinte homens instalou uma cancela automática na frente da comunidade, para controlar a entrada de moradores. Alguns limites foram criados para o período da noite. Quem chegasse de carro depois da uma e meia da manhã tinha que estacionar do lado de fora. Foi proibida a "estica", ou seja, a venda de drogas na calçada em frente ao morro, onde se revendia a mercadoria vinda da Cidade de Deus. Também ficou proibido o uso de drogas: casas podiam ser invadidas se houvesse cheiro de maconha. Os milicianos conseguiram ainda asfaltar parte das ruas do morro e pagavam salários para moradores varrerem a rua.

Os policiais dos batalhões, donos do negócio, apareciam somente a cada quinzena e eram os principais responsáveis pelo armamento pesado. "Arma nunca faltou", disse Lobo. "Podia ser vendida pela polícia. Um fuzil, por baixo, valia 25 mil reais. O policial que pegava dois fuzis numa apreensão acabava botando

50 mil no bolso. Isso se fosse fuzil velho, um 762 Parafal. Se fosse novo, um AK-47, um AR-15, um AR-10, o cara ganhava 30 mil, por baixo. Havia também o esqueminha do Paraguai com os matutos [atacadistas que compram drogas e armas na fronteira para vender no Rio]. Eles chegavam com arma nova, pistola, Glock, mandavam vir cinquenta, cem de uma vez."

A ligação com os policiais era estreita. Mesmo não sendo concursado, Lobo contou que tinha farda e fazia operações conjuntas com os policiais do 18º Batalhão, com direito a uso de armamentos pesados nas incursões à Cidade de Deus. "Eu entrava no 18º, pegava fuzil, saía, a gente dominava tudo." A parceria acabava funcionando para os dois lados. "Uma vez a gente foi pra uma churrascaria em Jacarepaguá. Fui eu, dois policiais e as piranhas [prostitutas que os acompanhavam]. Quando eu saí, tinha um Kadett prata e uns moleques me olhando. Os moleques olhando... Sabe sexto sentido? Eles foram almoçar na churrascaria. Quando encostei no Kadett, escutei um barulho dentro do carro. Alguém chutando. Esperamos os moleques saírem. Quando estavam chegando na Cidade de Deus, enquadramos. Passamos o rádio pros policiais do 18º. Quando abriram o porta-malas, tinha uma mulher lá dentro. Eles estavam fazendo saidinha de banco, tiravam dinheiro passando em várias agências."

Na leitura de Lobo, a parceria com o batalhão local e a tolerância política aos trabalhos dos milicianos são estruturais e condição para o funcionamento dos serviços de milícia no Rio. "Não adianta. Se não tiver policial junto, o trabalho não vinga. O policial vai se sentir oprimido, ver os caras andando com cordão de ouro, cresce os olhos. Tu não pode falar com eles de dinheiro. Mexe com minha mulher, mas não mexe com o meu bolso."

Durante a fase de expansão desses grupos em Curicica, Taquara, Tanque, Pechincha, Gardênia Azul, Vila Sapê, entre outras comunidades no entorno do bairro-modelo Rio das Pedras, a relação com os paramilitares se estreitava em noitadas animadas em que policiais se reuniam com parceiros depois do expediente em casas noturnas, choperias ou casas de massagem, muitas das quais deles próprios, a maioria na região da Barra, Recreio e Jacarepaguá. "Eram grandes confraternizações", disse Lobo. Nessas reuniões, ninguém podia usar telefone. Existia uma casa em Jacarepaguá, a Fórmula do Gol, uma tenda enorme com uns pagodes, que era o ponto de encontro. Você entrava e brincava: se a Corregedoria [da Polícia] entrar aqui, pega mais de cem pistolas. Tudo miliciano e polícia, cara com corrente de ouro de dois dedos, Nike 12 molas, Omega, Marea, só esses carros na porta. Eu comecei a andar com os donos de onde eu trabalhava, churrasco no Rio das Pedras, assim tu ficava conhecido, pegava o contato e assim tu vai se alinhando."

Outra presença forte testemunhada por Lobo nas comunidades dominadas pelas milícias eram os proprietários de máquinas de caça-níquel, ligadas aos bicheiros, criminosos tradicionais do Rio de Janeiro, com relacionamentos antigos e consolidados com a segurança pública e a política no estado. "Uma vez, a gente tava lá na comunidade fazendo um churrasquinho, e um deles chegou." Lobo afirmou que foi uma situação fora de contexto, inusitada. O homem parou sua picape na entrada do morro, foi até onde eles estavam, deu boa-tarde e perguntou: "Quem é o frente? Quem manda aqui?". Lobo se assustou com a situação e com o tom de voz seguro do interlocutor. "Caralho, o cara chegou com uma pressão fodida, vamos conversar com ele", Lobo disse ao grupo, antevendo complicações. Ele se aproximou do sujeito e explicou: "Tranquilo, irmão, olha só, eu estou na frente, mas não sou o dono, são dois policiais".

O mensageiro, porém, havia ido propor a eles um negócio que poderia aumentar as receitas da milícia. E fez a oferta: "Seguinte, a gente quer colocar umas maquininhas de caça-níquel aqui. Vocês fazem o recolhe, ganham um porcentual". Lobo ficou entusiasmado com a oportunidade e disse que iria acionar os policiais donos do morro para bater o martelo. Tinha expectativas com a novidade, sempre quis se envolver com as maquininhas porque sabia que a presença delas nos bares fazia girar muito dinheiro. "Liguei pros dois e falei: o cara quer botar umas trinta maquininhas." Lobo não esperava a resposta que ouviu do outro lado da linha, pois achava que os donos da milícia "eram o demônio". O policial disse: "Fala que ele pode colocar quantas quiser, que a gente faz o recolhe, guarda o dinheiro dele, e que não precisava dar nada pra gente. Trabalhador gosta, a polícia não vai interferir". Lobo obedeceu, mas achou estranho.

Quando encontrou os dois policiais pessoalmente, perguntou o motivo do acordo desvantajoso. Um deles explicou: "Eu não quero nada com esses caras, a única máfia organizada que existe no Brasil são eles, não quero nada deles, pra eles só trabalho de graça, não se envolve com os caras. O primeiro dia que tu vacilar, eles te matam na hora, matam juiz, desembargador, delegado. Não se envolve".

Duas semanas depois, Lobo estava trabalhando e os policiais foram buscá-lo no morro. "Como era quase meio-dia, achei que a gente ia almoçar na churrascaria. Mas eles me levaram na Cidade de Deus. Tinha um corpo na rua, cheio de moeda de um real na boca. 'A gente te trouxe aqui pra tu ver. Quer se envolver com caça-níquel, olha o que acontece; esse cara fazia um recolhe e deu a volta nos caras. Quando eles enchem a boca de moedas, é porque o cara roubou deles, deu a volta neles.' Aí aprendi. O que é bom eu sempre guardo. Se o cara que era polícia, bravo, não queria se envolver, imagina eu, que não era nada." As máquinas foram instaladas sem tarifa para os bicheiros. E aí no Dia das Crianças, das Mães, eles bancavam as festas, davam bicicletas, geladeiras e televisões para sortear no bingo, agradando os moradores e fortalecendo a milícia.

Na zona oeste, a aliança informal entre paramilitares, policiais e bicheiros ia além do dinheiro que proporcionava aos integrantes da rede. Havia também o discurso de que essa nova força devia marcar posição e fazer frente ao avanço dos rivais do tráfico de drogas. Muitos desses milicianos moravam na zona oeste com suas famílias, tinham ligação com a região, o que reforçava o elo com a comunidade. Conforme se ampliavam os territórios dominados pelos aliados, aumentava a rede de apoio entre eles e o arsenal de armas à disposição dos milicianos, que se apoiavam na luta contra os rivais. A capacidade de rapidamente arregimentar um pequeno exército, formando um bonde pesado em defesa dos interesses econômicos e territoriais dos integrantes do grupo, garantia o poder dos milicianos na zona oeste. As facções também formavam seus bondes e arregimentavam armamentos e homens entre os morros aliados. A diferença fundamental era que o bonde da milícia contava com o apoio das próprias polícias e comandos, detendo mais capacidade de inteligência e articulação.

Essa ligação garantia, inclusive, capacitação para os soldados menos preparados. Numa noite, Lobo e dois jovens de sua milícia estavam de guarda na comunidade, quando um bonde da Cidade de Deus passou atirando contra eles. A situação se agravou quando um dos garotos da milícia não conseguiu disparar o fuzil que segurava. Travou e os agressores perceberam. Restou a Lobo aguentar a troca de tiros com uma Glock e três carregadores. "Para evitar que essa situação se repetisse, os chefes contrataram um sargento do Bope [Batalhão de Operações Policiais Especiais], e tivemos duas semanas de treinamento numa mata", disse Lobo.

Mesmo sem um comando único — cada grupo ainda descobria as potencialidades de mercado e receitas em seu território —, havia uma afinidade natural entre os colegas de farda e seus aliados. Isso não significava, necessariamente, vida fácil no controle das comunidades, já que boa parte dos moradores era forçada a fazer pagamentos para o grupo, o que gerava resistência. A gestão dos milicianos, portanto, sentiu a necessidade de desenvolver estratégias de poder local, para que sua liderança fosse vista como benéfica. O poder se fortalece, Lobo diz, quando a liderança é respeitada em vez de temida. Espancamentos, assassinatos e ações simbólicas de força faziam parte da rotina, e cada grupo podia pesar a mão com estratégias distintas. "Podia ir do corte de cabeça à conversa", disse Lobo. "Eu sempre preferi a conversa."

Lobo contou que na comunidade que ele liderava, os policiais donos da milícia eram inclementes. Ele, no entanto, recorria ao diálogo, pois acreditava ser essa a melhor forma de escapar do Disque-Denúncia, entidade civil que colabora com a segurança pública do Rio de Janeiro ao passar, com a garantia do anonimato, informações da população sobre crimes e violência, a fim de orientar ações da polícia e da Justiça.

Uma estratégia bem-sucedida para a consolidação da autoridade foram os churrascos com moradores, também frequentados por homens com uniformes e armas de calibre pesado, representando a nova lei local. Funcionava quase como um teatro público, cheio de simbolismos, para que as pessoas não só enxergassem o tamanho da encrenca, caso pensassem em desobedecer às regras, mas também para que se aproximassem deles. "Não adiantava simplesmente chegar em silêncio", Lobo explicou, ponderando que excesso de força, por si só, pode não funcionar. "Marca um churrasco, avisa os moradores, dá pra eles carne e cerveja, e coloca um monte de homem armado na festa."

Para manter a boa relação com os moradores, assumir o papel de provedor sempre foi o método. Betinho, na época chefe da milícia na comunidade da Vila Sapê, seguia esse procedimento no começo dos anos 2000. Quando via um garoto andando descalço, oferecia um chinelo. Se estava com cabelo grande, "como um mendigo", mandava cortar e pagava o serviço. "O segredo de ganhar a comunidade era fazer o que o Estado não conseguia fazer. Até escola particular pra criancinha especial o Betinho pagava. Quando o tráfico quis voltar, os moradores amavam tanto o pessoal que alguns até pediam armas para ficar atirando da janela nos traficantes", contou Lobo.

A disposição para usar a força bruta continuaria fundamental, porque sempre havia aqueles que "desacreditavam", explicou Lobo. Mesmo quando eles passaram a exercer o monopólio da venda de gás, por exemplo, havia um vendedor que insistia em entrar de moto com botijão. Lobo avisou que era proibido, mas o vendedor voltou, como "se quisesse pagar para ver". Então surgia o dilema típico para um miliciano: como ensinar aos demais que sua autoridade não deve ser desrespeitada? No caso, preferiram, em vez de matar, "apenas" queimar a moto do vendedor.

A proibição do consumo de drogas na comunidade também era problemática. A milícia de Lobo proibia o uso no morro. A "lição aos infratores" era dada por meio de coronhadas, socos, tapas e espancamentos, dependendo do caso. Lobo contou o caso de um menino pego com cem gramas de maconha prensada. Primeiro fizeram o garoto dichavar a droga, produzindo um volume suficiente para encher um copo grande. Depois, o obrigaram a comer tudo, misturado com Coca-Cola quente, o que levou o jovem a ficar três dias internado no Centro de Tratamento Intensivo do hospital, "vomitando verde".

Outro garoto do bairro, também conhecido por abusar do consumo de drogas, levou uma surra um dia, tendo os braços quebrados, entre outras torturas, porque também era acusado de roubar na comunidade. Certo dia, quando Lobo foi levar sua pistola para consertar em um armeiro do morro, enquanto esperava, esse mesmo garoto se aproximou dele com uma tesoura, tentou enfiá-la na cabeça do miliciano e depois fugiu. Esse tipo de atentado foi considerado imperdoável e danoso para a imagem da milícia local. Eles tinham que punir aquela ousadia de forma exemplar. Durante duas semanas, procuraram o garoto, que havia fugido para a vizinha Cidade de Deus. Ele foi visto por um X-9, informante de policial, que ajudou a armarem uma arapuca, chamando o garoto para comprar pó. Depois de morto, ele teve as mãos, os pés e a arcada dentária arrancados por um conhecido das milícias, especialista em não deixar vestígios de corpos e que cobrava quinhentos reais pelo serviço de desaparecer com as provas.

A existência de falas e crenças que justificam a ação dos homicídios se repete em realidades com taxas elevadas de violência, permitindo aos assassinos e homens violentos agir e depois explicar suas razões sem constrangimento. Essas justificativas, que se reproduzem como um padrão nas dezenas e dezenas de entrevistas que venho fazendo com matadores durante anos, sempre me impressionaram. Eles falam como se as vítimas fossem culpadas da própria morte; como se eles, os matadores, estivessem apenas agindo conforme as regras da coletividade local. Entender o processo de formação dessas falas e crenças sempre foi o objetivo das minhas pesquisas. Por que e como esses homens passam a acreditar que matar é certo, mesmo sendo ilegal? Não se trata de uma questão trivial, uma vez que o crescimento das cidades civilizadas dependeu da consolidação desse tabu que interditou os assassinatos, que se tornou lei sagrada e fortaleceu freios morais internos que impediram os homens de matar seus iguais. Por que, como e quando essa lei deixou de funcionar e nos tornamos o país com o maior número de homicídios no mundo mesmo em tempos de paz?

Lobo, por exemplo, contou a história de um jovem amigo policial que fazia vídeos matando pessoas que para ele se enquadravam na categoria das que deviam morrer. Depois mandava as imagens para o seu grupo de amigos mais próximos no WhatsApp. "Para de mandar essas mensagens, senão saio do grupo", alertou Lobo. O policial era deslumbrado com o próprio poder. Ligava para Lobo de madrugada, bêbado, dando tiros para o alto em frente a bares de São João de Meriti. Numa dessas performances, quase foi morto por dois garotos do Comando Vermelho. Ele e os colegas perceberam a tempo que seriam atacados, conseguindo se antecipar e matar os dois.

Segundo Lobo, o pai desse jovem era um policial aposentado, respeitado na cidade, honesto. Nunca quis que o filho entrasse na polícia, mas não conseguiu evitar. Lobo apelou para a figura do pai a fim de convencer o amigo a mudar de atitude. "Se você não for mais discreto, seu pai vai ficar sabendo." O jovem policial, contudo, respondeu que isso não o preocupava, porque quando entrou na corporação recebeu estes conselhos do pai: "Tu pode matar quem quiser, isso é contigo, porque quem vai ficar com a pica é tu. Mas veja bem. Eu te visito na cadeia como homicida, mas se tu for preso como corrupto ou ladrão, esquece que tu tem pai. Não vou passar a vergonha de ver meu filho virar ladrão depois de trinta anos de uma carreira íntegra na polícia". E concluiu para Lobo: "Meu pai é bravo pra caralho, mas ele não esquenta a cabeça se eu matar. Só se eu roubar".

Num contexto conflagrado, mesmo os fatos mais cruéis acabam se naturalizando. Podem chocar o entrevistador, que precisa se esforçar para manter o semblante impassível, ou assustar pessoas que observam de fora, mas não aqueles que convivem com essa realidade. O filho de onze anos de Lobo contou a ele um dia ter testemunhado a punição de um jovem que tinha roubado o celular da mãe de um traficante do morro vizinho, sem saber quem era o dono. O tráfico não perdoou. "Eles ficaram batendo nele [no ladrão do celular] o dia inteiro, amarrado num botijão de gás. Depois picotaram ele todinho. No final do dia, quando estava escurecendo, amarram os pés e os braços dele, cortaram o moleque no meio e ficaram arrastando o corpo, dando risada, umas três horas; depois jogaram bola com a cabeça dele, valendo mil, seis contra seis", o filho de Lobo relatou ao pai. "Meu moleque viu tudo", disse Lobo, narrando a cena de barbárie sem indignação, entendendo que ela fazia parte de um cotidiano impossível de mudar.

Lobo, no entanto, foi empurrado para fora dessa dinâmica de conflitos. Depois de mais de três anos trabalhando na milícia, em dezembro de 2005 ele participou daquela que seria a surra derradeira e que levaria parte de seu grupo para a prisão. As complicações começaram por causa de uma menina do bairro que namorava um garoto apontado como vapor do tráfico na Cidade de Deus. Os milicianos alertavam a menina para tomar cuidado e romper o namoro. Ela não dava ouvidos. Um dia, a garota levou o namorado para visitar sua família, para indignação dos policiais, que invadiram a casa dela e acabaram batendo na mãe e no pai, um borracheiro da comunidade. A mãe denunciou a agressão na Delegacia da Mulher, que prendeu Lobo, os policiais-chefes da quadrilha e mais duas pessoas.

No dia da detenção, eles foram presos por seus amigos do distrito e do batalhão policial do bairro, numa situação constrangedora. Lobo contou: "A gente frequentava muita orgia, puteiro, termas junto com eles. No sábado da minha prisão, ia ter a gravação de um DVD de pagode numa casa de shows. Muita gente ia se encontrar lá. Eu estava na associação porque era dia de pagamento. O pessoal indo pagar as taxas e eu fazendo segurança, quando meu colega foi me avisar: 'Caralho, tem um monte de carro da polícia parado lá embaixo'. Tranquilo, eu falei, é tudo amigo meu". Os policiais subiram e lançaram um olhar estranho em sua direção. "Percebi que tinha alguma coisa errada", disse Lobo. "A casa caiu", um dos policiais disse a ele. "Você está com sua identidade? Tem um mandado de prisão contra você." Lobo estava com uma pistola 45 e com três granadas de efeito moral. Entregou tudo ao policial e disse: "A gente não troca tiro. Tamo numa só, tudo junto e misturado". Chamou o advogado e imaginou que sairia na mesma noite. Na delegacia, percebeu que a barra estava pesada e que haviam armado contra ele.

"A surra da família foi só desculpa", disse. No tempo em que esteve preso, veio a saber que o interesse deles tinha entrado em choque com o de uma milícia concorrente, ligada a um deputado estadual poderoso. Na semana que antecedera à prisão, o policial dessa milícia havia chegado à paisana na área de Lobo, com uma pistola 762, sem camisa e com um colete à prova de balas. Foi abordado porque Lobo não o conhecia e achou que poderia ser um traficante. A abordagem causou confusão. Lobo precisou chamar seus chefes, os policiais proprietários, para evitar troca de tiros. Eles deram razão a Lobo e esculacharam o invasor: "Quando só tinha encrenca, nego desovando carro abandonado por aqui, você não vinha. Agora não se mete aqui. Quando entrar, tem que pedir licença. Você está arrumando problema com o cara [Lobo], porque ele é PI [pé inchado, termo pejorativo para se referir a segurança privado]. Tem que falar comigo, que sou Mike [gíria para policial]".

A prisão, segundo Lobo, foi uma forma de o chefe da outra milícia mostrar poder e lembrar quem de fato mandava naquela área. Lição aprendida a duras penas. A milícia de Lobo não tinha as mesmas conexões políticas nem os mesmos contatos na segurança pública. Essas conexões são importantes, porque não faltam razões para prender integrantes desses grupos. Basta querer. No caso da milícia à qual Lobo pertencia, os policiais da delegacia local foram ao cemitério clandestino, usado para a desova de corpos, e acusaram o grupo pela morte de mais de vinte pessoas enterradas ali. A prisão do grupo não acabaria com o negócio. Apenas o levaria a mudar de mãos, promovendo novos arranjos entre policiais, que assumiriam o controle do território.

Foi uma das primeiras prisões de milicianos. Outras viriam a acontecer sobretudo a partir de 2007, quando o tema ganhou destaque na imprensa. Historicamente, houve no Rio dois núcleos a partir dos quais esse modelo de negócios se irradiou. Um deles, em Jacarepaguá, se consolidou com o domínio exercido por policiais na associação de bairro da comunidade de Rio das Pedras. Outro núcleo, na região de Campo Grande e Santa Cruz, cresceu com a presença de policiais no setor de transportes clandestinos de vans, dando origem ao grupo conhecido como Liga da Justiça. A grande novidade desses modelos de negócios na cena criminal do Rio é que os policiais, ao se organizarem em milícias, passaram a disputar territórios e mercados com facções do tráfico, que antes se relacionavam com policiais pagando propinas e comprando armas e munições.

Não é simples precisar quando esse modelo territorial, inspirado no Rio das Pedras, começou a crescer para os bairros vizinhos. Mas existem alguns marcos. Um deles é apontado pelo delegado Vinicius George, um dos profissionais mais experientes da polícia do Rio. George era chefe de gabinete do deputado Marcelo Freixo durante a CPI das Milícias, ocorrida em 2008 na Assembleia Legislativa do Rio de Janeiro. Liderada por Freixo, a comissão pediu o indiciamento de 225 pessoas, entre políticos, policiais, agentes penitenciários, bombeiros e civis. O delegado cita um episódio ocorrido na Vila São José Operário, na Praça Seca, quando policiais militares, cansados dos atrasos de pagamento de propinas, executaram o grupo de traficantes do morro. O resultado foi a perda momentânea dos financiadores. Diante do vácuo de poder, esses policiais perceberam que eles próprios poderiam ganhar dinheiro no território, sem intermediários. Com o tempo, assim como ocorreria nos bairros vizinhos de Jacarepaguá, eles passaram a cobrar por serviços de segurança, sinal de TV a cabo e internet, a vender gás, alugar barracas, a cobrar taxas de mototáxi e transporte alternativo. Ganharam o apoio político de um vereador do Partido Republicano (PR), Luiz André Ferreira da Silva, o Deco, que expandiu a atuação para as comunidades vizinhas de Bateau Mouche, Chacrinha, Mato Alto e Bela Vista. A expansão foi rápida porque havia comunidades abandonadas pelo poder público e um modelo de negócio pronto para ser replicado. Eles ganhariam para fazer o que o Estado não fazia.

Antes da prisão de Lobo, em dezembro de 2005, ainda era difícil entender o que vinha ocorrendo. A detenção do grupo foi noticiada de forma discreta, em pequenas notas de jornal. A jornalista Vera Araújo, de *O Globo*, foi a primeira a perceber a gravidade dessa movimentação de policiais. Em março de 2005, ela assinou a reportagem inaugural sobre o tema e responsável pelo batismo da ação paramilitar como obra de "milícia". O termo foi usado em razão do espaço limitado para o título: "Milícias de PMs expulsam tráfico", dizia a manchete da página 18 do jornal. A linha fina, usada abaixo do título, explicava: "Grupos de policiais assumem o controle em 42 favelas, mas há denúncias de abusos". No dia seguinte, em nova reportagem, Vera e a jornalista Virgínia Honse, também de *O Globo*, apontaram a existência de onze grupos, seis deles chefiados por policiais militares, como protagonistas da ofensiva que teria tomado 42 favelas de Jacarepaguá e da Barra da Tijuca, na zona oeste do Rio.

A matéria descrevia ainda uma série de características do modelo de negócios que começava a se consolidar: cobrança por serviços de segurança, assistência social, fornecimento de cestas básicas para ganhar a simpatia dos moradores, venda de gás e arrecadação com linhas do transporte clandestino. Era nessa região que Lobo atuava, sob a vista grossa do 18º Batalhão. Mesmo sendo de conhecimento público e da inteligência da segurança pública do Rio, o assunto, contudo, morreu por algum tempo. Nos meses seguintes, ocorreram as primeiras desavenças internas em outra rede de milicianos, principalmente envolvendo disputas sobre transporte clandestino em Campo Grande e Santa Cruz, mas ainda sem grande repercussão nos jornais.

O avanço territorial dos paramilitares sobre as comunidades da zona oeste voltou a ganhar destaque depois de uma série de ataques realizados na cidade às vésperas do réveillon de 2006, mais precisamente na madrugada de 28 de dezembro. Criminosos armados com fuzis e granadas, divididos em cerca de vinte carros, praticaram diversos ataques e atentados contra delegacias, ônibus e postos policiais, matando dezoito pessoas e deixando trinta feridos. Dois policiais militares estavam entre os mortos e oito entre os feridos. Muitos atentados se concentraram na zona oeste, no entorno de Jacarepaguá e das regiões dominadas pelas milícias. O primeiro ataque ocorreu na Barra da Tijuca, onde um policial foi assassinado e outro ferido com tiros de fuzil. Na cena mais trágica, um ônibus que ia do Espírito Santo para São Paulo foi incendiado na avenida Brasil e sete pessoas morreram queimadas.

O governo do estado, comandado por Rosinha Garotinho, se apressou em anunciar que os ataques eram um recado ao governador eleito, Sérgio Cabral Filho, que assumiria em 2007, para que não endurecesse o sistema prisional. Anthony e Rosinha Garotinho encerravam seu ciclo de oito anos no poder. Lembro que, quando ouvi essa notícia na época, imediatamente me ocorreu que as facções cariocas tinham imitado os criminosos das facções paulistas. Sete meses antes, em maio de 2006, o Primeiro Comando da Capital (PCC) havia realizado diversos atentados contra agentes de segurança, delegacias, ônibus e postos policiais, matando 59 policiais e agentes num único fim de semana. Os criminosos paulistas deram uma demonstração de força depois que o governo estadual transferiu 765 lideranças para uma penitenciária de segurança máxima. De dentro dos presídios, o grupo estabeleceu uma nova ordem no mercado criminal de São Paulo, com regras e protocolos para os participantes desse universo, encerrando as rivalidades entre pequenos grupos que marcaram os anos 1990 no estado. A ação foi interpretada como uma demonstração de poder das lideranças do PCC, para mostrar aos criminosos que havia uma autoridade a ser respeitada no mundo do crime paulista.

No Rio, a situação caminhava em outra direção. O domínio territorial continuaria estratégico para diversos grupos criminosos em disputa. Os paramilitares seriam mais um a participar da confusão. No começo dos anos 2000, havia o Comando Vermelho, o maior deles, e o Amigos dos Amigos, que ainda estava junto com o Terceiro Comando, numa união batizada como Terceiro Comando dos Amigos. Os dois últimos grupos romperiam, e a briga daria origem, em 2003, ao Terceiro Comando Puro. No entanto, as novas estratégias da banda podre da polícia, se espraiando a partir de dois núcleos no entorno de Jacarepaguá, Campo Grande e Santa Cruz, que apostavam no controle dos bairros para ganhar dinheiro, não faziam parte do tenso acordo que havia anos as facções mantinham com os policiais. Os paramilitares seriam, afinal, mais uma força a participar da pesada disputa pelo controle das mais de setecentas comunidades pobres do estado, numa concorrência já acirrada e violenta.

Foi essa revolta, na verdade, que o Comando Vermelho buscou tornar pública no dia 28 de dezembro de 2006, apoiado por facções concorrentes, quando atacou policiais e moradores do Rio. Como se tentasse protestar contra a concorrência daqueles cuja missão deveria ser prendê-los. O conteúdo de panfletos apócrifos apreendidos nos locais dos atentados deixava evidente a denúncia feita pelos criminosos. As milícias eram chamadas de "Comando Azul", em referência à cor dos uniformes da Polícia Militar. "Rosinha e Garotinho apoiam a milícia contra o pobre e o favelado. A milícia massacra os pobres da favela e a resposta é o rio de sangue", dizia um dos panfletos. Essa hipótese foi depois confirmada pelo secretário de Administração Penitenciária da época, Astério Pereira, que identificou nos ataques a revolta dos criminosos com a entrada de policiais na disputa por territórios. Ele mostrou um documento da Subsecretaria de Inteligência, apresentado à cúpula da Secretaria de Segurança, informando dos planos para os ataques no dia 28. Escutas mostravam que o traficante Jorge Ferreira, o Gim, da Cidade de Deus, havia se reunido com chefes de outras facções criminosas no Morro da Mangueira, na zona norte, para organizar as ações em represália às invasões de milícias.

Se os ataques de 2006 ocorreram em um novo contexto, de certa forma representaram também uma reclamação antiga, registrada na crônica policial do Rio de Janeiro pelo criminoso Lúcio Flávio, cuja vida deu origem ao filme *Lúcio Flávio, passageiro da agonia*, dirigido por Hector Babenco em 1976. Na década de 1970, ao ser preso, Lúcio Flávio reclamou das relações entre os policiais do Esquadrão da Morte com o crime, indignado com a entrada dos policiais no negócio. E soltou a frase: "Polícia é polícia, bandido é bandido. Não devem se misturar, igual água e azeite". O conselho nunca seria levado a sério.

A conversa com Lobo era um elemento entre tantos para eu entender a história da violência e suas dinâmicas a partir do Rio de Janeiro. A sensação era de que um século não seria o bastante para eu conhecer a complexidade local. Algumas perguntas de fundo que me perseguiam desde outras pesquisas voltariam a se repetir nas investigações sobre o Rio. Eram perguntas diferentes das que agentes de segurança e da Justiça costumam fazer em busca de provas que apontem a culpa ou a inocência de alguém. Minha investigação, ao contrário da deles, não buscava fazer julgamentos, mas compreender por que e como a sociedade vem produzindo esses comportamentos violentos e induzindo seus participantes a seguir esses caminhos. Minhas questões eram outras: como esses grupos criminosos se articularam? Quais as características das crenças e dos discursos em defesa de conflitos e homicídios e como elas se formaram? Que mecanismos sociais entraram em ação? Qual o papel dos erros e das omissões das instituições? Ainda havia a principal pergunta, inescapável, que minha investigação tentaria responder: até que ponto a realidade do crime no

Rio de Janeiro ajudaria a entender a escolha dos eleitores por Jair Bolsonaro para presidente do país em 2018? Bolsonaro, visto como um político contrário à corrupção, defendia abertamente uma guerra violenta contra o crime, mesmo que ela produzisse homicídios. Ele queria o armamento da população e tinha ligações diretas com integrantes de grupos milicianos do estado. Como e por que chegamos a essa situação? Por que roubo e corrupção chocavam mais o eleitor do que a violência?

Lobo era apenas um miliciano, um pé inchado, nem policial ele era, e na prisão o chamavam, com desdém, de Milicinha, por ele não ter vínculo oficial com as forças de segurança. Depois que o entrevistei naquele hotel em Copacabana, conforme outras informações surgiam, nossa conversa pareceu ter levantado um fio no emaranhado de dados e relatos que poderia ser puxado para revelar uma história pouco conhecida. A trajetória de Lobo me ajudava a entender o contexto de Jacarepaguá no começo dos anos 2000 e o papel do 18º Batalhão naquela região; dava mais cores ao cenário onde trabalhou o sargento Fabrício Queiroz, cuja carreira policial transcorreu, na maior parte do tempo, naquele batalhão. Desenrolando o fio, também era possível chegar ao então tenente Adriano Magalhães da Nóbrega, que depois viraria capitão. Queiroz e Adriano da Nóbrega se conheceram em 2003 no 18º Batalhão. Anos depois, em 2007, Queiroz se tornou o faz-tudo do gabinete do deputado Flávio Bolsonaro. Já Adriano da Nóbrega foi protegido pela família Bolsonaro durante anos, com parentes empregados no gabinete de Flávio, mesmo durante o período em que mergulharia no crime do Rio para se tornar um dos criminosos mais violentos da cena local.

Também era preciso entender a história dos dois núcleos de formação das milícias cariocas, o de Rio das Pedras, em Jacarepaguá, e o de Campo Grande e Santa Cruz. Conhecendo a origem desses grupos, ficou claro como essas quadrilhas, mesmo depois de uma CPI que prendeu centenas de envolvidos, se reinventaram e se tornaram ainda mais poderosas. Em paralelo, era preciso investigar o modelo varejista de drogas no Rio de Janeiro e a história recente da polícia fluminense, sobretudo sua ligação com a contravenção — grupos de extermínio, esquadrões da morte, jogo do bicho — e com os porões da ditadura militar.

Ao lado da polícia, também desempenham papel central nessa narrativa em defesa de uma ordem violenta as Forças Armadas. Desde a redemocratização, em 1985, alguns grupos militares se ressentiram da perda de protagonismo e se uniram em torno de ideais que só vieram à tona depois da eleição de Bolsonaro em 2018. Durante anos, esses movimentos ficaram longe do debate público, com as instituições, a imprensa e os políticos praticamente alheios, como se a democracia, reconquistada a duras penas com a Nova República, pudesse se perpetuar por inércia, sem que fossem necessários cuidados e ajustes.

Durante quase três décadas, a situação parecia estável. A inflação foi controlada, a moeda se estabilizou e o Brasil voltou a crescer, com diminuição da pobreza e expansão de serviços públicos na saúde e educação. No Rio de Janeiro, houve anos de euforia, com a descoberta das reservas de petróleo do pré-sal em 2006, a implementação das Unidades de Polícia Pacificadora em comunidades dominadas pelo tráfico a partir de 2008 e com a expectativa da realização da Copa do Mundo e das Olimpíadas nos anos seguintes. Quando esse ciclo virtuoso se interrompeu, não houve liderança capaz de reverter o quadro. A operação Lava Jato, deflagrada pela Polícia Federal, deu origem a uma sequência de denúncias e prisões por corrupção a partir de 2014. Em junho de 2013, a população tinha ido às ruas e de lá não saiu pelos três anos que se seguiram, protestando em meio a uma intensa crise fiscal, econômica e política. O caldeirão havia sido destampado, transbordando raiva e ressentimento.

No Rio, a situação se agravou com a falência fiscal do Estado. Os assassinatos voltaram a crescer a partir de 2017, e multiplicaram-se as notícias de novos territórios ocupados pelos milicianos. Em 2016, o impeachment da presidente Dilma Rousseff acirrara os ânimos da população, inviabilizando a gestão do sucessor, o vice-presidente Michel Temer, também atingido pelas investigações da Lava Jato. No dia 16 de fevereiro de 2018, o governo decretou intervenção federal no estado do Rio de Janeiro, para "estancar a crise da segurança no Rio", segundo anunciava o governo. Tropas do Exército foram enviadas para a cidade e parte da cúpula das Forças Armadas assumiu a segurança pública carioca. Os holofotes da imprensa nacional e internacional focalizaram os desdobramentos da intervenção.

Com todos os olhos voltados para as tropas militares na cidade, uma bomba explodiu no dia 14 de março de 2018, às vésperas do aniversário de um mês da intervenção federal. O assassinato da vereadora Marielle Franco e do motorista Anderson Gomes colocou em xeque a credibilidade do Exército e das forças de segurança do estado. Marielle era uma das vozes mais críticas à intervenção federal. Com seu assassinato, era como se os milicianos dessem um recado claro: não importa a presença do Exército, os olhares da imprensa nacional e estrangeira, o interesse dos políticos e das instituições democráticas — quem manda no Rio são as milícias.

A eleição de Jair Bolsonaro se deu nesse turbilhão. Com ele, foram eleitos políticos que desdenharam do assassinato de Marielle e que a difamaram depois de sua morte. O interventor do Rio, o general Walter Braga Netto, desafiado e humilhado pelos milicianos, assumiu em 2020 o cargo político mais importante do governo Jair Bolsonaro, a chefia da Casa Civil. Braga Netto passou a liderar o governo de um político que sempre defendeu a ação, e até mesmo a legalização, dos grupos paramilitares e que havia feito pouco caso do assassinato de Marielle. A dimensão dos problemas em que o país se enredou tornou-se ainda mais assustadora com a pandemia do novo coronavírus a partir de março de 2020, com um governo repleto de militares e um presidente negacionista que deixou o vírus se espalhar de forma descontrolada.

Desenrolar o fio dessa história, sem a intenção de buscar culpados, ajuda a compreender a lógica por trás das escolhas feitas e dos caminhos seguidos por seus protagonistas. A raiva e o ressentimento que inundaram as ruas levaram representantes desses sentimentos autodestrutivos à liderança do país. Entender essa trajetória, para evitar que esses erros se repitam, é uma das poucas saídas que restam aos brasileiros.

2.
Os elos entre o passado e o futuro

Em 2002, quando Lobo começava suas atividades nas milícias, o sargento da polícia militar Fabrício Queiroz era uma figura presente nas ruas de Jacarepaguá. Lotado no 18º Batalhão, Queiroz, assim como Lobo, era apenas uma pequena peça na longeva engrenagem social de produzir conflitos no Rio. A história dele só ganharia relevância anos depois, em 2018, com a eleição do presidente Jair Bolsonaro. Queiroz era amigo leal do presidente e se tornaria um assistente parlamentar merecedor de toda a confiança de Jair e da família Bolsonaro.

O vínculo do sargento com Jacarepaguá não era apenas profissional. Era nessa região da zona oeste que Queiroz e seus familiares viviam, com endereços na Praça Seca, Taquara e Freguesia. Ele havia entrado no 18º Batalhão em 1994, sete anos depois de ingressar na PM. Passou nove anos lá. Era considerado pelos colegas um policial linha de frente, corajoso, do tipo que não fazia olho de vidro para o crime. Esse vínculo pessoal com o território onde moravam seus familiares e vizinhos de Jacarepaguá dava ao seu trabalho ares de missão: era preciso protegê-los do tráfico e das drogas. A área do inimigo, para Queiroz, seus colegas do 18º e os paramilitares da zona oeste, tinha endereço certo: Cidade de Deus, bairro estratégico para as vendas do Comando Vermelho, uma das ilhas varejistas do comércio de entorpecentes na região.

A parceria dos policiais do 18º com os milicianos, conforme Lobo descreveu, expandiu esse modelo de negócios das quadrilhas fardadas na primeira metade dos anos 2000. Os dois lados tinham afinidades relevantes: além das batalhas cotidianas com os traficantes da Cidade de Deus, nenhum dos grupos via problema em ganhar um dinheiro extra cobrando por proteção e por outros serviços de forma ilegal. Naquela época, a principal referência na região de Jacarepaguá era Rio das Pedras, favela que também pertencia à área de patrulhamento do 18º Batalhão. O bairro era famoso por não admitir a presença de traficantes e por ser controlado por policiais que também moravam na região.

Esses grupos eram vistos como aliados e por isso tolerados como reforço nos embates recorrentes contra o crime local. Nem o 18º nem os demais batalhões da polícia recusavam esse apoio armado, e além disso muitos ainda podiam faturar com parcerias. A disposição de Queiroz para o confronto, junto com colegas do 18º, apareceu em vários episódios de sua carreira, casos quase sempre ocorridos na Cidade de Deus. Em 1997, quando ainda era soldado, recebeu um aumento salarial por ações policiais em que teria demonstrado "alto preparo profissional ao agir com destemida coragem para alcançar o sucesso das missões". O bônus, criado anos antes por meio de um decreto apelidado de "gratificação faroeste", premiava policiais que se envolviam em conflitos. Foi extinto em 1998, mas Queiroz entrou com uma ação para que a gratificação fosse integrada a seu salário.

Em sua trajetória profissional, Queiroz participou de diversas ocorrências com indícios de irregularidade que envolveram mortes, mas que acabaram esquecidas no limbo dos arquivos da Justiça. Afinal, havia o consenso entre autoridades de que os excessos da guerra travada pelos policiais contra o crime deveriam ser tolerados. Como se a violência cometida por eles estivesse perdoada de antemão. Não foram poucas as confusões em que ele e seus colegas se meteram. No dia 2 de outubro de 1998, durante uma ronda na Cidade de Deus, Queiroz e outro sargento prenderam um suspeito na Favela Karatê, uma das áreas mais pobres do bairro. Jorge Marcelo da Paixão, de 47 anos, foi levado à delegacia. Os dois policiais disseram que Paixão fora flagrado com uma pistola, munição e sacolés de cocaína. O suspeito já havia cumprido pena de 24 anos por homicídio e estava em liberdade condicional. Preferiu ficar calado e aguardou o julgamento numa cela do distrito.

Um mês depois, diante da juíza, Paixão declarou ter sido vítima de achaque. Disse que estava trabalhando como mecânico na casa de uma vizinha, quando os policiais chegaram ao local e pediram 20 mil reais para não prendê-lo. Conhecido como Gim Macaco, Paixão era um criminoso com grande potencial de gerar lucro para os policiais, por sua longa história no crime. Havia estado no presídio de Ilha Grande com presos políticos em 1973 e garantiu ter mudado de vida quando saiu de lá. Quatro testemunhas confirmaram ao Ministério Público a versão do achaque dada por Paixão, inclusive a dona da casa onde ele trabalhava naquele dia. Os quatro policiais que acompanhavam Queiroz e o outro sargento não testemunharam a favor dos colegas. O promotor do caso, Felipe Rafael Ibeas, então, pediu a absolvição de Paixão e determinou que a Corregedoria investigasse Queiroz por falso testemunho, abuso de autoridade e denunciação caluniosa. Paixão foi solto. Os policiais envolvidos na ação, entre eles Fabrício Queiroz, não foram punidos. "Casos suspeitos como esse envolvendo policiais não eram incomuns. Você percebe que há algo estranho na hora da audiência, quando ouve os testemunhos das vítimas", afirmou o promotor Ibeas, que não acompanhou os desdobramentos da investigação na Corregedoria.

Na noite de 16 de novembro de 2002, quatro anos depois desse episódio, Queiroz se envolveu numa ocorrência que provocou a morte de um jovem de dezenove anos, depois de um alegado tiroteio ocorrido num baile funk na Cidade de Deus. O sargento Queiroz disse na delegacia que foi atacado primeiro, por isso atirou, agindo em legítima defesa. A vítima,

Gênesis Luiz da Silva, levou um tiro na nuca e morreu no hospital. O caso não teve repercussão nem desdobramento na Justiça. Seria apenas mais um naquele ano marcado pelo crescimento da violência policial no Rio de Janeiro, que chegaria a novecentos homicídios — aumento de 52% em relação ao ano anterior. A governadora petista Benedita da Silva vinha tendo dificuldades para controlar os policiais militares. As denúncias de corrupção não paravam de pipocar. Benedita havia assumido em 2002 como vice de Anthony Garotinho (PSB), que tinha deixado o cargo para disputar a presidência. Benedita ficaria menos de um ano no governo. Os policiais "mineiros" aproveitaram essa breve transição no governo para faturar.

"Mineiro", do verbo minerar, garimpar, é a gíria usada para definir o policial que consegue identificar um criminoso endinheirado ou procurado a fim de extorqui-lo. Para os policiais mineiros, não importa se o alvo é traficante, sequestrador, ladrão de banco ou de carga. Quanto mais rico, maior o potencial de lucro do policial e maior sua receita com a extorsão. Para encontrar essas pedras preciosas, contudo, é preciso dispor de bons informantes e saber separar o minério da lama. O pedido de 20 mil reais que o sargento Queiroz fez a Jorge Marcelo da Paixão, acusado de tráfico na Cidade de Deus, para não prendê-lo foi um caso típico desse garimpo. Pelo menos de acordo com a acusação feita por Paixão, arquivada na Justiça. A mineração era um dos artifícios usados pelos policiais para obter receitas com o crime antes que se consolidasse o modelo de negócios dos milicianos de domínio de território para a obtenção de receitas criminais diversas. Queiroz viveu o período de transição entre esses dois tipos de negócio. E foi justamente a partir de 2002 que a área sob a responsabilidade do 18º Batalhão teve mais de quarenta comunidades de Jacarepaguá dominadas pelos paramilitares, sem prejuízo para os negócios criminais anteriores.

Ainda em novembro de 2002, menos de duas semanas depois de Queiroz ter matado Gênesis Luiz da Silva no baile funk, um grande escândalo implicaria diretamente os comandantes do 18º Batalhão em denúncias de extorsão de traficantes na Cidade de Deus. Segundo essas denúncias, os policiais estavam aterrorizando a comunidade para forçar os integrantes do tráfico local a lhes pagar o "arrego", outra palavra corrente nas conversas cotidianas sobre o crime no Rio de Janeiro. Pagar o arrego significa comprar a trégua com o batalhão ou o distrito local, que então passa a tolerar o movimento de vendas no território. O pagamento do arrego foi fundamental para consolidar o mercado de drogas nos anos 1990 no Rio, uma espécie de regulamentação informal do varejo de drogas estabelecida na ponta pelo policiamento. No caso da extorsão policial na Cidade de Deus, três oficiais do Grupamento Especial Tático Móvel (Getam) foram presos preventivamente depois de serem gravados pelo presidente da Associação de Moradores pedindo que ele passasse um recado aos traficantes: eles deveriam pagar 120 mil reais para evitar as abordagens e operações no bairro e no baile funk local. Arrego básico.

Mas a bagunça no 18º era tamanha que quadrilhas de policiais do batalhão disputavam o arrego entre elas. "Quem vai zoar a porra da favela é o Getam, e não tem essa porra, quer pagar pra lá [outro grupo de PMs], paga! Não quer pagar pro Getam, não paga! Essa indefinição não tá com nada, ele [oficial do 18º] falou que quer, ele quer é 120 contos na mão!", disse o major do Getam, sobre o total a ser pago para eles, na gravação feita pelo presidente da associação do bairro. A situação era delicada. Os traficantes não queriam pagar para o Getam porque já bancavam os policiais do batalhão. Diante desse impasse, os policiais eram enviados à comunidade para patrulhar os bailes funks, atrapalhando os ganhos do tráfico. O presidente da associação contou, na época, que diversas operações começaram a ser feitas no bairro para pressionar o pagamento. A solução encontrada por ele foi gravar o pedido de arrego e denunciar os policiais.

Queiroz estava inserido nesse ambiente de extorsão, mineração e arregos. Mas o modelo de milícias que começava a se expandir em Jacarepaguá proporcionava novas oportunidades, menos arriscadas e mais estáveis. As milícias dispensavam o tenso contato cotidiano com o crime para praticar extorsão. Dominado o território, o relacionamento passava a ser com a população e a economia local, principal fonte das receitas. A partir de 2003, durante o governo de Rosinha Garotinho, esse modelo seria tolerado por alguns políticos. Em 2005, o sargento dos Bombeiros Cristiano Girão, acusado mais tarde de chefiar as milícias em Gardênia Azul, nos arredores de Jacarepaguá, seria indicado assessor especial da governadora.

Em 2003, Queiroz voltaria a se envolver em confusão. No dia 15 de maio, ele participou de um homicídio ao lado de um tenente novato, Adriano Magalhães da Nóbrega, recém-chegado ao 18º Batalhão. Apesar de jovem, Adriano tinha uma ficha respeitável. Com 26 anos, o tenente já havia feito curso no Batalhão de Operações Policiais Especiais (Bope) e tinha formação de *sniper*, atirador de elite. Era chamado de Urso Polar. O jovem também gostava da linha de frente, o que ajudou a estreitar laços com o experiente sargento Fabrício Queiroz, de 37 anos, conhecedor das ruas da zona oeste e do garimpo na Cidade de Deus.

O homicídio cometido pela dupla ocorreu durante uma ronda no bairro preferido dos mineiros. A vítima foi o técnico de refrigeração Anderson Rosa de Souza, pai de dois filhos, segundo o atestado de óbito. Os policiais alegaram ter reagido a uma agressão e afirmaram que Anderson gerenciava o tráfico na Cidade de Deus. O caso entrou na conta da guerra às drogas. O depoimento dos dois, alegando legítima defesa, bastou para o arquivamento da ocorrência, que entrou no balanço de mortes cometidas pela polícia.

Depois desse homicídio na Cidade de Deus, Fabrício Queiroz e Adriano da Nóbrega deixaram o 18º Batalhão, mas mantiveram a amizade. Queiroz foi para o Batalhão de Policiamento em Vias Especiais e Adriano, para o 16º Batalhão, que desde o ano anterior, 2002, era um foco de acusações de arregos e corrupção. Naquele ano, o chefe da Corregedoria Unificada da Secretaria de Segurança Pública pôs sob suspeita alguns policiais do 16º, que foram investigados por dar guarida ao traficante Paulo César Silva dos Santos, o Linho, nome forte do Terceiro Comando e um dos bandidos mais procurados do Rio. Os policiais daquele batalhão também estavam envolvidos no esquema de cobertura ao traficante Elias Maluco, do Comando Vermelho, acusado de matar o jornalista Tim Lopes em 2002. Élcio de Queiroz, policial preso em 2019 e apontado como o motorista do carro usado por Ronnie Lessa para assassinar Marielle Franco e Anderson Gomes, também trabalhava no 16º Batalhão.

A ligação do clã Bolsonaro com a rede de paramilitares e milicianos que se formava na zona oeste se estreitou em 2002 com a eleição de Flávio Bolsonaro para a Assembleia Legislativa do Rio de Janeiro. O deputado de apenas 22 anos, neófito no Parlamento, pretendia se vender como o representante político e ideológico dos "guerreiros fardados" que lutavam por espaço e poder nos territórios do Rio. Ao longo dos anos, coube a Fabrício Queiroz o papel de principal articulador dessa rede de apoio no mandato do deputado primogênito. Queiroz seria fundamental para ajudar a fortalecer a base de votos do clã Bolsonaro nos batalhões policiais, para onde levou Flávio, em sua primeira campanha, para pedir votos.

Queiroz era amigo de Jair Bolsonaro desde os tempos do Exército. Eles se conheceram em 1984, no oitavo grupo de Artilharia de Campanha Paraquedista, na Vila Militar no Rio. Flávio, então, tinha três anos e chamava Queiroz de tio. Na mesma artilharia, em 1987, Queiroz conheceu o futuro vice-presidente Hamilton Mourão, trabalhando como motorista do jipe do oficial. Na época, Bolsonaro sugeriu ao soldado que prestasse concurso para a polícia. O ingresso de Queiroz na corporação ocorreu naquele mesmo 1987, e a relação de lealdade e confiança entre os dois se manteria desde então.

Quando Flávio se elegeu deputado estadual, Jair Bolsonaro, o chefe do clã, estava em uma encruzilhada. Na época, final de 2002, Jair era uma figura com perspectivas eleitorais duvidosas. Folclórico no Congresso Nacional, com apelo restrito à parcela ultraconservadora do eleitorado, parecia destinado a perder força, a exemplo de diversos parlamentares populistas, defensores de uma polícia truculenta. Faltava a ele jogo de cintura para se aproximar dos partidos e dos colegas. Ostentava ainda um temperamento paranoico, o que parecia um empecilho aos acordos que definiam os poderes na Nova República. Na eleição de 2002, Jair obteve menos votos do que em suas duas eleições anteriores, apesar do sobrenome ainda ser popular. O futuro presidente do Brasil parecia satisfeito em seguir no Parlamento, diante da situação política adversa. Mas precisaria suar. A direita, sem espaço no período da redemocratização, também estava fragilizada naquele ano. Depois de três derrotas consecutivas, o candidato Luiz Inácio Lula da Silva finalmente venceu as eleições e iniciou seu primeiro mandato como presidente.

A eleição do filho mais velho de Jair Bolsonaro, o zero um, abriu espaço para a família no debate estadual da segurança pública. Flávio era o segundo rebento a ganhar uma eleição se valendo do nome da família. Dois anos antes, Carlos Bolsonaro, o zero dois, tinha sido o mais jovem vereador eleito da história do Brasil, com dezessete anos. Segurança pública, entretanto, não era um tema para debater no âmbito municipal. Na Assembleia Legislativa, Flávio poderia brilhar defendendo a bandeira populista do pai da guerra contra o crime. Com isso também poderia se destacar entre os mandachuvas da política fluminense, como os deputados Paulo Melo, Jorge Picciani e Domingos Brazão, pouco conhecidos fora do Rio, mas capazes de grande articulação no submundo político. Naquele ano, o futuro governador Sérgio Cabral Filho deixaria a Assembleia depois de três mandatos consecutivos, para concorrer ao Senado, de onde sairia para assumir o governo do Rio em 2007.

Flávio se movimentava com tranquilidade na zona de conforto da família Bolsonaro, entremeando sua pauta antidireitos humanos com projetos de lei em defesa da polícia e com homenagens a seus integrantes. Por sugestão do pai, Flávio entregou inúmeras medalhas a policiais, mesmo àqueles flagrados em ações suspeitas. Durante seus quatro mandatos na Assembleia Legislativa do Rio de Janeiro (Alerj), Flávio Bolsonaro aprovou 495 moções e concedeu 32 medalhas a policiais militares, policiais civis, bombeiros, guardas municipais e membros do Exército, da Marinha e da Aeronáutica.[1] As homenagens, que naqueles anos não passavam de agrado à sua base eleitoral, acabaram deixando um rastro das afinidades da família Bolsonaro com os milicianos mais perigosos do Rio. A insistência em condecorar os maiores vilões da corporação deixou cristalizada a ideologia de guerra que Jair Bolsonaro sempre sustentou.

As primeiras homenagens ocorreram ainda no primeiro ano do mandato de Flávio Bolsonaro, no dia 27 de outubro de 2003. O sargento Fabrício Queiroz estava entre os laureados e recebeu uma moção de louvor e congratulações concedida pelo Parlamento. A estrela principal, contudo, foi Adriano Magalhães da Nóbrega, o tenente que carregava na bagagem a marca da caveira do Bope e a parceria com Queiroz nas vielas da Cidade de Deus. Na homenagem, havia ainda sete integrantes do Grupo de Ações Táticas do 16º Batalhão de Olaria, onde Adriano passara a trabalhar poucos meses antes.

O texto da homenagem era o mesmo para todos: "Com vários anos de atividade este policial militar desenvolve sua função com dedicação, brilhantismo e galhardia. Presta serviços à Sociedade desempenhando com absoluta presteza e excepcional comportamento nas suas atividades. No decorrer de sua carreira, atuou direta e indiretamente em ações promotoras de segurança e tranquilidade para a Sociedade, recebendo vários elogios curriculares consignados em seus assentamentos funcionais. Imbuído de espírito comunitário, o que sempre pautou sua vida profissional, atua no cumprimento do seu dever de policial militar no atendimento ao cidadão".[2] O fato de alguns homenageados serem suspeitos de extorsão não preocupava. Afinal, a prática era tolerada pela corporação. Os verdadeiros inimigos, no entender desse núcleo, eram os bandidos e os defensores de direitos humanos e dos controles estabelecidos pela legislação, que não entendiam os riscos envolvidos na guerra contra o crime.

Algumas homenagens pareciam concebidas apenas para provocar polêmica. Eram oportunidades para um deputado sem brilho se afirmar como herdeiro das ideias folclóricas do pai. Em março de 2004, o homenageado foi o capitão Ronald Paulo Alves Pereira, que atuava no 22º Batalhão, por seus "importantes serviços prestados ao estado do Rio de Janeiro quando da operação policial realizada no Conjunto Esperança no dia 22 de janeiro de 2004 às 0h30 que resultou em confronto armado com marginais da Lei, onde três destes vieram a falecer, sendo um deles o meliante Macumba, líder do tráfico no Conjunto Esperança, Complexo da Maré, logrado êxito em apreender dois fuzis M16 A2, uma granada marca FMK de fabricação argentina, dois aparelhos de telefonia celular, um rádio transmissor da marca ICOM, 58 projéteis intactos de 5.56 mm e três projeteis de 7.62 mm".[3]

Três meses antes, o capitão Ronald havia sido acusado de participar da chacina de quatro jovens — entre eles um garoto de treze anos — na casa de espetáculos Via Show, em São João de Meriti, na Baixada Fluminense. Os jovens foram abordados no estacionamento pelo chefe da segurança de uma boate, formada por policiais que faziam bico. Geraldo, uma das vítimas, era soldado do Exército. Foi acusado de tentar roubar um carro pelo chefe da segurança, que acionou os policiais militares. Os PMs espancaram os garotos e os levaram para uma fazenda distante, onde foram torturados e depois assassinados com tiros de fuzil. Os corpos foram encontrados três dias depois num cemitério clandestino. Além de Ronald, oito policiais foram acusados pelo crime. Quatro acabaram condenados, sendo três deles soldados. Ronald, o único oficial envolvido na chacina, desmembrou o processo e continuou trabalhando normalmente como policial. Com o incentivo de políticos como o deputado Flávio Bolsonaro.

No caso de Adriano e de seus colegas do Grupo de Ações Táticas do 16º Batalhão, a homenagem ocorreu um mês antes de uma situação suspeita e escandalosa, que estouraria em seguida. Depois da homenagem de Flávio na Assembleia Legislativa do Rio, Adriano e os policiais laureados foram presos, acusados de sequestro, tortura e extorsão de três jovens em Parada de Lucas, comunidade da zona norte da cidade. Segundo testemunhos, os policiais aplicavam a velha prática da mineração e do arrego. Contudo, um homicídio em especial desafiou a Secretaria de Segurança, comandada na época por Anthony Garotinho, que assumira o posto na gestão de sua esposa e sucessora no governo do Rio, Rosinha Garotinho.

A vítima de Adriano e sua tropa foi o guardador de carros Leandro dos Santos Silva, de 24 anos, morto com três tiros. Antes de ser assassinado, Leandro esteve na Inspetoria de Polícia, órgão criado por Garotinho com a finalidade de apurar desvios de policiais, para fazer uma denúncia. Contou que, na semana anterior, tinha sido espancado por policiais do 16º Batalhão e foi obrigado a pagar mil reais a eles. De acordo com o depoimento de Leandro, os policiais usaram sacos plásticos para asfixiá-lo e exigiram outros mil reais para deixá-lo em paz. Leandro foi levado à delegacia para confirmar as denúncias e depois encaminhado ao Instituto Médico Legal para o exame de corpo de delito. O subsecretário de Segurança, Marcelo Itagiba, e o inspetor combinaram com Leandro um flagrante, para prenderem o grupo no ato do pagamento do arrego. Não deu tempo. Ele foi assassinado às 6h30 na porta de casa.

Adriano e os demais foram indiciados por homicídio qualificado. Garotinho entendeu que sua autoridade havia sido desafiada e determinou a prisão dos suspeitos. O comandante do 16º Batalhão, o tenente-coronel Lourenço Pacheco Martins, foi à delegacia armado de fuzil para defender a tropa e ameaçou processar os jornalistas que estavam na porta da delegacia. O gesto levou Garotinho a exonerá-lo, afirmando aos jornais que os PMs haviam plantado provas para forjar um tiroteio e assassinar a vítima que prestaria testemunho. Durante as investigações do caso, a Inspetoria apurou mais dois casos de sequestro e tortura praticados pelo grupo.

Em janeiro de 2004, Adriano e os policiais foram presos preventivamente. Apesar da repercussão do caso e da evidência dos crimes, Flávio Bolsonaro voltou a homenagear Adriano da Nóbrega. Em junho de 2005, mesmo preso ele recebeu uma honraria ainda mais importante: a Medalha Tiradentes. Conforme o regimento da Assembleia Legislativa, ela deve ser concedida "a personalidades nacionais ou estrangeiras que, de qualquer forma, tenham serviços prestados ao estado do Rio de Janeiro, ao Brasil ou à humanidade". O deputado usou uma ocorrência de quatro anos antes para justificar a homenagem, e escreveu: "[Em] 26 de junho de 2001, [Adriano] logrou êxito em prender doze marginais no Morro da Coroa, além de apreender quatro fuzis calibre 7.62, uma submetralhadora calibre 9 mm, duas pistolas .40, uma granada argentina FMK, quatro carregadores calibre 5.56, três carregadores calibre 7.62, dois carregadores calibre .40, 106 munições calibre 5.56, dezesseis munições calibre .40, 130 munições calibre 7.62, 22 munições calibre 9 mm, uma faca e noventa trouxinhas de maconha".

Adriano recebeu a Medalha Tiradentes no Batalhão Especial Prisional em setembro de 2005. Com isso, o deputado Flávio Bolsonaro marcava posição em defesa de seu protegido e de tudo aquilo que os crimes de Adriano representavam.

Como os matadores e achacadores estavam moralmente perdoados, cabia agora lutar com todas as armas para ludibriar a Justiça. Antes do julgamento que condenaria a equipe de Adriano em agosto de 2004, policiais do 16º Batalhão foram acusados de minerar um ex-traficante e obrigá-lo a depor em benefício de Adriano e de seus companheiros. Uma nova finalidade da mineração. Seis policiais, entre os quais o comandante do 16º, foram presos administrativamente por causa da denúncia. A vítima era José Roberto da Silva Filho, o Robertinho de Lucas, ex-líder da favela em que Leandro foi morto. Robertinho tinha sido chefe do Terceiro Comando e um dos traficantes mais famosos do Rio nos anos 1990. As disputas sangrentas travadas com a vizinha Vigário Geral ficaram na memória da cidade. Ele havia sido preso sete anos antes, em 1997, na gestão do delegado Hélio Luz na Polícia Civil, famoso por prender os principais chefões do tráfico. Solto em 2002, Robertinho dizia ter mudado de vida. O estigma de bandido, contudo, dava brecha para a polícia chantageá-lo. Segundo o depoimento de Robertinho na delegacia, ele foi torturado e coagido a convencer os moradores de Parada de Lucas a retirarem a acusação contra os policiais do 16º e a testemunhar em defesa deles. Como se recusou, os policiais plantaram uma arma durante o flagrante e o prenderam.

Os capítulos desse imbróglio policial se desenrolavam longe do interesse geral e da imprensa. Adriano tinha as costas quentes e conseguia transformar seus crimes comuns em questões políticas para os Bolsonaro, seus protetores. Em outubro de 2005, um júri popular condenou Adriano da Nóbrega a dezenove anos de prisão pelo homicídio do guardador de carros Leandro dos Santos Silva. Quatro dias depois, o então deputado federal Jair Bolsonaro foi à tribuna da Câmara Federal defender o tenente. Bolsonaro pediu à deputada Denise Frossard, ex-juíza criminal, que o ajudasse a reverter a condenação. Na interpretação de Bolsonaro, tudo não passava de disputa ideológica, e Adriano tinha sido injustamente condenado.

"Sr. presidente, sras. e srs. deputados, antes de iniciar, peço à deputada Juíza Denise Frossard que ouça minhas palavras, pois não tenho experiência nessa área e quero depois me aconselhar com sua excelência. Na segunda-feira passada, pela primeira vez compareci a um Tribunal do Júri. Estava sendo julgado um tenente da Polícia Militar de nome Adriano, acusado de ter feito incursão em uma favela, onde teria sido executado um elemento que, apesar de envolvido com o narcotráfico, foi considerado pela imprensa um simples flanelinha. Todas as testemunhas de acusação — seis no total — tinham envolvimento com o tráfico, o que é muito comum na área em que vivem", iniciou Bolsonaro.[4] O deputado insinuava que a incriminação dos policiais havia sido armada pelos traficantes. Para livrar o policial da acusação, bastaria desqualificar a vítima ou as testemunhas na Justiça.

Durante a investigação, no entanto, os testemunhos foram confrontados com o GPS da viatura. A hora e o local das torturas e dos achaques citados pelas vítimas coincidiam com a localização da viatura no momento dos crimes. O discurso de Bolsonaro não levava em conta essas informações, porque era sobretudo ideológico. O deputado estaria sempre ao lado do policial, com uma lealdade incondicional. "O que é importante analisar no caso?", continuou ele em seu discurso na Câmara Federal. "Não considero que a promotoria o condenou, deputada Denise Frossard. Um dos coronéis mais antigos do Rio de Janeiro compareceu fardado, ao lado da promotoria, e disse o que quis e o que não quis contra o tenente, acusando-o de tudo que foi possível, esquecendo-se até do fato de ele sempre ter sido um brilhante oficial [...]. Terminado o julgamento, ao conversar com a defesa, fiquei sabendo que ela não conseguira trazer para depor o outro coronel que havia comandado o tenente acusado. Por quê? Porque qualquer outro coronel que fosse depor favoravelmente ao tenente bateria de frente com o coronel e, com toda a certeza, seria enquadrado por estar chamando de mentiroso o colega coronel."

Para o futuro presidente do Brasil, a punição do tenente Adriano da Nóbrega e o aumento do controle da polícia estavam ligados, acima de tudo, à subserviência do governo Rosinha e Anthony Garotinho a ONGs estrangeiras e aos direitos humanos, uma agenda imposta de fora para dentro. "É importante saber a quem interessa a condenação pura e simples de militares da Polícia do Rio de Janeiro, sejam eles culpados ou não. Interessa ao casal [Rosinha e Anthony] Garotinho, porque a Anistia Internacional cobra a punição de policiais em nosso país, insistentemente. É preciso ter um número xis ou certo percentual de policiais presos. O Rio é o estado que mais prende percentualmente policiais militares e, ao mesmo tempo, o que mais se posiciona ao lado dos direitos humanos", completou, como se fizesse uma denúncia.

Apesar da condenação de Adriano e de seu grupo por júri popular, um ano depois o caso chegou à segunda instância da Justiça. Os desembargadores anularam a decisão com o argumento de que os jurados analisaram as provas de forma equivocada. Adriano foi absolvido em janeiro de 2007. Com o apoio de Bolsonaro, ganhou uma avenida aberta para mergulhar em sua meteórica carreira criminosa.

O apoio à ideia e a ações violentas de guerra contra o crime não surgiu do nada. Ele dialogou com percepções e sentimentos sinceros e profundos da população carioca. Em 2002, quando um novo modelo de milícias se espraiava por Jacarepaguá, uma série de tragédias assustava a cidade, cansada das disputas cotidianas que envolviam facções rivais por poder e pelo varejo das drogas.

A sensação de não haver como combater o poder do tráfico se aguçou em junho daquele ano, quando o jornalista Tim

Lopes, da Rede Globo, foi assassinado por traficantes da Vila Cruzeiro, no Complexo do Alemão. Lopes foi criado no Morro da Mangueira, bairro pobre e tradicional da região central do Rio, que começou a se formar nas duas primeiras décadas do século XX por moradores vindos de cortiços e de casas demolidas das imediações. A origem social do repórter facilitava seu trânsito entre mundos diversos. Tim Lopes amava samba e futebol. Era vascaíno fanático e mangueirense apaixonado. Pretendia publicar um livro com histórias do Carnaval.

Na ocasião do crime que o vitimou, Tim Lopes investigava a opressão armada imposta pelos vendedores de droga nos morros, tema arriscado porque exigia a busca por imagens proibidas pelo tráfico. Em 2001, munido de uma microcâmera, ele havia conseguido filmar uma feira de drogas, o que rendeu ao jornalista e sua equipe o principal prêmio nacional de telejornalismo naquele ano. A matéria, exibida no *Jornal Nacional*, mostrava o comércio livre na rua da Grota em plena luz do dia. Vendedores ofereciam maconha a dois reais, pó em promoção a cinco ou uma trouxinha maior por quinze reais. Filas para comprar cocaína se formavam em pontos de venda vigiados por homens armados de fuzis. Crianças com uniforme escolar, mães com bebês de colo, pessoas voltando do trabalho, todas obrigadas a andar no meio daquele cenário opressivo. A reportagem ironizava a desinformação da polícia sobre a existência da feira. Bastou a exibição para que policiais entrassem no Alemão e os organizadores fossem presos.

Quase um ano depois, Tim voltou ao mesmo morro para denunciar os bailes funk. Fontes tinham informado o repórter de que nesses eventos havia drogas em abundância e sexo com garotos e garotas menores de idade. Dessa vez, ele foi descoberto pelos traficantes, alguns dos quais frequentadores da feira de drogas que ele revelara no ano anterior. Antes de morrer a golpes de espada, Tim foi torturado e queimado entre pneus em chamas. Durante sete dias, o jornalista ficou desaparecido.

O impacto da descoberta e das circunstâncias da morte de Tim Lopes provocou indignação em entidades de jornalismo, em governantes e autoridades do Brasil e do mundo.

A primeira reportagem do *Jornal Nacional* anunciando o desfecho do crime — que ocupou todo o programa — foi, na minha visão parcial de jornalista que cobria temas parecidos, um dos momentos mais emocionantes do telejornalismo brasileiro. "Os traficantes que o mataram devem estar acreditando que calaram a sua voz. Estão errados", disse o apresentador William Bonner ao final daquela edição, olhando para as câmeras como se dialogasse com Tim. "A sua voz será ouvida, cada vez mais alto, em cada reportagem que nós, jornalistas do Brasil, fizermos. A sua voz vai ecoar na redação da Globo e nas casas de cada cidadão de bem. Em vez do silêncio, o nosso aplauso." A câmera, então, mostrou toda a equipe do jornal em pé, batendo palmas, em homenagem ao jornalista assassinado.

A morte de Tim Lopes era mais um efeito trágico da disputa entre facções rivais como Comando Vermelho (CV), Amigos dos Amigos (ADA) e Terceiro Comando (TC). O comércio das drogas movimentava muito dinheiro, com empreendedores fortemente armados e dispostos ao tudo ou nada. Ninguém duvidava que a próxima desgraça seria questão de tempo. Naquele mercado lucrativo, pequenos movimentos bastavam para interferir no cotidiano da cidade. Em março daquele ano, 2002, por exemplo, a detenção de um chefe do tráfico do CV, na Vila Kennedy, provocou um bonde de mais de uma centena de homens ligados ao TC e à ADA, armados com fuzis, granadas e bazucas, para tomar o território. Bonde, gíria comum no vocabulário criminal carioca, designa o apoio de armas e homens para grupos aliados na tomada de territórios rivais. Essa movimentação vinha sendo acompanhada por escutas feitas pela polícia, que se antecipou ao ataque e ocupou o Morro do Adeus, desmobilizando o bonde que partiria de lá. Mas não adiantou. Dois dias depois, os traficantes voltaram a se reunir com os aliados para espalhar o terror pela zona norte e passar um recado aos policiais. O comboio do TC e da ADA saiu pela madrugada fazendo disparos com fuzis, atingindo um carro da polícia, uma delegacia, prédios residenciais, antes de executar um sargento num posto policial e ferir um soldado do Batalhão de Operações Especiais que havia participado da invasão do morro na noite anterior.

Poucos dias depois, os conflitos migraram para as ruas do Catumbi e do Estácio, em mais uma disputa entre TC e CV, dessa vez pelos pontos de venda no Morro do São Carlos. Quatro pessoas foram mortas e sete ficaram feridas com balas perdidas, entre elas uma criança de oito meses e a mãe. Na noite dos tiroteios, a um quilômetro dali, na Praça da Apoteose, ocorria o show de Roger Waters, com 35 mil pessoas. Policiais foram transferidos para a região dos conflitos e intensificaram a troca de tiros. O calibre pesado dos armamentos tornou a situação especialmente dramática: as balas perdidas atravessaram paredes e portas de carro.

A rivalidade havia começado quatro anos antes, quando uma aliança entre TC e ADA promoveu um desequilíbrio na geografia do tráfico do Rio. A nova joint venture criminal criou uma rede com mais armas e homens e com a possibilidade de fazer frente ao Comando Vermelho. Além do mais, o TCA (TC + ADA) tinha contatos bem articulados nas fronteiras, capazes de importar armas do Paraguai em grande quantidade, quebrando o domínio de Fernandinho Beira-Mar, que abastecia o CV. Policiais estimavam que a parceria entre as duas facções tinha quase dobrado o total de comunidades sob o domínio delas, com mais de cem disputas somadas e espalhadas pelo mapa da cidade. As taxas de homicídio na capital, que haviam caído para menos de quarenta casos por 100 mil habitantes no fim dos anos 1990, voltaram a ultrapassar a casa dos cinquenta casos por 100 mil habitantes depois dos anos 2000. Esses embates pipocavam em diversas regiões da cidade: espalhavam-se pelo asfalto, produziam balas perdidas e tiroteios, fechavam túneis, paravam o trânsito. Histórias como essas eram testemunhadas pela população e contadas em elevadores, restaurantes, bares, no transporte público, na praia, ampliando a sensação de desamparo e de ausência do poder público.

Em agosto de 2002, esse medo que impregnava o cotidiano do Rio de Janeiro marcou o clima da estreia do filme *Cidade de Deus*, clássico do cinema nacional. O bairro onde o filme se passa ganhou fama mundial com o estrondoso sucesso da obra dirigida por Fernando Meirelles, baseada no livro homônimo de Paulo Lins. A trajetória de Dadinho, menino que se tornou um dos primeiros traficantes de lá, conhecido como Zé Pequeno, se baseava em fatos reais. Ao mesmo tempo que abriu as portas para investimentos em novas produções e para o estímulo de uma cena cultural no território, a exposição da crueldade dos traficantes na tela grande também ajudou a aumentar a fama de um local já estigmatizado em uma cidade onde as autoridades sabiam ser cruéis com os bodes expiatórios da vez.

"Em *Cidade de Deus*, meninos de dez anos pegam em armas. Matam. É como se, de repente, um filme tivesse o poder de revelar uma doença incurável, ou ao menos um mal para o qual ainda não se descobriu a cura", escreveu Eduardo Eugenio Gouvêa Vieira, presidente da Federação das Indústrias do Rio de Janeiro, em artigo para o jornal *O Globo* em setembro de 2002. "As cidades brasileiras escondem pequenas Bósnias dentro de si. O Brasil vive estado de guerra — está nas telas. É sentar no cinema para ver. Todo cidadão brasileiro tem o dever cívico de assistir ao filme. Os candidatos à presidência da República têm obrigação de prestar seu depoimento. O que pretendem fazer no primeiro dia de suas administrações para tentar impedir que crianças de dez anos continuem a ser recrutadas pelo tráfico? Que crianças de dez anos continuem a se matar?" O texto em tom alarmista reverberava os ânimos de uma cidade traumatizada.

Em setembro de 2002, três meses depois do assassinato de Tim Lopes, cenas assustadoras vieram a público durante uma rebelião de presos em Bangu 1 liderada por Marcio dos Santos Nepomuceno, o Marcinho VP, líder do CV. Os rebelados destruíram o presídio de segurança máxima, amarraram reféns a um botijão de gás e ameaçaram explodi-los, gerando horas de tensão transmitidas ao vivo para todo o país. Quatro pessoas ligadas a grupos rivais foram mortas, entre elas Ernaldo Pinto de Medeiros, o Uê, mítico chefe da ADA. Celsinho da Vila Vintém, outro líder do grupo rival e figura importante na cena do crime do Rio, foi poupado. Os desdobramentos do conflito em Bangu prosseguiriam do lado de fora, nos morros e nas comunidades. A rebelião não era uma carnificina rotineira, mas um movimento ousado, capaz de provocar reações e vinganças entre os grupos entrincheirados em morros repletos de fuzis.

A sobrevivência de Celsinho da Vila Vintém foi vista com desconfiança pelo Terceiro Comando e provocou o rompimento da aliança até então bem-sucedida entre as duas facções. Seria formado o Terceiro Comando Puro (TCP), em oposição à ADA e ao CV, obrigando diversos chefes de morros a optar entre as lideranças de Celsinho e Linho, pela ADA, e Robinho Pinga, pelo TCP. Novos focos de conflito se formariam. Parecia não haver solução para lidar com o forte poder bélico e econômico dos traficantes.

Sempre houve, contudo, quem olhasse a crise na segurança de outra maneira — com olhos de empreendedor a identificar oportunidades para lucrar com o medo e a sensação de insegurança da população. Fortalecer os ganhos num mercado vigoroso vendendo sensação de proteção e ordem. Para complicar o quadro, tais empreendedores estavam dentro da própria polícia do Rio de Janeiro. Muitos já aproveitavam havia décadas essas brechas para faturar ilegalmente, mas novas modalidades de negócio podiam emergir. As milícias lançariam mão de um modelo mais sofisticado, que passaria a dominar territórios, promovendo um tipo de tirania alternativa à das facções e que levaria muitos de seus representantes aos quadros mais elevados do poder. Durante as entrevistas, ouvi muitas vezes esta pergunta, um falso dilema tipicamente fluminense: tráfico ou milícia? Como se as instituições democráticas e a garantia de direitos iguais para todos não fizessem parte do catálogo de escolhas.

A defesa de uma polícia violenta não era novidade nem no Rio nem no Brasil; pelo contrário, tinha lastro no passado. Mas naquele 2002, apesar da violência sofrida pela cidade, defender os excessos cometidos por autoridades e criticar de forma ostensiva o estado de direito pareciam atitudes anacrônicas. A democracia não tinha completado duas décadas e despertava esperanças de que a Nova República ainda produzisse uma sociedade mais justa e civilizada. Pelo menos era o que eu e muitos colegas pensávamos. Com certa ingenuidade, é preciso admitir. No campo da segurança pública, acreditávamos que o controle externo do Ministério Público sobre os excessos das polícias e o fortalecimento das corregedorias e das ouvidorias diminuiriam o ímpeto daqueles que defendiam a violência desmedida contra um inimigo interno a ser vencido. Medidas mais racionais e inteligentes, assim como ações preventivas do Estado, deveriam se consolidar como as políticas públicas mais apropriadas para as cidades, como se o processo civilizatório caminhasse sempre para a frente. Figuras populistas e truculentas que defendiam o extermínio pareciam datadas, fadadas a ser deixadas falando sozinhas.

A aposta da família Bolsonaro foi outra, e acabou vingando. Em suas trajetórias políticas, Jair e seus filhos eleitos se dedicaram a defender grupos que compartilhavam com eles esses e outros ressentimentos e revoltas. A defesa criminosa dos paramilitares e da ação imoral das polícias, presente em toda a carreira parlamentar do clã Bolsonaro, foi menosprezada por grande parte dos eleitores, como se não passassem de falas tresloucadas, sem consequência. Mesmo diante de várias manifestações de apologia ao crime, seus colegas parlamentares evitavam puni-los, permitindo impropérios cada vez mais radicais.

Em agosto de 2003, por exemplo, o deputado federal Jair Bolsonaro defendeu abertamente, na Câmara dos Deputados, o assassinato de suspeitos: "Sr. presidente, sras. e srs. deputados, desde que a política de direitos humanos chegou ao país a violência só aumentou e passou a ocupar grandes espaços nos jornais. A marginalidade tem estado cada vez mais à vontade, tendo em vista os neoadvogados para defendê-la. Quero dizer aos companheiros da Bahia — há pouco ouvi um parlamentar criticar os grupos de extermínio — que enquanto o Estado não tiver coragem de adotar a pena de morte, o crime de extermínio, no meu entender, será muito bem-vindo. Se não houver espaço para ele na Bahia, pode ir para o Rio de Janeiro. Se depender de mim, terão todo o meu apoio, porque no meu estado só as pessoas inocentes são dizimadas. Na Bahia, pelas informações que tenho — lógico que são grupos ilegais —, a marginalidade tem decrescido. Meus parabéns!".[5]

Na Assembleia Legislativa do Rio, Flávio Bolsonaro, que homenageava policiais suspeitos de assassinatos, foi explícito na defesa política das milícias, no momento em que o grupo ganhava força e se expandia pela zona oeste da cidade, elegendo parlamentares e compartilhando o apoio de políticos locais. Num debate com deputados ocorrido em fevereiro de 2007, o filho de Bolsonaro defendeu as milícias em plenário: "Sr. presidente, venho falar sobre as milícias, assunto tão noticiado pela imprensa. [...] não se pode, simplesmente, estigmatizar as milícias, em especial os policiais envolvidos nesse novo tipo de policiamento, entre aspas. [...] A milícia nada mais é do que um conjunto de policiais, militares ou não, regidos por uma certa hierarquia e disciplina, buscando, sem dúvida, expurgar do seio da comunidade o que há de pior: os criminosos. Em todas essas milícias sempre há um, dois, três policiais que são da comunidade e contam com a ajuda de outros colegas de farda para somar forças e tentar garantir o mínimo de segurança nos locais onde moram. Há uma série de benefícios nisso. Eu, por exemplo [...], gostaria de pagar vinte reais, trinta reais, quarenta reais para não ter meu carro furtado na porta de casa, para não correr o risco de ver o filho de um amigo ir para o tráfico, de ter um filho empurrado para as drogas. Pergunte a qualquer morador de uma dessas comunidades se ele quer outra coisa, se quer sair de lá, se não está feliz de poder conversar com seus vizinhos na calçada até tarde da noite! É claro que sim, porque ele sabe que não corre mais o risco de morrer!".[6]

Flávio Bolsonaro proferiu esse discurso ao assumir seu segundo mandato de deputado estadual. Ele dividiu a tribuna com colegas acusados de serem chefes de milícias, caso de Natalino José Guimarães, apontado como a principal liderança da Liga da Justiça, a milícia de Campo Grande e Santa Cruz. Um mês depois, Flávio contratou o amigo de seu pai Fabrício Queiroz para ser um faz-tudo em sua assessoria parlamentar. Queiroz foi acusado de ser um dos articuladores do esquema da "rachadinha" no gabinete de Flávio, repetindo um estratagema comum em câmaras municipais e assembleias, em que a verba de gabinete destinada ao pagamento de funcionários é desviada para outros fins — entre eles, engordar o salário do vereador ou deputado.

No mesmo discurso no plenário da Assembleia, Flávio continuou firme na defesa das ações dos paramilitares. "Penso que não há diferença entre o policial militar que vai fazer a segurança de um deputado ou de um condomínio de luxo e o policial que está fazendo a segurança, na maioria esmagadora das vezes, no local onde mora e onde tem família", afirmou. "Não acho justa essa perseguição. Eles se sentem apavorados com as milícias porque, raríssimas exceções — ONGs de direitos humanos, políticos ligados a essa área —, vivem da miséria, da desgraça e da violência de uma comunidade, porque, caso contrário, ficarão sem trabalho. Imaginem se acabassem com o tráfico na Rocinha. O que o Viva Rio vai fazer lá dentro? Como irá justificar os recursos financeiros públicos e privados que recebe para exercer esse trabalho social entre aspas naquele lugar? Para essas ONGs, não interessa ter milícia. Se não houver violência, miséria, morte, bala perdida, estupro, eles não terão o que fazer. Esses políticos ligados aos direitos humanos estão preocupados com a sua própria carreira política."

O argumento da autodefesa comunitária sempre foi a tônica do discurso de Flávio. Mas para ele o extermínio é também a defesa de uma ordem coletiva. Os soldados e policiais são descritos como abnegados que arriscam a vida na luta em nome desse ideal. "Podemos condenar policiais que estão trabalhando para expurgar criminosos que não têm recuperação? Qualquer jornal hoje estampa a foto de um grupo de traficantes segurando fuzis de última geração com carregadores onde cabem centenas de balas. Será que um vagabundo sendo preso poderá se recuperar? Será que ele quer se recuperar? Será que é justo continuarmos mantendo esse tipo de gente na cadeia? Para quê? Temos de deixar de ser hipócritas! Não há recuperação mesmo."

A família Bolsonaro cresceu e se fortaleceu num ambiente por ela definido como de guerra urbana. A construção de um bode expiatório amedrontador era fundamental para a sobrevivência do ódio que mantinha o poder do clã. Também ajudava a enriquecer os policiais e paramilitares que conheciam os caminhos para faturar com o medo da população. Os Bolsonaro demonstravam esta qualidade valorizada entre soldados em guerra: lealdade incondicional, mesmo diante das ações criminosas que seus parceiros praticavam. A sinceridade era outra qualidade. Eles não pareciam simplesmente oportunistas, mas convictos defensores de ações criminosas e violentas. Dessa forma, defendiam em público o que os próprios militares e policiais tentavam disfarçar: a prática de tortura e assassinatos para conter o crime.

Não era algo estratégico ou premeditado, pensado para futuros ganhos políticos. Pareciam ideias resistente às regras do jogo, cultivadas por um chefe de família que as tinha transmitido aos três filhos parlamentares, um homem "incapaz de esconder o que sente — pronto como poucos para expor seu ponto de vista de forma franca e aberta", como disse Flávio Bolsonaro sobre as opiniões contundentes do pai.[7] Mesmo depois de sair do Exército, Jair se enxergava no campo de batalha, com raiva dos inimigos, cuja destruição parecia dar sentido à sua carreira política. "O soldado que vai à guerra e tem medo de morrer é um covarde", reza uma de suas máximas preferidas, ainda segundo seu filho mais velho.[8] O ódio ao inimigo faz par com a lealdade incondicional aos aliados.

Eles não abandonavam a defesa da tropa fardada, mesmo quando acuados politicamente. Em 2008, por exemplo, milicianos da Favela do Batan torturaram jornalistas de *O Dia* que investigavam as milícias. Mais uma vez, como na morte de Tim Lopes, o ataque a um jornalista gerou indignação na opinião pública, criando o ambiente político para a aprovação da CPI das Milícias. Flávio continuou defendendo os milicianos, apesar de ter votado a favor da instalação da CPI. Como explicou em seu discurso na Assembleia Legislativa, ao subir na tribuna depois que o deputado Marcelo Freixo aprovou a convocação da CPI:

"As milícias são consequência do descaso do Estado, do salário de fome que recebe nosso policial. O sonho de todo policial no Rio de Janeiro é viver só do contracheque, mas não consegue. Precisa de outras fontes e vai buscar atividades que muitas vezes são reprováveis pela opinião pública, pela imprensa. Sinceramente, não acredito que essa situação acontecida na Favela do Batan seja regra entre as milícias. Em muitas comunidades, onde residem policiais, onde residem bombeiros, eles se organizam para que o tráfico não impere, sem visar lucro, sem exigir cobrança de nada. [...] Façam consultas populares na Favela de Rio das Pedras, na própria Favela do Batan, para que haja esse contrapeso, porque sabemos que vários são os interesses por trás da discussão das milícias. Há interesses comerciais, há interesses políticos, mas vamos também olhar os interesses das pessoas que estão nessas comunidades." Flávio encerrou cobrando bom senso dos parlamentares. "Fica o meu voto favorável à criação desta CPI, mas pedindo que haja o bom senso em se apurar, e não apenas criticar, atacar ou tentar botar atrás das grades os policiais ou — na linguagem informal — os peixes pequenos."[9]

Jair Bolsonaro também partiu para a defesa dos milicianos em dezembro de 2008. Na ocasião, o deputado federal Chico Alencar havia elogiado o relatório final da CPI, de autoria de Marcelo Freixo, seu companheiro de partido, o PSOL. O futuro presidente do país discursou: "O meu estado, lamentavelmente, é diferente dos demais. Para pior. Nenhum deputado estadual faz campanha para buscar, realmente, diminuir o poder de fogo dos traficantes, diminuir a venda de drogas no nosso estado. Não. Querem atacar o miliciano, que passou a ser o símbolo da maldade e pior do que os traficantes. Existe miliciano que não tem nada a ver com gatonet, com venda de gás. Como ele ganha 850 reais por mês, que é quanto ganha um soldado da PM ou do bombeiro, e tem a sua própria arma, ele organiza a segurança na sua comunidade. Nada a ver com milícia ou exploração de gatonet, venda de gás ou transporte alternativo. Então, sr. presidente, não podemos generalizar".

No final de seu discurso, Bolsonaro distorceu uma informação para tentar deslegitimar a CPI: "Para terminar, a relação de 'indiciados' [na CPI das Milícias] — entre aspas — colocada lá, foi buscada junto ao Disque-Denúncia. Nós sabemos como funciona o Disque-Denúncia. Ali entram pessoas que realmente devem, mas, em grande parte, o pessoal, para tirar o atraso, começa a denunciar gente de bem, policial de bem — civil e militar —, bombeiro de bem. Esse relatório está cheio de policiais e bombeiros que não têm nada a ver com isso. É um relatório covarde, feito em cima do Disque-Denúncia".[10] Uma afirmação em parte mentirosa. O pedido de indiciamento de 225 pessoas no relatório havia sido feito com base em investigações da polícia e depoimentos colhidos por parlamentares na CPI. O Disque-Denúncia apenas levava informações que ajudavam os investigadores a buscar outros indícios, provas e novos testemunhos.

Já durante a campanha eleitoral para a Presidência, em julho de 2018, Jair Bolsonaro manifestou-se contra a ação dos milicianos: "As milícias tinham plena aceitação popular, mas depois acabaram se desvirtuando. Antes, davam apenas proteção para uma comunidade. Depois, passaram a cobrar gato-net e gás". Os jornalistas que o entrevistavam perguntaram sua opinião sobre as milícias de Rio das Pedras e Campo Grande. "Hoje em dia ninguém apoia milícia. Mas não me interessa mais discutir isso. Até quando vocês [jornalistas] vão fazer matéria sobre o que eu falei no passado ou quando eu fiz xixi no poste há quarenta anos?"

Mas se durante a campanha o fantasma da proximidade de Bolsonaro com milicianos esteve um tanto distante, ele voltaria a assombrar logo no começo do mandato do presidente. Mais precisamente em janeiro de 2019, seu primeiro mês no cargo. Na ocasião veio a público uma denúncia do Grupo de Atuação Especial de Combate ao Crime Organizado (Gaeco), do Ministério Público do Rio de Janeiro, envolvendo dois protegidos da família Bolsonaro, apontados pelo Gaeco como chefes de duas das mais tradicionais milícias cariocas — Rio das Pedras e Muzema. O capitão Adriano Magalhães da Nóbrega, tido como um injustiçado pelos Bolsonaro, foi acusado de ser o cabeça da milícia — o "patrãozão", de acordo com as escutas captadas pelos promotores. O segundo na hierarquia, conforme a denúncia, era o major Ronald Paulo Alves Pereira, a quem Flávio homenageara depois da acusação de tortura e mortes em São João de Meriti. Não havia como desvincular a ligação entre eles e o presidente.

Essa ligação existia desde 2007. Adriano já tinha sido inocentado do homicídio de Leandro, o guardador de carros de Parada de Lucas. Naquele ano, o deputado estadual Flávio Bolsonaro assumia seu segundo mandato na Assembleia Legislativa do Rio de Janeiro e chamara Fabrício Queiroz para trabalhar com ele. Seis meses depois de começar na Assembleia, Fabrício contratou a mulher de Adriano, Danielle Mendonça da Costa, para trabalhar no gabinete de Flávio. Ela permaneceu no posto por onze anos, com salário pouco acima de 6 mil reais. Quando o caso veio à público, em 2019, Queiroz justificou a contratação dizendo que Adriano passava por dificuldades depois de ter sido "injustamente preso". Naquele ano, Queiroz também indicou a própria filha para uma função administrativa no gabinete de Flávio.

Desde 2005, Adriano caminhava em direção às sombras, aproximando-se do crime comum e da poderosa máfia da contravenção. Qualquer defesa que se fizesse de Adriano, mais do que solidariedade de amigos, era fruto de conivência, cumplicidade e indício forte de formação de quadrilha. Ele havia deixado para trás a prática da mineração e dos arregos, para atuar como segurança privado na rica e antiga economia do jogo do bicho. O *sniper* ofereceu aos bicheiros uma expertise rara no mercado: a habilidade de assassinar sem deixar rastros. Suas atividades começaram depois que ele deixou a prisão, nas disputas sangrentas em torno do espólio do bicheiro Waldemir Paes Garcia, o Maninho, assassinado em setembro de 2004, e de seu pai, Waldemir Garcia, o Miro, patrono da escola de samba Salgueiro, que morreu poucos dias depois do filho de infecção pulmonar.

A relação de Adriano com o jogo do bicho vinha da infância. Parte de sua criação ocorreu dentro de um haras, onde seu pai morava. O Haras Modelo, em Cachoeiras de Macacu, no interior do estado, pertencia a Maninho e era administrado por Rogério Mesquita, braço direito do bicheiro. Mesquita conhecia Adriano desde a adolescência e o considerava um afilhado. Depois da morte de Maninho, no começo de 2005, Mesquita o procurou, ainda na prisão, para que Adriano ajudasse na proteção de Alcebíades Paes Garcia, o Bid, irmão de Maninho. Bid morava em Roraima e tinha voltado para o Rio a fim de assumir os negócios da família, cujo espólio se tornou alvo de disputa entre os herdeiros. Mesquita contou em depoimento que o capitão Adriano foi indicado para organizar a proteção de Bid, acionando, de dentro da prisão, nomes para compor a equipe e recebendo salário pela consultoria. O grupo de segurança seria composto de catorze policiais.

Ao sair da cadeia, Adriano ficou pouco tempo com Bid e em seguida foi trabalhar com José Luiz de Barros Lopes, o Zé Personal, também bicheiro, casado com a filha de Maninho, Shanna Harrouche Garcia Lopes. Adriano, encarregado da segurança das máquinas de caça-níquel do casal, matou alguns desafetos deles, segundo depoimento de Mesquita, prestado em junho de 2008. De acordo com o mesmo depoimento, Adriano havia assassinado também Carlos Alberto Alano, funcionário de Maninho, e o ex-deputado estadual Ary Brum. Ambos os crimes ocorreram em 2007. Mesmo com as declarações de Mesquita, as investigações não avançaram.

O testemunho de Rogério Mesquita contra o afilhado foi uma tentativa desesperada de salvar a própria vida. Em maio de 2008, ele foi vítima de uma tentativa de assassinato em que reconheceu o capitão Adriano como algoz. Mesquita, amigo de infância de Maninho, passou a receber parte dos lucros da fazenda e das máquinas de caça-níquel do amigo morto, para a contrariedade de sua filha, Shanna, e do marido dela, Zé Personal. Ambos, segundo Mesquita, mandaram Adriano eliminá-lo. O atentado ocorreu quando Mesquita estava no carro com sua mulher e filhos. Ferido na perna, acionou a polícia, tentando evitar sua morte anunciada. A informação da participação de Adriano nesses conflitos consta em um relatório de outubro de 2011 feito pela Subsecretaria de Inteligência da Secretaria de Segurança do Rio e da Delegacia de Repressão às Ações Criminosas Organizadas (Draco) e que resultou, dois meses depois, na operação Tempestade no Deserto. As informações, porém, não foram suficientes para a polícia impedir os assassinatos. Oito meses depois desse atentado, em janeiro de 2009 Mesquita foi assassinado numa manhã ensolarada em Ipanema. Ele estava saindo de uma academia de ginástica, quando um homem na garupa de uma moto o atingiu com um tiro na nuca.

Em setembro de 2011, três meses antes da operação Tempestade no Deserto, foi a vez de Zé Personal. Ele morreu em uma emboscada na Praça Seca, em Jacarepaguá, depois de sair de um centro espírita. O ciclo de vinganças não teria fim. Um irmão de Shanna foi sequestrado e assassinado em 2017. Dois anos depois, quando Adriano estava foragido, Shanna sofreu um atentado ao chegar a um salão de beleza. Ela sobreviveu. A acusada de encomendar o crime, Tamara Harrouche Garcia Lopes, era irmã gêmea de Shanna. Ambas haviam aberto outra frente de batalha pela herança do pai, avaliada em 25 milhões de reais. Em 2020, foi a vez de Bid, assassinado um mês depois de prestar depoimento sobre a tentativa de assassinato de Shanna. Um dos assassinos de Bid, segundo a polícia, seria Leonardo Gouvea da Silva, o Mad, indicado por Adriano para ser o chefe do grupo de matadores conhecido como Escritório do Crime.

Em dezembro de 2013, Adriano da Nóbrega foi expulso dos quadros da Polícia Militar por causa das acusações de sua ligação com o jogo do bicho. Na época, suspeitava-se que o capitão era proprietário de diversas máquinas de caça-níquel na região de Jacarepaguá. Mas nada disso abalou o relacionamento de Queiroz e Adriano com Flávio Bolsonaro. Em junho de 2016, a mãe de Adriano foi indicada para trabalhar no gabinete de

Flávio, embora a desculpa de que a família do capitão Adriano precisava de dinheiro não fizesse mais sentido. Nessa ocasião, escutas do Ministério Público apontavam Adriano como chefe da milícia de Rio das Pedras e da Muzema, atividade que exercia, segundo denúncias, pelo menos desde 2015.

Depois da eleição de Jair Bolsonaro, o capitão Adriano da Nóbrega e o sargento Fabrício Queiroz se tornaram granadas na iminência de explodir. Eram esqueletos dentro do armário do presidente do Brasil, elos criminosos do passado a ameaçá-lo. Na sequência das operações deflagradas em janeiro de 2019 pelo Gaeco, que desvendaram os crimes dos milicianos da Muzema e Rio das Pedras, Ronald e outros onze integrantes do grupo foram presos. Adriano conseguiu escapar da prisão em flagrante e desapareceu. Monitorado pela Polícia Civil, foi localizado, mais de um ano depois, na Bahia, em um sítio na cidade de Esplanada, a 170 quilômetros de Salvador. Uma semana antes de morrer, Adriano ligou para seu advogado, Paulo Emílio Catta Preta, dizendo que policiais o haviam descoberto e que ele seria morto. Catta Preta ignorou o alerta e tentou convencê-lo a se entregar. Um habeas corpus estava para ser votado, e Catta Preta acreditava que conseguiria livrar Adriano da prisão. Tentou convencê-lo a se entregar e se ofereceu para mediar um acordo com as autoridades. "Não posso, doutor. Eles vão me matar", disse.

Uma semana depois, mais de setenta policiais do Bope cercaram a casa onde o capitão estava escondido. Havia meios de fazê-lo se entregar sem violência. Era imenso o valor potencial de seu testemunho para desvendar diversos crimes em aberto. Mas Adriano foi executado. Segundo os policiais, eles atiraram porque houve reação. Teorias sobre o ocorrido se multiplicaram. Independentemente do que tenha acontecido naquele dia, o capitão sabia que a contagem regressiva contra sua vida havia começado. Segundo Catta Preta, o capitão morreu sem contar quem eram os "eles" que desejavam sua morte.

Já Fabrício Queiroz foi preso preventivamente na manhã de 18 de junho de 2020, em decorrência da investigação sobre as rachadinhas no gabinete de Flávio Bolsonaro. Ele estava em Atibaia, no interior de São Paulo, no sítio que pertencia a um amigo da família Bolsonaro, Frederick Wassef, advogado de Flávio. Queiroz continuava ajudando o capitão Adriano e sua família. Enquanto Adriano estava foragido, Queiroz mantinha contato com a mãe do capitão, Raimunda Veras Magalhães, que estava morando em Minas Gerais, e oferecia a ela suporte jurídico. Mesmo em Atibaia, Queiroz era procurado para mediar problemas cotidianos entre milicianos e um comerciante de Itanhangá, na zona oeste do Rio, como revelou um áudio interceptado pela Justiça. Essas atividades motivaram a decretação da prisão preventiva do faz-tudo dos Bolsonaro. Quando foi detido, na sala da casa onde estava, sobre a lareira, havia um cartaz em defesa do AI-5, o ato institucional que endureceu a ditadura militar em 1968. Ao lado e um pouco à frente dele, três bonecos Tony Montana, o traficante vivido por Al Pacino no filme *Scarface*.

Fabrício Queiroz sempre foi um soldado fiel de seu comandante Jair Bolsonaro. Um mero sargento reformado do subúrbio carioca que, se rompesse seu silêncio, com um simples sopro teria força para derrubar as estruturas do frágil castelo de cartas que sustentava a república das milícias.

3.
As origens em Rio das Pedras e na Liga da Justiça

A chegada a Rio das Pedras pela avenida Engenheiro Souza Filho impactou um forasteiro como eu, que tinha na cabeça imagens preconcebidas por histórias que lia e ouvia sobre as milícias locais. Imaginava ver casas por todos os lados, com homens armados em rodinhas nas esquinas. Os textos ajudaram a me informar, mas, inevitavelmente, se concentravam nos conflitos, produzindo ideias estereotipadas. Como jornalista, estou acostumado a fazer esse filtro. Antes de escrever, procuro conhecer o lugar, sentir o ambiente, conversar com os moradores. No caso de Rio das Pedras, a visita me despertou diversas perguntas que até aquele momento eu não considerava importantes.

O centro comercial é um shopping center ao ar livre, efervescente, com lojas diversificadas e ruas lotadas. Logo na chegada, casas de material de construção, decoração, serrarias, vidraçarias e galpões mostram um bairro em fase de transformação e crescimento. O burburinho contrasta com as regiões famosas das zonas sul, norte e central do Rio. Em Copacabana, por exemplo, onde costumo me hospedar, há um grande número de aposentados e, proporcionalmente, de farmácias. Apesar de ser um dos bairros mais famosos e bonitos do mundo, aparenta decadência. Bem diferente do perfil de Rio das Pedras, um bairro com pouco mais de cinquenta anos de existência e uma população mais jovem, de 55 mil habitantes, maior do que 90% dos municípios brasileiros. Mesmo com a infraestrutura precária, seu cotidiano transmite vitalidade e dinamismo.

Percorrer o bairro a pé ajuda a evitar o trânsito caótico e as ruas lotadas de carros, ônibus e vans, em que o fluxo é interrompido com frequência porque as vias são estreitas e mal planejadas. Basta um veículo parado em fila dupla para causar longos congestionamentos. Pela estrada variante de Jacarepaguá, que depois vira rua Nova, o percurso se aproxima do centro comercial do bairro. Barracas de comida e bugigangas também atrapalham os pedestres na calçada. As vias transversais levam a apartamentos residenciais com cinco, seis e sete andares. Na rua principal, os térreos são reservados para as lojas e os andares superiores para moradia.

Por todos os cantos se vê o espírito do empreendedorismo. Lojas de lingerie, moda feminina, jovem, masculina, infantil, com tendências bregas e alternativas, hambúrguer artesanal, sushi, restaurantes de carne de sol e sarapatel, bares descolados e botecos, cabeleireiros black e de madame, barbearias descoladas e tradicionais, kit com churrasqueiras e máquinas de chope, tudo em meio a uma constante cacofonia, com anúncios de instalação de TV a cabo pela rádio pirata transmitida por alto-falantes pendurados nos postes, que também sustentam novelos embaraçados de fios de luz, telefone, TV a cabo e internet.

As fachadas têm letreiros caprichados que valorizam as lojas. Alguns negócios chegam a ter filiais em outros bairros. Há também escolas e creches particulares para complementar a oferta da educação pública, assim como médicos de diversas especialidades e dentistas particulares, com fachadas também vistosas, oferecendo seus serviços para os que preferem e podem evitar a rede de saúde do Estado. Numa área aberta um pula-pula para crianças proporciona alguns minutos de diversão por dois reais. Há produtos e serviços acessíveis às diversas faixas de renda. Fui tomar um açaí numa barraca de rua e havia sete opções de tamanho: do copinho de brigadeiro de cem mililitros, que custava meia passagem de ônibus, até o copão de oitocentos mililitros, sete vezes mais caro.

Aplicativos de transporte como Uber, que atendem as regiões centrais da cidade, não costumam se arriscar por Rio das Pedras. Para levar e buscar moradores, milicianos criaram um modelo alternativo que ganhou força depois que os motoristas dos concorrentes foram ameaçados. A violência, usada para garantir mercado aos empreendedores locais, também ajuda a entender parte do sucesso dos negócios instalados em Rio das Pedras. Muitas milícias criam monopólios de mercado que garantem o fornecimento exclusivo de produtos que vão de cigarros a kits de churrasco. Em todo esse território, pode não parecer, mas há uma autoridade fiscalizando o certo e o errado. É preciso não ultrapassar a linha. Foi a partir desse núcleo comercial que a comunidade começou a se expandir no final dos anos 1960 e começo dos 1970. Há ordem naquele aparente caos de gente indo e vindo, onde o dinheiro circula e contribui para que Rio das Pedras tenha o segundo maior potencial de consumo entre as favelas brasileiras — mais de 1 bilhão de reais por ano.[1]

Quando você chega de fora e se mete pelas ruelas residenciais, há pessoas observando, mesmo que discretamente. É possível passear pelo local, mas com bom senso, respeitando as regras veladas do ambiente. No meu caso, eu procurava não demonstrar uma curiosidade exagerada sobre o poder dos milicianos. Evitava fazer perguntas a desconhecidos. Não queria parecer um investigador ou um repórter, mas um visitante casual. Por cautela, pedi que um conhecido, funcionário das forças de segurança do estado e morador da zona oeste do Rio, me acompanhasse. Para evitar problemas, respeitamos alguns limites territoriais. Meu parceiro me apontava os olheiros nas esquinas e as fronteiras que não deveriam ser ultrapassadas. Achei que ele estava paranoico, mas deixei Rio das Pedras com a sensação de que olhos invisíveis das milícias nos seguiram o tempo todo.

Apesar da fama de quadrados, os milicianos apoiaram o baile funk do Castelo das Pedras. Desde os anos 1990, o baile foi referência no Rio de Janeiro, recebendo gente de várias classes sociais e regiões da cidade, com a bênção e a participação das autoridades paramilitares. Milicianos podem ser conservadores, mas não rasgam dinheiro. "Rio das Pedras é o lugar em que você pode comprar um parafuso à uma hora da madrugada", me contou um amigo que cresceu em Freguesia, bairro vizinho. "O primeiro bar gay que frequentei ficava em Rio das Pedras", ele disse, para minha surpresa. A própria venda de drogas, cuja proibição começou como um ponto de honra para as milícias, com o tempo foi flexibilizada entre elas.

Não basta ter força e armas para exercer o poder; é preciso também legitimidade para ser aceito pelos moradores. Os paramilitares e seus parceiros, além de garantir a ordem, acumulam recursos financeiros e dinamizam a economia local. A lavagem de dinheiro e empréstimos a juros viabilizam novos empreendimentos na comunidade. Os grileiros e proprietários abastados de casas de aluguel da mesma maneira acumulam renda, que acaba direcionada a investimentos em Rio das Pedras. O modelo de negócios miliciano se mostrou mais sustentável e gerador de riquezas do que o tráfico de drogas em outras comunidades, por criar uma economia interna dinâmica. Mas essa economia, por sua vez, depende da ausência das operações policiais cotidianas vigentes nos morros do Rio.

Um ex-chefe do tráfico me ajudou a visualizar essa diferença. Por muitos anos ele comandou o comércio varejista de drogas de uma importante favela ligada ao Comando Vermelho. Foi preso em 2014 e enviado a um presídio federal. Cumpriu pena até 2019, então se tornou evangélico e deixou o crime. Quando conversamos, ele havia acabado de ser solto e lutava para se adaptar à vida de assalariado. Na época em que era traficante, como número um da boca, chegou a comandar mais de duzentas pessoas — segundo ele, esse era o tamanho de uma boca de médio porte para o padrão da cidade. Politicamente, contudo, a firma dele era poderosa por ocupar um território estratégico. Esse ex-traficante chegou a possuir mais de quarenta fuzis.

Meu interlocutor comparou as receitas financeiras dos dois empreendimentos criminais. Na comunidade que comandava, moravam cerca de 18 mil famílias. "Vamos supor", ele disse, "que sejam cobrados dez reais por família de taxa de segurança, como fazem as milícias. Seriam 180 mil reais por mês." Ele disse que estabelecimentos comerciais pagavam mais, "as lojinhas, os bares, os cabeleireiros. Lá na favela, por baixo, são duzentos [empreendimentos]. A cinquenta reais por mês, mais 10 mil reais. E ainda dá pra lucrar com a venda de gás, água, gatonet, energia elétrica, transporte, terreno onde há espaço para vender ou alugar terra. Tudo isso deixa o cara milionário em dois meses", ele calculou. O dinheiro, muitas vezes, é multiplicado pela prática da agiotagem, que faz o capital girar, aquece o mercado e o empreendimento local.

No caso do tráfico, segundo o ex-traficante, a situação é mais difícil por diferentes circunstâncias. A começar pelo custo alto do negócio. "O traficante paga 8 mil reais o quilo do crack no atacado para ganhar 3 mil por quilo no varejo. No caso de um pó bom, ele custa de 14 mil a 15 mil reais, pra ganhar 6 mil de lucro no varejo. Pra ganhar 60 mil de lucro, tem que vender pelo menos dez quilos." Na estrutura de duas centenas de funcionários que ele comandava, ele afirmou ter faturado cerca de 400 mil a 500 mil reais por mês, com um lucro bruto de 150 mil a 200 mil reais. Essa receita, contudo, era usada para controlar as externalidades do comércio, que geravam despesas enormes. "Munição, armamento, arrego para policial, despesas com soldados, tudo isso faz parte. Na favela que está em guerra, o negócio não vai pra frente porque os custos são muito altos. Sobra pouco dinheiro para investir. Fiz dinheiro para muita gente, inclusive para a polícia. Mas não posso reclamar, porque esses arregos me mantiveram vivo. Só que ninguém sai rico do varejo de drogas."

Além da questão financeira, a parceria dos paramilitares com os policiais é outra grande vantagem do negócio. "Se eu sou milícia, vou com um carro carregado de fuzis, sou parado numa blitz, e basta dizer que sou da polícia para ser liberado. Não há flagrante. Isso dá grande vantagem. Os milicianos também não são caçados, como ocorre com os traficantes, e eles não se envolvem em guerras. Eles são aceitos e fazem parte do Estado. Acaba sobrando dinheiro para ser investido e multiplicar o dinheiro do crime", analisou. O traficante, mesmo o que ganha dinheiro, não consegue sair da favela e gastar, ele disse. "Fui pela primeira vez na vida numa churrascaria no mês passado. Dirigindo um carro com a minha própria carteira de habilitação. Pela primeira vez tenho conta em banco, agora que cumpri o que devia na Justiça. Não podia ser pai, esposo, não levava os filhos na escola, não ia à praia. Posso fazer isso agora que abandonei o crime, mas não tenho dinheiro. Tenho, pela primeira vez, liberdade para ser outras coisas além de traficante."

Apesar dos percalços, esse antigo gerente do Comando Vermelho aponta dois motivos para o negócio da venda de drogas continuar em alta no varejo. Primeiro, os lucros elevados obtidos pelos vendedores atacadistas, que abastecem os mercados consumidores e fazem a roda girar. Esses empreendedores costuram redes de contatos a partir das fronteiras brasileiras com países como Bolívia, Paraguai, Peru e Colômbia, ganhando grande volume de dinheiro em cada venda realizada. Essa situação permite mais tempo para prever formas de esquentar o dinheiro, criar lojas e empreendimentos de fachada, criar um disfarce de empresário formal para ganhar mais poder.

Na língua do crime no Rio de Janeiro, os atacadistas são chamados de matutos. "O cara tem empreendimento no Paraná, por exemplo, atravessa cem quilos de pó. Gasta 100 mil, 200 mil reais e ganha mais de 1 milhão. Tem menos risco, menos custo e dá mais dinheiro. Caso o cara consiga colocar nas favelas, sempre vai ter quem queira comprar", disse o ex-chefe varejista do CV. Em segundo lugar, conforme sua avaliação, o varejo segue a todo vapor porque o garoto do morro, imaturo, ainda se ilude com as promessas simbólicas da arma, carro, dinheiro e status associado ao traficante. "Depois ele percebe que esse status é ilusório. Passa um tempo, a ficha cai pra todo mundo. Se o Estado oferecesse anistia para os traficantes que quisessem abandonar o tráfico, aposto que a absoluta maioria ia aceitar sem pensar. Na maturidade, com filho, esposa, o cara cansa de ter inimigos e quer acima de tudo deixar os problemas pra trás."

Fernandinho Beira-Mar, considerado na segunda metade dos anos 1990 o maior traficante do país, ganhou dinheiro e poder depois que foi para o Paraguai e para a Colômbia, estabelecendo contatos com fontes atacadistas de armas e drogas para serem revendidas nos varejos do Rio e de São Paulo. Como me disseram dois traficantes do Comando Vermelho, Beira-Mar era acima de tudo um matuto. Tanto que nunca teve o mesmo poder na facção que Marcinho VP, chefe do Complexo do Alemão e responsável pelas decisões mais importantes do grupo. Beira-Mar foi preso em 2001 nas selvas colombianas, pelo Exército do país, junto com integrantes das Forças Armadas Revolucionárias da Colômbia (Farc), que forneciam a ele cocaína em troca de armas. O acesso a fontes atacadistas também fortaleceu, em São Paulo, o Primeiro Comando da Capital (PCC), que percebeu os riscos e os custos elevados do varejo das drogas na cidade, apostando todas as fichas na expansão de seus negócios para as fronteiras. O grupo paulista aproveitou o espaço deixado depois da prisão de Beira-Mar e montou uma ampla rede de distribuição de drogas a partir de uma rede de aliados em presídios brasileiros — história que a socióloga Camila Nunes Dias e eu contamos no livro *A guerra: A ascensão do PCC e o mundo do crime no Brasil* [São Paulo: Todavia, 2018]. O modelo de negócio do PCC conseguiu transcender o domínio de territórios, aliviando custos e problemas com as autoridades locais.

Quando PCC e CV brigaram em 2016, provocando uma série de conflitos dentro dos presídios ao longo do ano seguinte, os chefes da facção carioca deviam mais de 60 milhões de reais a atacadistas ligados ao grupo paulista, segundo me informou um chefe do CV que no período do confronto cumpria pena em um presídio federal. Os paulistas, conforme ele me explicou, haviam avançado nas fronteiras e se tornado matutos da facção carioca, o tempo todo voltada para seus conflitos varejistas em morros e favelas.

Com a entrada das milícias na disputa por territórios no Rio de Janeiro, elas passaram a digladiar pelo domínio geográfico das comunidades cariocas e fluminenses, criando uma proposta de governança que ganhou aceitação das autoridades e de parte da população. O modelo inovador oferecia vantagens, comparado ao domínio dos traficantes. Pelo menos no marketing. O tráfico, por exemplo, domina a comunidade para vender a ela drogas no varejo. Emprega muita gente, recebe clientes de fora e de dentro, acaba gerando renda no local, mas a um custo social alto. As operações policiais na comunidade tornam insuportável a vida dos moradores, que também convivem com o risco de invasão de facções inimigas. A juventude dos traficantes, suas atitudes viris e desafiadoras, as regras que impõem no local também geram problemas. As famílias das comunidades receiam que seus descendentes ingressem na guerra ou se transformem em consumidores de droga. Sem falar na tirania dos traficantes, que para manter seus negócios, evitar denúncias e preservar sua autoridade ameaçam moradores contrários a seus interesses.

Embora as milícias também comandem a comunidade com tirania e sua autoridade se mantenha à base de ameaças, como fazem os traficantes, e aqueles que contestam seu poder podem perder a vida e sofrer torturas, ao contrário do tráfico os milicianos se vendem como fiadores de mercadorias valiosíssimas: ordem, estabilidade e possibilidade de planejar o futuro, aliança política com o Estado e a polícia. A presença das milícias na comunidade diminui os riscos de operações policiais, tiroteios e as rotinas de guerra. Também atrai investimentos públicos e privados. Outra vantagem do negócio é que o empreendedorismo e a busca incessante por lucros ampliam a oferta de casas e terrenos grilados, vendidos a novos moradores. Claro, a cidade perde com o desmatamento de matas nativas e o perigo de desabamento de prédios mal projetados. Para quem adquire o imóvel, contudo, as vantagens imediatas compensam. O crescimento do número de moradores também amplia a massa de apoiadores da governança da milícia.

O lado impopular desse modelo é que a maior parte das receitas para bancar o negócio vem da extorsão dos habitantes. No tráfico, em tese, a população não seria explorada economicamente, já que o dinheiro viria dos consumidores de droga. No entanto, já são relativamente comuns lugares onde convivem venda de droga e cobrança de taxas e venda de serviços, misturando tráfico e milícia para a diversificação de receitas. Esses grupos perceberam que o mais importante é o poder que exercem sobre os territórios. Com o domínio das áreas, pode-se "maximizar", como dizem os economistas, o potencial de lucro local.

E mais: o domínio territorial dos milicianos pode se reverter em votos para os políticos que os apoiam, o que produz um comportamento ambíguo das autoridades no controle e combate a esses grupos. As milícias, dessa forma, acabam funcionando como um "Estado terceirizado ou leiloado", expressão usada por seus principais críticos na academia e na política. Cobram taxas e arrecadam receitas para preservar a governança local, substituindo um Estado fraco e incapaz.

Tráfico ou milícia? A pergunta volta a pairar, como se não houvesse uma terceira via. Como se a garantia da democracia e do estado de direito nos territórios não estivessem entre as opções possíveis. Isso pode ser explicado pelo contraste entre o ideal e a realidade. No papel, os governantes dizem que o Rio é uma democracia. Na prática, a tarefa de governar é compartilhada com centenas de tiranos que dominam mais de setecentas comunidades pobres da cidade e exercem a autoridade com o suporte de dinheiro e armas. Mesmo depois da redemocratização, essas áreas de dominação armada se espalharam. Em vez de garantir direitos e livrar a população de tal opressão, a omissão do poder público ampliou o problema, dando espaço para o surgimento desses governos genéricos, que nada mais são do que tiranias paramilitares.

Dunas e vegetação de restinga, solo impróprio para o plantio, muitas lagoas que se interligavam numa região encharcada que recebia as águas de rios antes de eles desaguarem no mar. No tempo do Brasil Colônia, a região da Barra da Tijuca e da Baixada de Jacarepaguá recebeu engenhos de açúcar aos quais se tinha acesso apenas de barco. Havia uma grande barreira formada pelas cadeias de montanha do Maciço da Tijuca, com picos de mais de mil metros de altura, que ajudava a separar essa vasta área da zona oeste do restante da cidade. Em 1932, o *Correio da Manhã* definiu a região como o "sertão carioca", habitado principalmente por jacarés e cobras. Em 1959, foi vista a última onça-pintada vagando pelas matas de lá.

Com o processo de urbanização e a chegada de grandes levas de migrantes das zonas rurais do Brasil para os centros urbanos, o Rio de Janeiro precisava encontrar alternativas para crescer. O lado sul e norte do Maciço, que formava a mancha urbana da capital, estava saturado. Era necessário e urgente desbravar o faroeste carioca, tarefa colocada em prática no final dos anos 1960. Primeiro, seria preciso criar um atalho para atravessar as montanhas, missão para os engenheiros que, nos anos 1970, abriram os túneis São Conrado, Joá e Dois Irmãos, juntamente com a construção de elevados e vias expressas. Com a obra, os motoristas que vinham do Leblon, em vez de se arriscar nas estradas sinuosas do maciço à beira-mar, poderiam em poucos minutos alcançar um paraíso até então escondido.

Em 1969, o urbanista Lúcio Costa, depois de ajudar a conceber Brasília com o arquiteto Oscar Niemeyer, criou o Plano Piloto para a ocupação da Baixada de Jacarepaguá. Nos anos 1980, o mercado percebeu que a região era a bola da vez. Grandes torres de edifícios e shoppings centers, com espaço para uma réplica da Estátua da Liberdade, em meio a praias, lagoas e vegetação intocada, aqueceram a procura e a especulação imobiliária. O plano de Lúcio Costa foi desvirtuado e depois renegado por ele, atropelado pelo culto ao consumo, que viria com tudo nos anos seguintes, reproduzindo na região uma Miami brasileira de gosto duvidoso, burguesa como São Paulo, sem o charme aristocrático da zona sul carioca.

Como era de esperar, os trabalhadores da construção civil que levantavam as paredes dos edifícios dos novos ricos da cidade também criaram seus bairros na vizinhança, produzindo na região a mistura territorial de classes tão característica do Rio de Janeiro. Um novo Rio surgiria do outro lado das montanhas. A variação populacional da área ajuda a entender a dimensão dessa novidade. Em 1970, a cidade tinha 4,3 milhões de habitantes. Passou para 5,8 milhões de habitantes em 1990 — 1,5 milhão de pessoas a mais. As regiões mais tradicionais, no centro, norte e sul, chegaram a perder habitantes. Quase todo o crescimento — 1,3 milhão dos novos habitantes — se concentrou na zona oeste. Jacarepaguá e Barra da Tijuca, por exemplo, passaram de 241 mil habitantes para 680 mil habitantes. Já os bairros de Bangu, Campo Grande, Santa Cruz e Guaratiba saltaram de 700 mil habitantes para 1,6 milhão de habitantes. O modelo de negócios das milícias nasceu nessas duas grandes áreas da zona oeste, e ali prosperou.

O bairro de Rio das Pedras pode ser considerado o principal laboratório de formação do modelo de governança política e econômica que se espalharia depois dos anos 2000 para outras regiões da cidade e do estado. A semente da organização que anos depois passaria a ser chamada de milícias se estabeleceu com a ajuda do Estado, incapaz de mediar e regulamentar a chegada dos grandes contingentes populacionais no lado oeste. Rio das Pedras recebeu este nome por ficar às margens de um córrego homônimo. No começo dos anos 1950, famílias ocuparam uma área privada e passaram a reivindicar a posse da terra junto às autoridades. Elas criaram uma comissão de moradores e conseguiram, em 1964, com o governador Negrão de Lima, a desapropriação da área.[2] Foi o primeiro movimento associativo bem-sucedido dos moradores junto ao Estado. A nova condição permitiu que a comunidade se ampliasse em torno do núcleo central da rua Velha, ao lado do córrego, que passou a se expandir por aterros feitos pelos próprios moradores no terreno pantanoso.

A área começaria a receber um número crescente de habitantes, principalmente migrantes do Nordeste do Brasil — boa parte deles do interior da Paraíba e do Ceará. O processo era semelhante ao de outras periferias do Rio e de São Paulo. Um parente chamava o outro, que passava as informações sobre o local. Quem vinha chamava outro, e assim sucessivamente. Num efeito bola de neve, milhares de pessoas migraram, atraídas por sonhos e ilusões de felicidade prometidos pela vida urbana.

A centralidade da relação que se estabelecia entre os governos e as associações desses novos bairros foi uma das principais características desse processo de ocupação das favelas no Rio de Janeiro depois dos anos 1960. Comissões de moradores e associações se formavam para dialogar com as autoridades e negociar melhorias para os bairros em formação.[3] Com a democratização e a acirrada disputa por votos dos anos 1980, essas relações muitas vezes descambavam para o clientelismo, com os presidentes das entidades trocando favores por votos.

Os presidentes das associações se tornavam porta-vozes de candidatos específicos em troca de luz, asfalto, cesta básica, podendo, com o tempo, ele próprio se transformar em candidato a um cargo eletivo.

Era uma dinâmica diferente da que ocorria nas favelas de São Paulo, que nos anos 1960 e 1970 cresceram principalmente nos extremos da cidade, as chamadas periferias, perto de metalúrgicas e indústrias em geral. Os bairros em São Paulo eram, acima de tudo, lugares-dormitórios e cresciam num contexto diverso. O processo de organização política, até pelo forte perfil industrial da economia paulista do período, era mediado por sindicatos e pelas pastorais das Comunidades Eclesiais de Base da Igreja Católica, com discursos coletivos e um esboço de consciência de classe. Havia clientelismo, mas também mobilização política de organização das bases, que se tornaria uma das principais forças da Nova República, dando origem, por exemplo, ao Partido dos Trabalhadores nos anos 1980. As características econômicas e sociais do Rio no período, a ausência de uma classe trabalhadora organizada e de sindicatos fortes, e até mesmo de uma igreja progressista — o arcebispo do Rio, d. Eugênio Sales, ao contrário de d. Paulo Evaristo Arns, era contrário à Teologia da Libertação —, abriram espaço para diferentes alianças entre políticos com as bases populares, fortalecendo relações mais personalistas e populistas no Estado.

Rio das Pedras crescia dentro desse caldo político. Dez anos depois da primeira mobilização na favela, ainda durante a ditadura militar, os moradores voltariam a se organizar para exigir a instalação de energia elétrica no bairro. Criaram formalmente uma entidade comunitária em 1982. No ano seguinte, durante o governo de Leonel Brizola (PDT), começaram a tomar a frente na organização do território. O chefe do grupo, Octacílio Bianchi, estava entre as primeiras famílias que negociaram a regularização na favela nos anos 1960.

Surgiu nesse período a Vila dos Caranguejos, primeira ocupação planejada pelos moradores, às margens da avenida Engenheiro Souza Filho. As terras foram regularizadas em meio à disputa de uma grande área da região reclamada por uma empreiteira. Com o ganho de causa, a associação de moradores de Rio das Pedras comandou o processo de planejamento dos lotes, criando vielas e corredores de circulação internos, pressionando o Estado por novas benfeitorias, como a instalação de rede de esgoto.

A legitimidade da associação de moradores se fortalecia diante da omissão dos governos na mediação, regulamentação e definição de critérios urbanísticos para a formação dessa pequena cidade. A medição da concessão, a venda dos terrenos, a construção das vias, os certificados de propriedades, tudo era empurrado para esses representantes informais, amigos das autoridades, que arregimentavam votos e passariam a disputar eleições e a formar a base de sustentação dos cargos executivos. Em 1989, como o bairro continuava crescendo, o governo Moreira Franco doou um terreno de 400 mil metros quadrados que, originalmente, seria usado para a construção de um conjunto habitacional. No entanto, abriu mão de seu papel de planejar a construção de imóveis no bairro e terceirizou a missão para a associação de moradores. Os lotes foram distribuídos aos novos moradores, que iniciaram o processo de autoconstrução de mais um bairro em Rio das Pedras — conhecido como Areal I.

A dispensa da burocracia e da formalidade agilizava o processo de oferta de habitação, disponibilizava casas com mais rapidez, ajudava os comerciantes de material de construção e contribuía para que diretores da associação e alguns moradores acumulassem capital e poder. A concessão de lotes e, depois, a autorização para a venda de lajes, dinamizava o mercado imobiliário e criava uma fonte de receita para os moradores investirem no próprio bairro. Com o surgimento desse novo poder, a associação passa a cobrar mensalidades para fazer a administração do bairro. Um dos principais atrativos de Rio das Pedras propagado pelos moradores era o fato de não sofrer os mesmos males dos morros das zonas sul e norte, dominados por traficantes.

A garantia de que as comunidades estavam resguardadas dos jovens representantes da cultura urbana das favelas das zonas sul e norte, e também da ameaça dos criminosos era um discurso que seduzia os migrantes rurais que erguiam os bairros novos da zona oeste. As comunidades no entorno da Barra da Tijuca e na Baixada de Jacarepaguá representavam esse ideal de segurança, associado à moralidade tradicional das pequenas cidades rurais, em contraposição ao vale-tudo e à malandragem predominantes no mundo urbano. Durante o comando de Octacílio em Rio das Pedras, a punição dos criminosos era garantida por um violento grupo de extermínio local. Longe de ser uma particularidade de Rio das Pedras, esse brutal sistema de autodefesa dos bairros pobres se reproduziu em diversas cidades do Brasil. Nos anos 1970 e 1980, essas figuras surgiram aos montes com o discurso de que matavam "bandidos" em defesa dos "trabalhadores".

Na Baixada Fluminense, esses grupos foram representados por políticos que viriam a se tornar lendários, como é o caso de Tenório Cavalcanti, deputado federal pelo Rio nas décadas de 1950 e 1960, morador de Duque de Caxias e conhecido como Rei da Baixada e Homem da Capa Preta, que não se separava de sua metralhadora, apelidada de Lurdinha. A violência era o instrumento para a garantia da ordem. Nos anos 1970, esses grupos atuaram junto com a Polícia Militar em diversas cidades. Nos anos 1980, diante das muitas mortes de autoria desconhecida na Baixada Fluminense, o jornal *Última Hora* atribuía esses extermínios ao misterioso Mão Branca, mito criado pelos próprios matadores para se livrar da responsabilidade pelos crimes. Era como se houvesse uma mão invisível a proteger a

Baixada do crime. Na mesma década, esses grupos se associaram a empresários e comerciantes para a venda de segurança, e por vezes também a policiais. Ganharam o nome de Polícia Mineira. O sociólogo José Cláudio de Souza Alves vê nesses grupos a origem das milícias. Em São Paulo, nesse período, os matadores eram conhecidos como justiceiros ou "pés de pato" e atuaram na capital e na região metropolitana, chegando a formar quase mil pequenos grupos de extermínio ao longo da década.

Os matadores de Rio das Pedras agiam com o mesmo espírito. Assim como na Baixada Fluminense e nas periferias de São Paulo, lá também se viam, fixadas nas paredes de estabelecimentos comerciais, listas com o nome das pessoas marcadas para morrer. Quem não obedecia acabava assassinado. Mesmo depois que a imprensa passou a usar o termo "milícias", a população local continuou chamando os chefes de Rio das Pedras de "mineiros". De todo modo, foi essa a região que originou um tipo de organização inédita, que configuraria o modelo depois conhecido como milícia. E não foi à toa que ele vingou — policiais que moravam na região criaram a milícia de Rio das Pedras e estabeleceram as regras da economia informal dessas áreas. Ampliaram a fonte de receitas ilegais, a compra de armamentos e estabeleceram conexões políticas. Essa nova forma de dominação territorial transformou a geografia do crime no Rio, disputando o controle de comunidades com facções do tráfico.

O formato prosperou ao longo dos anos 1990, depois de conflitos pelo comando da associação de moradores do bairro. Octacílio tinha sido preso algumas vezes, acusado dos crimes cometidos na região, mas continuava em liberdade e mandando na área. Foi assassinado em 1989, em Jacarepaguá, no bairro do Anil. Nos anos que se seguiram, seu grupo permaneceu no poder, liderado por Dinda, sua mulher. Em 1995, Dinda foi assassinada na sede da associação de moradores, quando cadastrava candidatos à aquisição de lotes no bairro. A morte de Dinda marcou o fim da dinastia original.

Policiais assumiram o controle da associação de bairro, que já arrecadava mensalidades para mediar a compra de lotes e terrenos. Eles criaram novos negócios e passaram a influenciar não somente instituições políticas, mas também corporações policiais. Profissional e organizado, o grupo assumiu o papel de governo terceirizado de Rio das Pedras, cobrando taxas dos moradores pela gestão e segurança. Nessa época, final dos anos 1990, o pequeno núcleo que havia surgido com cerca de quatrocentas pessoas à margem de Rio das Pedras já possuía quase 40 mil habitantes. Comércios variados e casas com lajes sobrepostas marcavam a fisionomia da comunidade, dividida entre a parte rica, o entorno do núcleo antigo, com lotes mais bem organizados, e a parte pobre, locais sujeitos a cheias e loteamentos feitos de maneira caótica, com espaços pequenos e sem ventilação, caso dos núcleos Areal II e Pantanal.

O inspetor da Polícia Civil Félix Tostes assumiu o comando de Rio das Pedras com o apoio de outros policiais da ativa. Junto com eles, ascendeu o comerciante Josinaldo Francisco da Cruz, conhecido como Nadinho de Rio das Pedras, amigo de infância de Tostes. Nadinho havia se destacado em 1996 como uma liderança importante na organização de apoio aos desabrigados das enchentes no bairro. Nos anos seguintes, como presidente da associação, esteve à frente de serviços assistenciais e parcerias com o poder público que fortaleceram o grupo. As receitas também se diversificavam. Tostes criou em 1997 a Cooperativa Mista de Trabalhadores em Transporte Alternativo para regulamentar e organizar as vans. A ideia do inspetor era seguir o caminho do outro grupo de policiais empreendedores da região, conhecido como Liga da Justiça. Nos anos 1990 e 2000, a Liga assumiu o controle do transporte de peruas em Campo Grande e Santa Cruz, liderados por outro inspetor da Polícia Civil, Natalino José Guimarães, e seu irmão, Jerônimo Guimarães Filho, conhecido como Jerominho.

Em Rio das Pedras, a administração da cooperativa de vans foi concedida por Tostes ao sargento da Polícia Militar Dalmir

Pereira Barbosa. Como era funcionário público, Barbosa não podia assumir formalmente a função e colocou como testas de ferro seu irmão Dalcemir e Getúlio Rodrigues Gama, que se tornaria presidente da cooperativa de vans de Rio das Pedras.[4] Dois oficiais também mantinham influência no poder local: o major Dilo Pereira Soares Júnior e o capitão Epaminondas de Queiroz Medeiros Júnior. O sargento Dalmir ainda levou para Rio das Pedras dois praças, que faziam serviços de cobrança: Maurício Silva da Costa, o Maurição, e Paulo Alvarenga, o Paulo Barraco. A presença desses policiais nos novos grupos milicianos se revelou decisiva. Eles ganharam o respaldo dos batalhões e das delegacias locais. Maurição, por exemplo, era do 18º Batalhão.

Os paramilitares colaboravam com a polícia no combate ao tráfico, ao mesmo tempo que abriam oportunidades para a criação de negócios semelhantes em bairros vizinhos. Além de organizar as vans, Tostes tinha uma revendedora de gás. O negócio era lucrativo porque o grupo impedia a entrada de concorrentes e obrigava os moradores a comprar seu botijão a preços mais elevados que o de mercado. Na CPI das Milícias, em 2008, um representante do sindicato das empresas distribuidoras de gás estimou que uma das empresas de Rio das Pedras chegava a vender cerca de 3 mil botijões por dia, o que representava um faturamento mensal de 600 mil reais. Cobrava-se também pela instalação de sinais clandestinos de TV a cabo (de cinquenta a sessenta reais), internet (de dez a 35 reais), segurança de comércio (de trinta a trezentos reais) e de moradores (de quinze a setenta reais).[5] O sargento Dalmir e o major Dilo também se tornaram sócios, na Areal Crédito Fomento Mercantil, que emprestava a juros aos comerciantes, entre outros empreendimentos.

A nova composição, mais profissional e influente, abriu caminho para parcerias com a prefeitura. Cesar Maia, quando assumiu seu segundo mandato na prefeitura, em 2001, nomeou Nadinho como administrador regional de Rio das Pedras. Em poucos dias foi exonerado do cargo por causa da repercussão negativa de sua indicação na imprensa. Nadinho voltou a presidir a associação de moradores, onde podia mandar com menos amarras, sem perder a parceria com a prefeitura.

Cesar Maia iniciou sua carreira política no Partido Comunista Brasileiro e foi preso durante a ditadura militar. No Chile, onde estava exilado junto com o ex-governador paulista José Serra, formou-se em economia. Ingressou mais tarde no PDT e participou do governo do Rio de Janeiro em 1983, a convite de Leonel Brizola, como secretário da Fazenda. A primeira disputa de Maia por um cargo no Executivo ocorreu em 1992, e ele se elegeu prefeito do Rio pelo PMDB, depois de romper com seu padrinho Brizola. Cesar Maia era um defensor da descentralização política da administração da cidade, além de especialista na leitura de pesquisas de votos e mapas eleitorais. Essas duas características aproximaram o prefeito dos administradores de Rio das Pedras, principalmente em seu segundo mandato, em 2001. Maia tratava as milícias como Autodefesas Comunitárias, ou ADCs — espécie de gestão popular, sem as bases operárias e religiosas de São Paulo.

A aliança do prefeito Cesar Maia com Nadinho de Rio das Pedras descentralizava a gestão e garantia votos ao político. Essa parceria gerou diversos convênios municipais para serviços como creches, varrição de rua, proteção de rios e lagoas, limpeza dos valões, atendimento de saúde e cursos de informática. Os serviços foram fundamentais para a eleição de Nadinho à Câmara Municipal, pelo PFL, em 2004. Cesar Maia, por seu lado, ganhava apoio eleitoral, como ocorreu na eleição de 2006, quando seu filho, Rodrigo Maia, foi o segundo candidato a deputado federal mais votado em Rio das Pedras. Maia parecia acreditar que tinha as milícias sob controle. Não acreditava, ou não quis enxergar, que o modelo de negócios dos milicianos poderia desarticular o Estado e se tornar incontrolável, como viria a acontecer mais tarde.

Nessa época de entusiasmo e parceria com as instituições cariocas, os milicianos pareciam achar que não havia limite para suas ações. Pacificação local, controle dos traficantes num período em que as facções aterrorizavam o Rio de Janeiro, assistencialismo via centro social, tudo isso permitiu que eles dessem início a planos mais ambiciosos de poder, concorrendo a vagas no Parlamento, apoiando políticos, estreitando relações até mesmo com secretários de Segurança, seduzindo candidatos que apoiassem seus negócios com votos de seus currais eleitorais. Em 2004, Nadinho de Rio das Pedras foi eleito vereador com uma campanha rica o suficiente para fazer dele o nono vereador mais votado do Rio, com 34 764 votos, depois de duas tentativas fracassadas em eleições anteriores. Na mesma disputa, Jerominho, da Liga da Justiça, foi eleito com 33 373 votos, alcançando a 11ª posição de mais votado. Natalino, irmão e sócio de Jerominho na Liga, foi eleito deputado estadual na eleição de 2006, com 49 405 votos. Todos com suas bases eleitorais concentradas na região que dominavam.

O modelo de negócios inspirado em Rio das Pedras se espalhava desde 2002 e recebia o olhar complacente e oportunista das autoridades. Os bairros de Anil, Curicica, Gardênia Azul, Campinho e Vila Valqueire, em Praça Seca; Vila Sapê, Freguesia, Jardim Boiúna, Santa Maria e Pau de Fome, em Taquara, que ficavam nos arredores da Barra, Jacarepaguá e Recreio dos Bandeirantes, um a um, adotaram o modelo de Rio das Pedras, numa expansão silenciosa, sem repercussão. De um lado, a mistura de consentimento e falta de alternativa dos moradores; de outro, a promessa de dinheiro e poder para policiais e paramilitares que participavam do esquema ou que queriam participar. O principal movimento de domínio territorial ocorria em direção às comunidades consideradas "neutras", ainda não dominadas por traficantes.

Um relatório da Subsecretaria de Inteligência do Estado apontou que em 2008 havia 171 áreas dominadas por milícias. Em quase 70% delas, não havia facções criminosas anteriormente. Segundo o mesmo relatório, em 52 dessas áreas houve a expulsão de traficantes pelas milícias — 29 do Comando Vermelho, catorze do Terceiro Comando Puro e nove da Amigos dos Amigos.[6] Esse embate teve reflexos no final de 2006, quando criminosos do CV, para protestar contra o avanço dos policiais, realizaram uma série de ataques, causando dezoito mortes.

Esse caminho silencioso e discreto percorrido pelas milícias em direção às comunidades não seria, contudo, tão simples de preservar. As milícias enfrentaram resistência da sociedade civil e das instituições. Também bateram de frente com interesses políticos e de criminosos. A reação surgiu em decorrência do barulho em bairros como Campo Grande, Paciência, Inhoaíba, Cosmos, Guaratiba e Santa Cruz, onde procedimentos adotados pela Liga da Justiça — liderada por Jerominho e Natalino — eram mais ousados e violentos. Natalino, por exemplo, tinha a alcunha de Mata Rindo.[7] Faziam parte do grupo Leandrinho Quebra-Ossos, Ricardo Batman e Julinho Tiroteio, entre outras figuras que não se importavam com a má fama. A trupe andava com adesivos do Batman em seus carrões e apostava no terror para mandar na região, com assassinatos à luz do dia para assustar a concorrência.

A Liga da Justiça, além disso, era mais numerosa e descentralizada. Na CPI das Milícias, foram apontados mais de cem nomes como integrantes do grupo, que ainda teria cerca de 25 fuzis à disposição. Em vez de recorrer à diplomacia, a Liga dispunha de um pequeno exército, tolerado pelos batalhões de polícia local, que atacava empresários do transporte alternativo insubmissos ao grupo. Em 2008, a Delegacia de Repressão às Ações Criminosas Organizadas atribuiu ao grupo cerca de sessenta assassinatos cometidos ao longo de cinco anos. Estatística do Serviço de Inteligência da Polícia Militar mostrou que em três anos o grupo tinha praticado pelo menos 98 homicídios.[8] Com base nesses conflitos, puxou-se o fio que levaria muitos milicianos à prisão.

O processo de formação da milícia de Campo Grande e Santa Cruz foi diferente do verificado em Rio das Pedras. Como esses três bairros têm histórias distintas, as quadrilhas cresceram de acordo com as características, oportunidades e limites de cada ambiente. Campo Grande e Santa Cruz, apesar de mais distantes do centro do Rio do que a região da Barra e Jacarepaguá, sempre tiveram uma relação mais próxima com a capital carioca. Nos tempos coloniais, era o local de plantio de cana de açúcar e de criação de gado, com forte presença dos jesuítas, que lá deixaram prédios antigos, pontes, praças e canais. Em 1808, com a vinda da família real portuguesa para o Brasil, Santa Cruz se tornou local de passeio de d. João VI e dos aristocratas que visitavam a Fazenda Imperial de Santa Cruz. Caminho para o Vale do Paraíba e São Paulo, pelo bairro também passava a linha de ferro D. Pedro II e depois a Estrada Rio-São Paulo e a avenida Brasil. Esses bairros, portanto, longe de ser isolados, habitados por cobras e jacarés, tinham lugar na economia da capital, assim como instituições mais fortes e presentes.

Natalino e Jerominho souberam aproveitar a chance aberta pela omissão do Estado no processo de crescimento da região a partir dos anos 1960. O transporte via trem e ônibus era insuficiente para conduzir os habitantes da região de casa para seus empregos nos bairros centrais. No início dos anos 1990, as peruas e vans Topic é que forneciam esse serviço no Rio de Janeiro.

Pequenos empreendedores compravam vans e iam para o asfalto em busca das linhas e dos horários mais lucrativos. Alguns já tinham experiência com os "cabritinhos", transportes feitos no interior das favelas, onde as linhas regulares de transporte público não entravam. Para disputar as linhas das vans que chegavam às regiões centrais, os perueiros enfrentavam concorrências truculentas e achaques em torno dos melhores trajetos. Linhas com mais passageiros e mais rentáveis eram cobiçadas. Cooperativas de transporte foram criadas para administrar a desordem e mitigar os riscos; policiais foram contratados como seguranças para impedir assaltos e possíveis agressões dos rivais. Foi nesse contexto que a Liga da Justiça nasceu e se fortaleceu. "Eles perceberam que, em vez de oferecer apenas segurança para as cooperativas, poderiam organizar as linhas e lucrar diretamente com o dinheiro do transporte clandestino", explicou o policial civil Cláudio Ferraz, que esteve cinco anos à frente da Draco.

A organização da linha de transporte clandestino pela Liga da Justiça teve início em 1996, disse o promotor Luiz Antônio Ayres, que começou a trabalhar no Fórum de Santa Cruz em 1998. Os policiais entraram primeiro como seguranças. Depois assumiram o controle das cooperativas. Com o tempo, conquistaram a gestão dos territórios. Essa autoridade local era exercida por meio de organizações que desenvolviam trabalhos sociais. Jerominho, por exemplo, criou o centro SOS Social para ganhar influência política e popularidade com os moradores de Campo Grande. Sua influência se estendia aos serviços públicos, como hospitais e o Centro Esportivo Miécimo da Silva, construído em Campo Grande nos anos 1980 e mais tarde reformado para os Jogos Pan-Americanos de 2007. Assim como tinha acontecido com a associação de moradores de Rio das Pedras, os policiais da Liga assumiam cada vez mais a condição de subprefeitos informais, desempenhando nas favelas tarefas que cabiam ao Estado.

Quanto mais fortes politicamente eles ficavam no bairro, mais possibilidades de lucro surgiam. O grupo também passou a reproduzir em seus territórios os negócios geradores de receitas das milícias de Rio das Pedras — monopólio da venda de gás, instalação de gatonet, taxas de segurança, proteção para máquinas de caça-níquel, agiotagem, taxa para a regularização de imóveis — e a acumular dinheiro e poder. O delegado Marcus Neves, que investigava o grupo, afirmou em 2008, na CPI das Milícias, que a Liga da Justiça faturava mensalmente 2 milhões de reais.

Para os integrantes desses grupos, a situação começou a mudar depois de 2007, quando Sérgio Cabral Filho assumiu o governo do estado e colocou José Maria Beltrame à frente da Secretaria de Segurança. O tema das milícias já havia entrado no radar do governador depois dos ataques do CV ocorridos em dezembro, às vésperas de sua posse. A preocupação aumentou depois que Beltrame ouviu o relato de que um grupo de milicianos havia passado em frente ao Fórum de Santa Cruz na caçamba de uma caminhonete, ostentando tripé e fuzis. O secretário determinou que a Draco investigasse o assunto. Para comandar a delegacia, ainda desestruturada, foram escolhidos dois policiais abnegados e sabidamente competentes: o delegado Cláudio Ferraz e o inspetor Jorge Gerhard. Ambos foram discípulos de Hélio Luz, um dos delegados mais respeitados da Polícia Civil, conhecido por sua capacidade estratégica e operacional.

Também havia um cálculo político de Sérgio Cabral Filho. Ele precisava evitar o fortalecimento de um grupo capaz de fazer frente a parceiros seus na Assembleia Legislativa, como os deputados Jorge Picciani, presidente da Casa, e Paulo Melo, seu principal interlocutor no Legislativo. O governador era do diálogo, mas sabia agir quando seus interesses estavam em jogo. E Cabral sabia que para se equilibrar no poder não podia perder o controle de seus concorrentes.

Os problemas provocados pela expansão das milícias e os conflitos entre os grupos, além da disputa com facções, criaram o ambiente político para que o governo pudesse interferir. Os casos envolvendo violência entre os integrantes das milícias começaram a pipocar e a despertar a atenção da opinião pública e dos policiais da Draco. Em fevereiro de 2007, nove pessoas morreram na favela Kelson's, na Penha, por causa do confronto entre milícia e tráfico. Dez traficantes armados entraram na favela e mataram três homens supostamente envolvidos com o grupo de milicianos. A favela tinha passado ao controle dos policiais em novembro do ano anterior. Entre os mortos, havia um pedreiro que tinha construído, por ordem dos milicianos, um muro com um portão de ferro em um dos acessos à favela. Outros dois mortos seriam integrantes da milícia. O carro de um dos chefes da milícia foi metralhado com mais de setenta tiros. Durante o tiroteio, os traficantes fugiram em dois carros. Na saída da favela, já na avenida Brasil, os criminosos se depararam com dois carros da PM. Os cinco traficantes que estavam no carro foram mortos.

Ainda em fevereiro, o assessor do gabinete da Polícia Civil e chefe da milícia de Rio das Pedras, o inspetor Félix Tostes, foi morto com 34 tiros quando dirigia o carro de uma amiga no bairro do Recreio dos Bandeirantes. Foram recolhidas 72 cápsulas deflagradas no local. Segundo testemunhas, três homens teriam saído de um carro, cercado a picape em que estava o policial e atirado. Um mês antes, Félix Tostes tinha sido exonerado de seu cargo de confiança na Assessoria do Gabinete da Polícia Civil por suspeitas de ligação com as milícias e com a máfia dos caça-níqueis.

A fratura no comando de Rio das Pedras ficou exposta com a morte de Tostes. Era o começo de uma disputa fratricida, repleta de traições, que deixaria o grupo sem rumo por um período. Problema parecido atingiu a Liga da Justiça, que também passou a implodir numa série de conflitos que ao longo dos anos provocaria a denúncia e a prisão de vários integrantes. Já em 2005 a Liga havia dado sinais do tamanho de seu apetite e vinha enfrentando resistências. Tentava expandir os domínios no setor de transportes e vans, ameaçando pequenos empreendedores de Campo Grande e dos bairros vizinhos. Na noite de 15 de junho daquele ano, um comboio de cinco carros com vinte homens se dirigiu a Guaratiba para assassinar Marcelo Eduardo dos Santos Lopes, da Cooperouro, uma empresa de vans. Natalino e Jerominho estavam no grupo, com Batman, Quebra-Ossos, Juninho Perneta, Luciano, filho de Jerominho, entre outros. Ao avistar os carros, Marcelo conseguiu fugir, invadindo casas do bairro. Seu testemunho foi peça-chave para a denúncia que levaria alguns deles à prisão, que só ocorreria em dezembro de 2007. A demora de três anos para a conclusão do inquérito decorreu, principalmente, do pânico das testemunhas e das ameaças que muitos sofreram dos autores do atentado. Durante as investigações, um dos sócios de Marcelo desapareceu, outro mudou seu depoimento, uma testemunha foi assassinada e outras duas entraram para o Programa de Proteção à Testemunha.

O avanço da Liga sobre o mercado de transportes provocou a resistência de perueiros concorrentes, que, ameaçados, não viram outra saída senão denunciar seus algozes para sobreviver. A polícia acabou se beneficiando com a disputa e com pedidos de socorro que quebravam o silêncio. O compromisso demonstrado pelos policiais da Draco dava confiança para que novas denúncias fossem feitas. Em 14 de abril de 2007, César Moraes Gouveia, da cooperativa de vans Rio da Prata, em Bangu, contou aos investigadores haver recebido, na sede da empresa, a visita de seis carros com integrantes da Liga obrigando-o a entregar a cooperativa ao grupo para não ter o mesmo destino de outros dois empresários: o caixão. Esse fora o fim do sócio da Cooperoeste, Iltinho Mongol, assassinado três dias antes, e de Denise Indaiá, da Cooper Santa Cruz, assassinada três meses antes.

Cada nova história ajudava os policiais da Draco a montar o quebra-cabeça que daria consistência ao processo prestes a estourar. Era questão de tempo e oportunidade. Em agosto, integrantes da Liga da Justiça foram presos em flagrante depois de, numa ação ousada, tentarem matar um perueiro e miliciano concorrente em São Pedro da Aldeia, na Região dos Lagos, fora dos limites territoriais do grupo em Campo Grande e Santa Cruz. O sargento do 25º Batalhão, Francisco César Silva Oliveira, o Chico Bala, desde 2001 investigado por coordenar uma cooperativa de transporte na zona oeste, estava em seu carro junto com a mulher e o enteado de treze anos, quando quatro homens abriram fogo. Ele se feriu com estilhaços e tiros de raspão, contudo sua mulher e o menino morreram.

Os suspeitos foram presos em Araruama, no quilômetro 30 da Via Lagos, dentro do carro que usavam para voltar a Campo Grande. O bando era formado por quatro pessoas: o policial André Luiz da Silva Malvar (genro de Jerominho); o ex-soldado da PM Ricardo Teixeira Cruz, o Batman; José Carlos Silva (ex--PM, expulso em 1999); e o cabo do 27º BPM Wellington Vaz de Oliveira. No carro eles levavam três fuzis, duas granadas M-9, cinco pistolas, 44 carregadores, quatro toucas tipo ninja, duas lunetas, cinco rádios Nextel e três rádios transmissores.

As pistolas foram enviadas à Polícia Científica, e uma delas, que pertencia a André Malvar, foi indicada como a arma que havia matado o chefão de Rio das Pedras, Félix Tostes, seis meses antes. Conforme as peças iam sendo juntadas, a investigação policial apontava para uma conspiração: as duas principais milícias do Rio de Janeiro naquele momento, a de Rio das Pedras e a Liga da Justiça, buscavam formar uma aliança. Malvar, o dono da pistola, havia atuado junto com Nadinho para matar Tostes. O motivo seria a dominação do transporte alternativo na região e algumas desavenças pontuais entre Nadinho e Tostes no comando de Rio das Pedras.

Nadinho foi preso em novembro de 2007, mas acabou solto para aguardar as investigações em liberdade. Em dezembro, Jerominho, Malvar, Batman e Julinho Tiroteio foram presos. Outros quatro integrantes da Liga da Justiça tinham mandado de prisão decretados, mas estavam foragidos. A prisão do deputado Natalino, um dos chefões da Liga, era questão de tempo. As coisas, finalmente, pareciam fugir ao controle dos paramilitares, que até então se sentiam intocáveis. O cerco policial ameaçava se fechar em torno deles. Por fim, no primeiro semestre de 2008 explodiu um escândalo que, tudo indicava, seria o golpe de misericórdia nas milícias.

A bomba explodia seis anos depois do assassinato de Tim Lopes. Era a vez de repórteres do jornal *O Dia* serem torturados e escaparem por milagre das mãos de milicianos da Favela do Batan, em Realengo, na zona oeste. O fotógrafo agredido, Nilton Claudino, era amigo de Tim Lopes, com quem havia trabalhado em outras redações. Assim como Tim, Nilton não tinha medo de arriscar a vida em busca de matérias que denunciavam mazelas sociais e crimes cometidos por autoridades. Em 2002, depois do assassinato do amigo, Nilton obteve uma informação certeira sobre o paradeiro das ossadas de Tim Lopes. Passou as coordenadas à polícia, que subiu até o topo da Vila Cruzeiro. Nilton estava trabalhando no dia em que localizaram os restos de Tim. Fez as fotos chorando para a matéria que seria publicada no dia seguinte.[9]

Depois de anos na profissão, a apuração sobre as milícias do Batan faria Nilton abandonar o jornalismo para viver escondido, abalado pelo que sofreu junto com uma jornalista em começo de carreira e o motorista que levava a dupla para a pauta e dava suporte ao casal. O episódio começou em maio de 2008, quando Nilton e a jornalista foram morar na favela sem se identificar. O objetivo era se disfarçar de moradores novos para descrever o ambiente e fazer fotos do cotidiano de uma favela dominada por milícias. Em junho do ano anterior, os milicianos haviam expulsado traficantes da favela e dominado o território. Durante catorze dias, os jornalistas fizeram amizades e se aproximaram dos moradores. Mandavam boletins diários para o jornal de uma lan house. Nilton conseguiu imagens de torturas feitas por milicianos em usuários de drogas, tirou fotos do depósito de gás e da carcaça de carros roubados. Acabaram descobertos. Segundo os algozes, um informante revelou aos milicianos a identidade dos dois.

Os dois foram algemados, encapuzados e levados a um cativeiro, junto com o motorista. Ao longo de sete horas, tomaram chutes, socos, choques e foram asfixiados. Tinham certeza de que seriam assassinados. Os milicianos disseram que os levariam para a favela vizinha e que culpariam o tráfico pela morte deles. Como *O Dia* já tinha a informação de que o desaparecimento dos jornalistas e do motorista era responsabilidade das milícias e de seus chefes, o chefe do grupo da Favela Batan decidiu poupar a vida dos três. A repercussão foi imensa. A história da tortura e do sequestro foi publicada no dia 1º de junho de 2008 com a manchete: "Tortura: Milícia da zona oeste sequestra e espanca repórter, fotógrafo e motorista de *O Dia*". Houve repúdio generalizado e reações políticas de peso.

As milícias se tornaram motivo de preocupação, recebendo mais atenção da imprensa e da opinião pública. O clamor forçou os deputados estaduais do Rio a aprovarem uma Comissão Parlamentar de Inquérito para investigar esses grupos, o que o deputado estadual Marcelo Freixo já havia pedido no terceiro dia da nova legislatura, em fevereiro de 2007. Professor de história e militante de direitos humanos, Freixo estava em seu primeiro mandato, para o qual tinha sido eleito com 13 547 votos. Durante a campanha eleitoral, Freixo quase abandonou a disputa, quando seu irmão mais novo, Renato Freixo, foi assassinado, com 34 anos, depois de demitir seguranças que faziam bico no prédio em que morava. Freixo foi convencido por amigos e pelo partido, o PSOL, a não desistir da eleição e a lutar em memória de Renato. Como presidente da CPI, evitou tratar da tragédia pessoal, para não deslegitimar os trabalhos de apuração. A Comissão iria com tudo para cima dos milicianos.

Freixo montou uma equipe corajosa e competente para atuar na CPI das Milícias. O delegado Vinicius George, pupilo de Hélio Luz nos anos 1990, foi importante para fortalecer a relação com os delegados da Draco. Outra figura que se destacou foi Marielle Franco, mesmo não atuando diretamente na CPI. Com 27 anos, trabalhou como assistente no gabinete de Freixo e depois seguiu com ele por dez anos, saindo para se candidatar a vereadora em 2016. No relatório final, depois de seis meses de trabalho e debates intensos, a comissão pediu o indiciamento de 225 pessoas, entre elas os chefes da Liga da Justiça (Jerominho e Natalino) e de Rio da Pedras (Nadinho); o vereador André Ferreira da Silva, o Deco (PR), que comandava a milícia de Praça Seca; o vereador Geiso Pereira Turques, o Geiso do Castelo (PDT), em São Gonçalo; Carmen Glória Guinâncio Guimarães, conhecida como Carminha Batgirl (PTdoB); Cristiano Girão (PMN), o chefe em Gardênia Azul; e Chiquinho Grandão (PTB), de Duque de Caxias.

Também foram indiciados o ex-chefe da Polícia Civil do Rio de Janeiro e deputado cassado, Álvaro Lins, além de 67 policiais militares, oito policiais civis, três bombeiros, dois agentes penitenciários e dois cabos das Forças Armadas. Embora não tenha sido indiciado, o deputado federal Marcelo Itagiba (PMDB), que havia sido secretário de Segurança Pública, foi mencionado como "candidato dos milicianos". O prefeito Cesar Maia foi acusado de "atitude permissiva com os milicianos", e o relatório da CPI afirmou que o secretário de Segurança do Rio, José Mariano Beltrame, não combatia as milícias "como deveria" por "falta de prioridade" no "combate à segurança privada de ruas e outros espaços públicos". No ano seguinte à CPI, em 2009, 246 pessoas foram presas, suspeitas de integrar milícias. Entre 2008 e 2017, o total de prisões relacionadas a milicianos chegou a 1310 — 131 milicianos presos em média por ano.[10]

Muitos apostavam que as centenas de prisões fragilizariam os paramilitares, e os anos seguintes no Rio de Janeiro reforçaram esse otimismo. Em 2008, as Unidades de Polícias Pacificadoras (UPPs) ajudaram a promover a pacificação de favelas das zonas norte e sul do Rio. Em 2010, o Ministério Público Estadual criou o Grupo de Atuação Especial no Combate ao Crime Organizado, com um núcleo de Inteligência que permitia aos promotores se envolver em atividades de investigação e despachar direto com juízes. As taxas de homicídios caíram expressivamente até 2016. O Rio parecia em festa com a expectativa da Copa do Mundo de 2014 e as Olimpíadas de 2016. As prisões de milicianos continuavam. Foram 158 em 2016 e 155 em 2017. O sonho de um Rio de Janeiro pacificado, contudo, começou a ruir rapidamente. A prisão do governador Sérgio Cabral Filho, em novembro de 2016, suspeito de receber propina para a concessão de obras públicas, e a crise fiscal que impediu até mesmo o pagamento de salário do funcionalismo acordaram todos para a dura realidade. A expansão das milícias havia continuado intensa, de maneira discreta, longe das manchetes. Os negócios ilícitos prosseguiram do mesmo modo, com a venda de gás, de imóveis e terrenos em áreas griladas, com o gatonet e a cobrança de taxas de segurança, entre outras atividades rentáveis devido aos monopólios de mercado impostos à força. As estruturas que garantiam aos milicianos dinheiro e poder seguiam intocáveis. As milícias estavam mais fortes do que nunca.

Depois de uma década esquecido nas preocupações prioritárias da opinião pública, Rio das Pedras voltou a ficar sob os holofotes de forma apoteótica, misturando a história e a trajetória de alguns personagens mais importantes da política. Em janeiro de 2019, a operação Os Intocáveis, do Gaeco do Rio, levou à prisão vários integrantes do grupo de milicianos que atuava em Rio das Pedras. O capitão Adriano Magalhães da Nóbrega, velho conhecido da família Bolsonaro, foi denunciado como chefe de milícia, junto com o major Ronald Paulo Alves Pereira, o oficial que também havia sido homenageado por Flávio Bolsonaro mesmo depois de Ronald ter sido acusado de participar da chacina de quatro jovens na Via Show, em São João de Meriti. A ficha do capitão Adriano na Justiça, formada paralelamente à sua carreira na polícia, mostrava a ação de um minerador contumaz, sempre atento às oportunidades do submundo do Rio. Dessa vez, o passado de

Adriano da Nóbrega viria à tona para assombrar a presidência de Jair Bolsonaro, político que mais o apoiou ao longo de sua carreira, com cargos para familiares no gabinete de seu filho Flávio, agora senador.

Outros nomes recorrentes, que já haviam sido mencionados na CPI das Milícias como integrantes do núcleo duro de Rio das Pedras, voltaram a aparecer na estrutura dessa comunidade onze anos depois da CPI. Foi o caso de Maurício Silva da Costa, o Maurição; Marcus Vinicius Rei dos Santos, o Fininho; Fabiano Cordeiro Ferreira, o Mágico; e Jorge Alberto Moreth, o Beto Bomba, presidente da associação de moradores. Depois da morte de Nadinho e Félix Tostes, o grupo ressurgiu ainda mais influente.

O capitão Adriano, o major Ronald e Maurição eram os principais líderes na nova fase da organização criminosa que comandava Rio das Pedras. Adriano, nas escutas feitas nos telefones dos integrantes do grupo, era chamado de "patrãozão". Segundo os promotores, esses três líderes coordenavam e mantinham o controle de empreitadas criminosas, como a venda e locação ilegal de imóveis, grilagem de terras, agiotagem, receptação de carga roubada, posse e porte ilegal de arma de fogo, extorsão de moradores e comerciantes, cobrando deles taxas de segurança, uso de "laranjas" para esconder seus bens, falsificação de documentos, pagamento de propina a agentes públicos, utilização de ligações clandestinas de água e energia elétrica. A autoridade dos denunciados era imposta pela violência, sobretudo pela prática de homicídios. Contavam com armas de fogo de calibres pesados e a proteção de agentes públicos, ativos e inativos, que compartilham informações privilegiadas para ajudar o fortalecimento do grupo.

Havia uma clara incongruência entre a postura da Justiça e a da Segurança Pública para lidar com a milícia. Ambas as instituições pretendiam a prisão de alguns indivíduos, mas o Estado continuava delegando — mesmo que por omissão — suas principais funções aos milicianos, que seguiam aproveitando a ausência do Estado na região para aumentar seus lucros e sua influência política. De acordo com as denúncias, tudo era fonte de receita para o grupo. Um morador contou que motoristas tinham que pagar uma taxa de cem reais por mês para poder estacionar o carro no terreno da escola municipal do bairro. A punição para os devedores era das leves: carro danificado. Já os comerciantes eram obrigados a pagar até cem reais *por semana*. As calçadas das casas eram vendidas como ponto para a instalação de barracas de comércio.

O grupo de Adriano, Ronald, Maurição e Fininho também agia no ramo da agiotagem, emprestando dinheiro a juros, e detinha o monopólio da venda de gás. Detalhes do cotidiano do poder local foram colhidos através de escutas e de informações passadas ao Disque-Denúncia. Os moradores contaram que os criminosos recolhiam essas taxas toda sexta-feira: cinquenta reais de gatonet, sessenta reais de internet, noventa reais de gás e cem reais pelo gato de luz por residência. Aqueles que não pagassem podiam ser expulsos de casa, para depois terem seus imóveis alugados por novos moradores.

A construção de lajes sobre os imóveis e a grilagem de terrenos eram uma fonte de renda importante da milícia. Adriano, Ronald e Maurício atuavam como sócios investidores ou incorporadores, aplicando as receitas obtidas em outras atividades criminosas nos empreendimentos imobiliários das comunidades de Rio das Pedras, Muzema e adjacências, onde controlavam desde a construção até a venda e a locação de imóveis. Ronald mantinha em seu computador diversas tabelas contábeis, plantas de imóveis e documentação de loteamento de terrenos. As negociações dos apartamentos apareceram em conversas grampeadas com a autorização da Justiça. A relevância dos negócios imobiliários para as receitas criminais do grupo era visível desde 2008, cerca de um ano depois da morte do inspetor e miliciano Félix Tostes. Segundo as investigações, Tostes foi assassinado para abrir caminho à aliança entre os vereadores Nadinho, de Rio das Pedras, e Jerominho, da Liga da Justiça.

Com o passar dos anos, contudo, novas informações foram reveladas. Havia outros interesses em jogo, principalmente imobiliários. O grupo que assumiria o poder na década seguinte, 2010, lucraria bastante nesse ramo. Com as investigações da Draco e da CPI das Milícias, Jerominho, Natalino e Nadinho perderam prestígio político, uma vez que o cerco se fechava em torno deles. Viraram símbolo de uma milícia *old school*, ostensiva e truculenta. Depois que eles sucumbiram, as milícias de Campo Grande e Santa Cruz adotaram um estilo diferente — como se sabe, o poder não deixa vácuo — e um novo núcleo se formou em Rio das Pedras. Dele faziam parte Dalmir Pereira Barbosa, policial militar da reserva, e Dalcemir Pereira Barbosa, além de Beto Bomba, Maurição, Fininho e Mágico. O capitão Adriano e Ronald surgiram mais tarde, querendo ganhar dinheiro com o mercado de venda de terrenos e de apartamentos.

Maria do Socorro Tostes, viúva e herdeira de Félix, estava no caminho de negócios imobiliários valiosos. Informações sobre isso foram descobertas depois de 24 de novembro de 2008, quando ela sofreu uma tentativa de assassinato. A CPI das Milícias já havia se encerrado e os holofotes da imprensa, se apagado. A vítima teve graves ferimentos e foi submetida a diversas cirurgias, permanecendo hospitalizada com escolta policial o tempo todo. Maria do Socorro sobreviveu e decidiu contar muito do que sabia. Conforme as investigações da tentativa de homicídio avançavam, o inquérito revelava mais e mais os interesses imobiliários do grupo que havia assumido o poder em Rio das Pedras. Os irmãos Dalmir e Dalcemir eram os chefes. Ambos tinham sociedades antigas com os milicianos do grupo anterior, inclusive com Tostes e Nadinho. Maria do Socorro disse que, logo após a morte de Tostes, os irmãos se mostraram revoltados com o assassinato. O grupo acusava

Nadinho de ser o mentor do golpe contra o núcleo de poder. O próprio Tostes confirmou essa suspeita de traição antes de morrer. Depois do crime, o grupo pagava a Maria do Socorro uma mesada de 10 mil reais pela sociedade nos negócios que herdara do marido.

No primeiro semestre de 2008, contudo, antes mesmo da CPI, a relação dela com as novas lideranças de Rio das Pedras começou a estremecer. O novo grupo de Dalmir, Dalcemir e Maurição começou a aterrorizar a vida de Maria do Socorro. Ameaças chegavam a seus ouvidos por terceiros. Eles estavam atrás dela. Seu filho quase foi morto por engano. Na hora em que os assassinos iam atirar, disseram: "Não é ela", e foram embora. Mas a vez dela acabou chegando e, depois do crime, confissões e testemunhos ajudaram a polícia a reconstituir os bastidores do atentado. De acordo com as investigações, a ação foi planejada dentro do Instituto Penal Cândido Mendes por ex-policiais e militares que cumpriam pena em regime semiaberto. Otto Luiz Stefan, cabo reformado da Marinha, preso em 1998 pelo feminicídio da esposa, contratou os ex-policiais Carlos Guedes e Sérgio de Barros Amorim, expulsos da PM por homicídio e sequestro, para executar Maria do Socorro. Completava o bando o ex-policial Carlos Alberto Vieira Dantas, que cumpria pena por homicídio.

O contato entre a turma de Dalmir, Dalcemir e Maurição e o grupo de matadores havia sido feito por Paulo Roberto Alvarenga, um dos policiais condenados pela chacina de Vigário Geral em 1993 e que também cumpria o regime semiaberto. O contato do preso com o lado de fora era Maurição, outro policial envolvido na mesma chacina, mas que tinha sido inocentado. O passado tenebroso e mal resolvido da violência policial no Rio continuava a assombrar.

Dantas, um dos contratados para o crime, acabou preso e dando à polícia sua versão sobre a tentativa de assassinato de Maria do Socorro, prevendo que seria morto e responsabilizado pelo fracasso da missão. Ele disse que pilotava a moto que levou Amorim, o autor dos disparos que atingiram Maria do Socorro. A quebra do sigilo telefônico dos suspeitos e outros testemunhos confirmaram a versão de Dantas. As coisas se complicavam para os desafetos do bando porque, uma semana depois do atentado a Maria do Socorro, foi a vez do vereador Nadinho ser vítima de uma tentativa de homicídio. Cápsulas apreendidas no local revelaram que as armas, nos dois crimes, haviam sido as mesmas. Até as motos usadas na fuga tinham as mesmas características. Ainda faltava descobrir por que o grupo quis matar Maria do Socorro.

Em março de 2009, foi aberto um inquérito para identificar os mandantes. O depoimento de Maria do Socorro tinha sido fundamental para levantar a provável motivação do atentado contra ela. Na delegacia, ela contou que a hipótese mais provável seria a disputa por um terreno situado na curva do Pinheiro, um dos locais mais nobres de Rio das Pedras, que ela tinha herdado do marido com outros três sócios, um deles um coronel reformado da PM. Depois do assassinato de Tostes, Dalcemir, aquele que assumiria o comando de Rio das Pedras junto com o irmão, pediu aos sócios do terreno uma procuração para regularizar a área na prefeitura. Sem desconfiar de nada, Maria do Socorro e os demais proprietários passaram a procuração a Dalcemir. Na época, Nadinho ainda era visto por todos como o inimigo em comum do grupo de Rio das Pedras. Não havia motivo para desconfiar de Dalcemir.

Ele, porém, passou a vender lotes do terreno de Maria do Socorro e dos sócios dela para a construção de prédios, sem avisar os proprietários da área. Maria do Socorro só ficou sabendo das vendas irregulares porque o morador de um terreno vizinho à área dela procurou a polícia para denunciar as investidas que vinha sofrendo de Dalmir e Dalcemir. Eles queriam que o homem desocupasse a área de quinhentos metros quadrados onde morava fazia vinte anos e onde tinha montado também um restaurante e uma oficina mecânica. O grupo de Dalmir e Dalcemir já havia derrubado o restaurante e os milicianos já estavam limpando o terreno dele e tinham dado um ultimato para que deixasse o local. Foi então que o morador decidiu denunciar a pressão que vinha sofrendo e pedir ajuda à polícia.

Como era dona dos lotes vizinhos, ao ser chamada pelo delegado para depor, Maria do Socorro soube que seus lotes também estavam sendo vendidos de forma irregular, sem seu conhecimento. Sua disposição para denunciar a ação do grupo e resistir teria provocado as ameaças de morte contra ela. As vendas dos lotes já vinham ocorrendo pelo menos desde agosto de 2007, meses depois da morte de Tostes, rendendo um bom dinheiro aos novos chefes da milícia. Um dos compradores, Francisco, contou na delegacia que havia pagado 100 mil reais a Dalcemir, intermediado por uma imobiliária de Rio das Pedras, para adquirir um lote de duzentos metros quadrados de Maria do Socorro. Pretendia construir ali quatro casas. Luizito, outro comprador, havia pagado 95 mil reais para Dalcemir. José Freitas declarou ter pagado 100 mil reais por outros lotes, onde iria construir um prédio de cinco lajes. Outro comprador, Reinaldo, que depôs em agosto de 2008, afirmou ter pagado 80 mil reais aos mesmos vendedores e que até aquele momento já tinha erguido três andares de um prédio no local.

Os negócios eram intermediados por uma imobiliária ligada ao grupo de Dalcemir, e os compradores acreditavam estar de posse de documentos legais do terreno — que, na verdade, ainda nem estavam regularizados. Havia, portanto, muito dinheiro em jogo, ganho com a venda de bens que não pertenciam ao grupo que dominava Rio das Pedras. A consolidação desse grupo no poder viria a se confirmar nos anos seguintes. Antes tinha havido mudanças importantes no comando por causa das prisões que seguiam acontecendo depois da CPI das Milícias. Dalmir e Dalcemir foram presos em 2011 e 2015, respectivamente, acusados de diversos crimes. Nadinho era um alvo certo, como todos sabiam, inclusive ele próprio. Sua morte ocorreu em 10 de junho de 2009, seis meses depois do encerramento da CPI. Três homens encapuzados invadiram o condomínio em que ele morava e o mataram na hora do almoço, com diversos tiros de pistola. Logo depois, a mulher de Nadinho e a viúva de Tostes, Maria do Socorro, fugiram do Rio de Janeiro para não morrer. Dantas, o ex-policial e autor do testemunho que vinculava as milícias de Rio das Pedras ao atentado contra Maria do Socorro, outro que estava com os dias contados, foi morto em março de 2011.

Na versão divulgada pela polícia e nas notícias publicadas na imprensa pouco se falou do papel de Dantas no esclarecimento da tentativa de homicídio contra a viúva de Tostes. A versão oficial, com pequenas contestações, foi de que policiais à paisana mataram Dantas por ele ter tentado assaltá-los. Em vez de queima de arquivo, o homicídio de Dantas foi mais um que caiu na conta da legítima defesa.

O vácuo de poder na cúpula de Rio das Pedras, contudo, não enfraqueceu as milícias. Com as mortes de Tostes e Nadinho, e as prisões de Dalmir e Dalcemir, os intocáveis capitão Adriano e major Ronald passaram a exercer maior influência no comando. Conforme as escutas revelaram, eles davam as ordens pelo menos desde 2015. A denúncia do Gaeco interromperia precocemente as ações desse grupo. Também havia suspeitas de que o capitão Adriano da Nóbrega fazia parte de um grupo de matadores especializados que recebia encomendas do jogo do bicho e que poderia estar envolvido no assassinato de Marielle Franco, ocorrido em março de 2018. Em 22 de janeiro de 2019, o Gaeco, a Draco e a Coordenadoria de Recursos Especiais da Polícia Civil (Core) saíram às ruas para cumprir treze mandados de prisão concedidos pela Justiça. Apenas cinco milicianos foram presos, entre eles um dos chefes, o major Ronald. Oito conseguiram escapar, entre eles o capitão Adriano. A pressão contra o grupo de Rio das Pedras, entretanto, continuaria a aumentar por causa de um fato imponderável — apesar de previsível.

No dia 12 de abril, menos de três meses depois da operação Os Intocáveis, dois prédios desabaram no Condomínio Figueiras do Itanhangá, em Muzema. Eram 6h30 e muitos moradores estavam nos imóveis. Vinte e quatro pessoas morreram. Muito do que já se sabia foi revelado depois da tragédia, com documentos comprovando o descaso na fiscalização das construções e a omissão do poder público para interromper os lucros milionários dos milicianos, que organizavam o adensamento do bairro. Havia uma série de problemas técnicos na construção dos edifícios, como espaços subdimensionados nos blocos das fundações, que ficavam mais vulneráveis à erosão do solo. As chuvas intensas, típicas do verão do Rio, aceleraram a destruição das bases dos prédios.

O adensamento do bairro não era nenhuma novidade, e diversos imóveis vinham sendo levantados nos últimos anos, alguns com oito andares, sem que fossem contratados engenheiros para as obras. Desde 2014, denúncias chegavam apontando o desmatamento ilegal da Mata Atlântica no entorno do Parque da Tijuca, num total de 7 mil metros quadrados devastados em cinco anos.

Os lotes eram subdivididos para a construção de edifícios mistos, em que a parte térrea era reservada para atividades comerciais e os andares superiores para moradias. O Ministério Público calculou que o grupo havia movimentado 25 milhões de reais com a comercialização dos apartamentos. Faziam parte desse grupo pessoas que ganhavam dinheiro ajudando a financiar a compra, a intermediar os documentos de compra e venda em imobiliárias locais, e até mesmo fornecendo o material de construção usado nas obras. Advogados eram contratados para barrar as ações do poder público contra as obras, luz e água eram adquiridas via ligação clandestina e agentes de fiscalização recebiam dinheiro para ignorar as irregularidades.

Ao longo dos anos, fiscais da prefeitura e da Justiça visitaram a região, apreenderam maquinários, aplicaram multas, prenderam pessoas em flagrante, mas ainda assim as obras prosseguiram. Dezenas de prédios foram levantados no local. A violência dos milicianos e o medo dos moradores evitavam denúncias. Mas havia outro apelo, quem sabe mais determinante: os milicianos, afinal, disponibilizavam aos moradores bens de primeira necessidade, algo que o Estado não conseguia fazer. Era melhor ter as moradias que eles ofereciam do que não ter nada. Como aplicar uma lei que prejudicaria tanta gente ao restringir a construção de casas mais baratas? Como de costume, foi preciso ocorrer uma tragédia com mortos para que o dilema se revelasse e fizesse refletir sobre os bons motivos para se lutar por uma governança justa dentro de um Estado forte e democrático.

Os milicianos, como demonstrado várias vezes, priorizam seus próprios interesses e lucro, pouco se importando com a legislação. São dinheiristas e egoístas. Não ligam nem cumprem o papel de zelar pelo interesse coletivo, tarefa que cabe ao Estado. Lutam (e matam, na verdade) pelo interesse de seu sucesso pessoal e o de aliados. E ainda assim seus valores foram e são compartilhados por lideranças políticas em ascensão, que levam para dentro do Estado uma disputa só interessada em beneficiar o personalismo e ambições pessoais, destilando ódio contra aqueles que tentam apontar limites.

4.
Fuzis, polícia e bicho

Ele era um pequeno empreendedor em Foz do Iguaçu, na fronteira do Brasil com o Paraguai, que fazia transportes de turistas às Cataratas e à Ciudad del Este. Os anos 1990 estavam começando e o Brasil ainda iniciava a abertura da economia para importações. Diante das restrições, as muambas paraguaias exerciam um grande fascínio nos sacoleiros, dispostos a comprar as mercadorias para depois revendê-las no mercado interno das grandes cidades. Meu entrevistado poderia se dar por satisfeito com a leva de turistas que movimentava seus negócios, mas ele sonhava em ser um homem muito rico. "Era meu maior objetivo na vida", contou. Em poucos anos, de fato ficaria milionário vendendo armas e drogas para o Rio, época em que ganhou o apelido de Senhor da Guerra.

No começo dos anos 2000, quando foi preso pela primeira vez, era considerado pelas autoridades como o principal fornecedor de armas do Brasil. Ganhou destaque no mercado por sua postura profissional de vendedor altamente confiável, garantindo, no fio do bigode, a entrega de diversos tipos de encomendas de produtos ilegais, mas principalmente armas de calibre pesado. Um pouco dessa credibilidade eu mesmo senti durante nossa entrevista, quando ele me contou sobre seu passado em tom professoral, com um sotaque paranaense cantado que me lembrou o do filósofo Mario Sergio Cortella. Ser vendedor atacadista de armas e drogas por tanto tempo e sair sem inimigos nem ameaças de morte é façanha para poucos. Como me comprometi a não revelar seu nome, vou chamá-lo de Bigode.

Bigode cumpriu três anos de pena, deixou a prisão em 2005, mas acabou detido novamente, dois anos depois, ao cair em um grampo e sofrer outra acusação de contrabando de armamentos. Ficou mais quatro anos preso e foi inocentado em segunda instância. Nesse percurso no crime, repleto de derrotas, ele se tornou evangélico e missionário da Assembleia de Deus. Eu o conheci com a ajuda de uma colega dele da igreja. A principal peculiaridade da cena criminal do Rio de Janeiro é a imensa quantidade de fuzis e armamentos pesados nas mãos dos integrantes dos diversos grupos que comandam as favelas. Em nenhum lugar do Brasil se vê um arsenal de armas e munições que chegue perto do que existe no mundo do crime fluminense, e Bigode era a melhor pessoa para me ajudar a entender como esse mercado se formou. Ele concordou, acreditando que seu testemunho poderia ajudar outras pessoas a não cometer os mesmos erros que ele, alguém que fez de tudo para enriquecer e que, quando se tornou milionário, percebeu que seu sonho era uma ilusão. Bigode passou a não ver mais sentido em fornecer armas e drogas para o crime, tornou-se religioso, ficou pobre e foi trabalhar como taxista. Me garantiu que era incomparavelmente mais feliz.

Quando Bigode começou a atuar nas fronteiras do Brasil com o Paraguai, não faltavam oportunidades para uma pessoa se tornar milionária; bastava estar disposta a encarar os riscos. Em 1995, ele passou a seguir o caminho do dinheiro, entrando em negócios que eram mais lucrativos por ser ilegais no Brasil, como o contrabando de cigarros. Aproveitou a facilidade de acesso ao produto a preços baixos no Paraguai para descobrir atalhos e entrar com a mercadoria no Brasil, driblando a fiscalização. Percebeu que podia fazer o mesmo com produtos ainda mais rentáveis. Na época, policiais do Rio de Janeiro entraram em contato com Bigode para encomendar os primeiros lotes de armas e munições, amplamente vendidas nas lojas de Ciudad del Este. Bigode devia fazer a compra no Paraguai, passar as mercadorias pela fronteira e entregá-las aos compradores. Com a experiência que já tinha, a tarefa não foi difícil. Os policiais fizeram novos pedidos, e as encomendas iam sendo entregues cada vez mais perto do Rio.

Bigode foi aperfeiçoando seus esquemas, descobrindo as rotas e os meios mais seguros de levar mercadorias ilegais no sentido Sul-Sudeste. Sua fama se espalhou e ele se tornou um dos matutos mais respeitados do mercado fluminense. Um policial militar carioca, preso com ele em 2002, era seu sócio no empreendimento. A presença de militares nessas redes de vendas de armas sempre foi importante por causa da expertise em equipamentos de guerra e contatos com redes de fornecedores. Houve prisões isoladas de militares, mas o problema nunca foi tratado de forma abrangente.

O cuidado e a discrição eram o segredo de seu sucesso. Bigode tinha como fornecedores de armas e drogas grandes nomes do contrabando no Paraguai, como Jorge Rafaat e Jarvis Pavão. A venda de armas nesse país ainda não era proibida, podia-se comprar uma pistola 9 mm apresentando apenas o documento de identidade, de acordo com as cotas mensais definidas pelo governo. Cotas que Bigode desrespeitava, claro, comprando às centenas por baixo do pano. Fuzis e armamentos pesados eram as mercadorias mais cobiçadas, vindos principalmente de fornecedores norte-americanos. O principal desafio de Bigode como matuto era fazer as mercadorias chegarem aos distribuidores do Exército, das polícias e dos morros.

No final dos anos 1990, problemas econômicos atingiram o Leste Europeu e diversos armamentos russos, tchecos e dos Bálcãs passaram a inundar o mercado de armas com excelentes ofertas de AK-47 — objeto de desejo do tráfico carioca, capaz de disparar uma rajada de seiscentos tiros por minuto. A mercadoria chegava, segundo Bigode, através de militares dos exércitos uruguaios e argentinos, que acionavam os militares paraguaios e as colocavam no mercado. Anos depois, esses fuzis passariam pela China e pelos Estados Unidos antes de chegar à América do Sul.

Outra forma de comprar armas e munição era por meio da encomenda de colecionadores e atiradores de clube de tiros, condição que garantia — e até hoje garante — acesso à compra de fuzis, armamentos de calibre pesado e munições. Também era comum a importação de peças isoladas de armas — que não passavam por fiscalização —, para serem depois montadas no Brasil. O sargento reformado da Polícia Militar Ronnie Lessa, acusado de matar a vereadora Marielle Franco, usava essas duas estratégias para trazer armamentos para o Rio de Janeiro. Lessa tinha certificado de colecionador e atirador desportivo, conferido pelo Sistema de Fiscalização de Produtos Controlados, concedido em 2018 com validade até 2021. O registro de Lessa era assinado por um tenente-coronel que depois seria preso sob suspeita de desviar munições e armas do setor que controlava. Ele também importava peças de armas, para a montagem delas no Brasil.

Quando Lessa foi preso, em março de 2019, os policiais encontraram 117 componentes de fuzil, acessórios com miras e supressores de ruído na casa de um amigo dele de infância. As investigações mostraram que o sargento mantinha uma oficina de montagem do armamento e de munições, para serem vendidos no mercado. Em maio do mesmo ano, a Receita Federal interceptou nos Correios uma carga de seis peças de *airsoft* importadas em nome de Lessa. Essas armas de brinquedo, fabricadas para disparar bolinhas de plástico, servem de carcaça para a montagem de fuzis reais desde que sofram pequenas adaptações.

Critérios frouxos para a concessão de licença para colecionadores e atiradores desportivos e uma fiscalização ineficiente sempre foram brechas para o ingresso de armas no mercado ilegal brasileiro. Por exemplo, na CPI do Tráfico de Armas da

Assembleia do Rio, realizada em 2006, foi citado o caso do ex-fuzileiro naval Marcos Paulo da Silva, preso pela Polícia Federal em outubro daquele ano. Conhecido como Marquinhos Sem Cérebro, era segurança do bicheiro Rogério de Andrade. Além de suas conexões com o crime, o militar havia sido reformado por problemas psiquiátricos na Marinha, onde ganhou o apelido. Mesmo com esse quadro psicológico, conseguiu certificado como praticante de tiro esportivo — para o qual, em tese, deveriam ser solicitados testes psicológicos e análise da ficha criminal dos candidatos — e pôde se filiar à Confederação Brasileira de Tiro Prático (CBTP), ganhando o direito de comprar armas e munições.

Na segunda metade dos anos 1990, Bigode conseguiu ampliar seus contatos no mercado e diversificar a clientela, fornecendo para a rede ligada aos traficantes do Terceiro Comando (TC) e aos da Amigos dos Amigos (ADA), grupos que haviam se aliado e que passaram a ser chamados de TCA. A proximidade maior dos policiais com esses dois grupos era conhecida nos morros do Rio. O Comando Vermelho sempre foi identificado como a principal resistência no crime, mais disposto a bater de frente com o sistema, o inimigo principal a ser erradicado pela polícia. Com seu sócio policial militar, Bigode se tornou o principal matuto das facções de Ernaldo Pinto de Medeiros, o Uê, chefe da ADA, e do traficante Paulo César Silva dos Santos, conhecido como Linho, do TC. Fernandinho Beira-Mar, por sua vez, era o principal matuto dos rivais, responsável pelo fornecimento aos morros do CV.

Bigode contou que os fornecedores de armamentos no Paraguai costumavam também atender a outras facções do Rio. Os atacadistas de armas não ligavam para as cores faccionais brasileiras, as rivalidades ficavam circunscritas sobretudo ao varejo do Rio. Nas fronteiras da América do Sul, desde que o pagador fosse confiável, para as relações comerciais não importava a que grupo ele pertencia. Bigode lembra que era comum ele estar atrás de encomendas no mesmo período que Fernandinho Beira-Mar. A situação mudou somente no começo dos anos 2000, quando Beira-Mar quis levar para o Paraguai a rivalidade dos morros cariocas. O matuto do CV tentou obrigar os fornecedores paraguaios a atender apenas seu grupo, iniciando uma série de disputas que levariam o traficante carioca a fugir para a Colômbia, onde iniciaria contatos com os guerrilheiros das Forças Armadas Revolucionárias da Colômbia (Farc). Beira-Mar seria preso na selva colombiana, em 2001.

A forte presença de policiais e integrantes das Forças Armadas na mediação de compra e venda de fuzis não significava, necessariamente, que os militares estavam passando para o lado da bandidagem. Os militares continuavam odiando os bandidos, mas tinham a ilusão de que podiam lucrar com eles sem perder o controle. Bigode explicou que o lucro milionário que ele obtinha com a venda de armas exigia dele certo cinismo, capaz de justificar a guerra que ele indiretamente alimentava com armas como uma fatalidade sem solução. Os vendedores apenas aproveitavam as oportunidades oferecidas por aquele rico mercado da violência. "Eu me considerava um comerciante. Não apertava o gatilho e me enganava dizendo que não era minha responsabilidade. Comecei a me questionar mais seriamente quando minha filha de nove anos me perguntou um dia, na lata: 'Pai, você está matando as pessoas no Rio de Janeiro?'. Naquela semana, uma menina com a idade da minha filha tinha sido morta por uma bala perdida em Vila Isabel. Eu tinha entregado armas umas semanas antes na região. Expliquei pra minha filha que as armas estavam à venda nas lojas em Ciudad del Este: O papai pega as armas e a munição aqui [em Foz] e leva para o Rio de Janeiro. Entrego e recebo o pagamento. Para onde elas vão e o que as pessoas vão fazer com elas não é responsabilidade do papai." Bigode sentiu que não tinha sido muito convincente. Na verdade, nem ele mesmo acreditava naquele argumento furado.

Além da participação de policiais e de militares no comércio de armamentos, muita munição e fuzis eram desviados das instituições policiais e do Exército por funcionários dessas corporações. Em dezembro de 2018, um sargento do Corpo de Bombeiros do Distrito Federal foi preso por desviar munições da Polícia Militar local e do Comando do Exército para abastecer traficantes do Comando Vermelho no Rio de Janeiro. O esquema criminoso vinha desde 2017 e as investigações identificaram que o militar Marcelo Rodrigues Gonçalves fornecia grande quantidade de munições de calibre 5.56 e 7.62 para fuzis. Também vendia pistolas Glock G17, calibre 9 mm, com seletor de rajadas, muito usadas nos tiroteios ocorridos no Rio. Apesar da vida paralela de fornecedor de armas para o crime, desde 2014 o bombeiro atuava no Gabinete de Segurança Institucional da Presidência da República como instrutor de tiro.

Desvios de munição sempre foram tolerados. Em 2006, a CPI das Armas do Congresso Nacional solicitou o rastreamento de armas brasileiras apreendidas na ilegalidade pela polícia do Rio de Janeiro, que estavam no depósito da Divisão de Fiscalização de Armas e Explosivos da Polícia Civil (DFAE). Foram rastreadas as armas que teriam sido vendidas das fábricas para o mercado civil interno, para o poder público ou o mercado externo, antes de serem apreendidas na ilegalidade. A pesquisa concluiu que cerca de 18%, numa amostragem de mais de 10 mil armas de um universo de mais de 100 mil existentes, foram, na origem, vendidas da fábrica para o poder público antes de serem apreendidas na ilegalidade no Rio de Janeiro. Do total das armas desviadas do poder público, 27% eram das Forças Armadas e cerca de 70% vinham das instituições de segurança pública estaduais e federais.

Em 2007, uma pesquisa comparou o desvio de munição nos estoques estatais das cidades de Karamoja, em Uganda, e do Rio de Janeiro.[1] O trecho "Morte por atacado: o ciclo de desvio de munição de atores estatais para o crime organizado no Rio de Janeiro, Brasil" analisou uma amostra de munição apreendida pela polícia fluminense entre 2003 e 2006. As munições, portanto, tinham sido pegas com os criminosos. O relatório concluiu que: 1) grande parte da munição apreendida na ilegalidade é produzida quase exclusivamente para as Forças de Segurança do Estado; 2) esses tipos de munição correspondem, em volume e em origem, aos tipos usados pelas forças de segurança do Rio de Janeiro; 3) as munições apreendidas vieram de estoques de munição "nova", sugerindo uma "cadeia de abastecimento curta", ou seja, eram desviadas pouco depois de compradas.

O problema do desvio e do comércio ilegal de munições da polícia reapareceu nas investigações do assassinato da vereadora Marielle Franco e do motorista Anderson Gomes. Oito das nove munições encontradas no local do crime eram procedentes de um lote comprado pela Polícia Federal, em 2006, da Companhia Brasileira de Cartuchos (CBC). A Polícia Civil e o Ministério Público identificaram que essas munições tinham aparecido também em pelo menos dezessete ocorrências desde 2013, em casos de disputas entre traficantes, milicianos e em atividades policiais. Munição do mesmo lote tinha aparecido, ainda, numa chacina de dezessete pessoas ocorrida em 2015 em Osasco e Barueri, na Grande São Paulo, com participação de policiais.

O desvio de armas e munições da própria polícia para os criminosos que eles combatem pode parecer, à primeira vista, incongruente ou suicida. No entanto, era esse mercado que azeitava a engrenagem da guerra que fortalecia a polícia. Por um lado, se as armas e munições de calibre pesado traumatizavam a população da cidade, por outro, ajudavam a transmitir à população a ideia de que os policiais e as forças de segurança eram imprescindíveis para combater o caos e a desordem no Rio. Os fuzis nos morros sempre ajudaram a dar veracidade e dramaticidade ao teatro da guerra cotidiana contra o crime, colaborando para consolidar o status da polícia como fiadora da vida do carioca. É justamente esse status que intimida os governantes e os faz não querer enfrentar os riscos de iniciar reformas modernizantes e moralizadoras, que interrompam os diversos negócios criminosos que locupletam muitos policiais do estado. Portanto, a existência de armas e munições pesadas nas mãos de criminosos, parte delas vendida por militares, acaba criando na população e nos governantes a sensação de que, mais do que nunca, dependem das forças policiais estabelecidas para defendê-los.

Dessa maneira, com o apoio das forças de segurança, a grande quantidade de fuzis nas mãos do crime se tornou marca registrada da violência no Rio. Estudos sobre a origem das armas apreendidas na região Sudeste[2] mostram que a apreensão de fuzis no estado fluminense destoa da ocorrida em outras unidades federativas. Enquanto em nenhum estado do Sudeste a apreensão de fuzis alcançou 1% do total de armas apreendidas, no Rio, entre 2014 e 2019, ela ficou entre 3% e chegou a ultrapassar os 6%. Mas o que mais chamou a atenção nos estudos dizia respeito ao perfil das munições apreendidas. Nesse mesmo período, as balas de fuzis corresponderam a um quarto do total confiscado, com destaque para a 5.56 mm e a 7.62 mm, revelando o uso cotidiano desse armamento.

A quantidade de fuzis possuída tornou-se a métrica do poder dos tiranos que dominavam os territórios das comunidades pobres. Em 2002, por exemplo, quando os paramilitares começaram a se espalhar por Jacarepaguá, a estimativa policial era de que os traficantes do Comando Vermelho, na Cidade de Deus, possuíam apenas dez fuzis. Isso não os impedia de formar um bonde e se juntar aos aliados do Complexo do Alemão, com duzentos fuzis, mesma quantidade da Favela da Rocinha, na época dominada pelo CV, mas que no ano seguinte levantou a bandeira da Amigos dos Amigos. O tráfico da Ilha do Governador, do Terceiro Comando, dispunha de cinquenta fuzis.

"No Rio de Janeiro as coisas são fortes, diferentes", disse Bigode. "Tinha vezes que eu ia fazer entrega de armas e drogas e tinha cem homens de fuzil, espalhados ali em volta, eles ficavam de guarda para eu poder descarregar. Eu pensava: aqui é outro país, quem manda são eles. Eles tinham ramificações com outros crimes, roubo de carga, banco, sequestro, relação com a polícia, tudo. O dinheiro das vendas de drogas e do crime era usado para construir uma estrutura que protegia o território em que o chefe da facção mandava."

Resguardados por esse arsenal, os criminosos ergueram pequenas cidadelas, buscando autossuficiência e relativa autonomia em relação às forças do Estado, o que fez crescer o poder dos comandantes e prejudicou a população local. Os "Donos do Morro" viraram uma instituição carioca, inexistente em outras cidades brasileiras. Essa lógica de dominação baseada em armamento pesado provocou uma corrida armamentista entre grupos rivais, mantendo o mercado de armas e munições sempre aquecido. Ao mesmo tempo, a rivalidade entre os grupos gerava um processo autodestrutivo entre as diferentes bandeiras criminosas, que se fragilizavam com os conflitos e as mortes constantes, facilitando o domínio das forças de segurança do Estado, que podiam cobrar arregos e faturar com o crime. "O traficante compra uma .50, calibre com capacidade para derrubar um helicóptero, mesmo sabendo que nunca vai usar. É mais para assustar o rival. Se o rival comprou, o concorrente precisa comprar uma igual. A lógica do comércio de armas passa por essa competição, para ver quem é mais forte. Mesmo com armas pesadas, por falta de treinamento e conhecimento, tática, tudo, nenhum desses grupos consegue fazer frente ao Estado", completou Bigode.

Com tantas armas espalhadas pelas favelas, flagradas nas mãos de jovens pobres e negros de rosto coberto, nunca foi difícil vender a ideia das operações policiais como medidas necessárias nas comunidades. Como se a ordem e a paz dependessem da guerra da polícia nos territórios pobres. De acordo com os comandos policiais, essas operações — que muitas vezes usam tanques blindados, helicópteros e armamento pesado — servem para apreender armas, drogas, dinheiro, recuperar carros e outros bens roubados, prender ou matar suspeitos. Apesar de serem estruturantes no modelo de segurança pública, não figuram formalmente nos registros oficiais como eventos diferentes do patrulhamento de rotina e, por isso, não são contabilizadas nas estatísticas. Um levantamento feito por pesquisadores do Rio, no entanto, baseados em notícias publicadas em três jornais cariocas — *O Dia*, *Extra* e *Meia-Hora* —, apontou que entre 2007 e 2018 foram feitas, pelo menos, 10 218 dessas operações, o que significa uma média de mais de duas por dia.[3]

Para se ter ideia da especificidade da estratégia policial fluminense, no estado de São Paulo não existe esse tipo de ação policial. O patrulhamento ostensivo paulista se faz com a presença de carros e homens nas ruas, em abordagens individuais e nas prisões em flagrante, vinculadas às denúncias feitas pelo telefone 190.

As operações policiais realizadas no Rio de Janeiro contribuem para tornar a polícia do estado a instituição que mais mata e a que mais morre no mundo. Nesses onze anos abrangidos pelo levantamento, no entanto, morreram 22 vezes mais civis do que policiais. Houve 3860 homicídios de pessoas que moravam nessas "áreas de risco" e 176 mortes de policiais vítimas nesses conflitos. O Batalhão de Operações Policiais Especiais, o Bope, foi a divisão que mais participou dessas ações, o que deu a seus membros a fama de super-heróis. Seus uniformes pretos ostentavam o símbolo da faca na caveira, cuja origem remete aos soldados das forças especiais inglesas na Segunda Guerra Mundial. Reza a lenda que, depois de invadir o território dos nazistas e encontrar no local uma caveira, os ingleses deram uma facada no crânio, criando assim a marca reproduzida em batalhões de operações especiais em todo o mundo. Havia só um detalhe: a polícia brasileira nunca esteve em guerra, como a inglesa, nem os moradores desses bairros pobres eram seus inimigos.

Essa distorção, que se repete em outros estados, mas que no Rio ganha relevância por causa do armamento pesado envolvido nos conflitos e pela frequência com que as operações ocorrem, também produziu um vocabulário típico, que eu inicialmente ouvi sem entender direito do que se tratava. O "espólio de guerra", por exemplo, consiste no direito que o policial tem aos bens dos traficantes mortos ou presos depois de uma operação policial: fuzis, armas e drogas que garantam lucros com a revenda no mercado ilegal. E dinheiro em espécie.

Outro tipo de ação com essa mesma lógica de guerra é a prática da "troia", termo que faz referência ao lendário Cavalo de Troia. O grande cavalo oco de madeira, como se sabe, foi usado pelo exército grego para esconder seus soldados e invadir de surpresa e dominar a cidadela troiana há mais de 3 mil anos. Já os policiais do Rio costumam fazer a troia ao invadir morros e comunidades, para se posicionar em locais estratégicos e surpreender o grupo inimigo. Na Maré, por exemplo, a troia foi usada com frequência ao longo de 2019. Conforme moradores de lá relataram, nessas ocasiões, uma primeira turma de policiais invade a comunidade, iniciando uma série de conflitos isolados nos bairros. A troia consiste em aproveitar essa primeira invasão, feita de preferência de madrugada, para invadir algumas casas de moradores, sem mandado judicial, com o objetivo de ocupar as lajes e nelas se posicionar para uma segunda investida policial. Situados de forma estratégica nessas residências, os policiais podem atirar e encurralar o inimigo. Quando, em 2007, subi no Complexo do Alemão um dia depois de uma invasão policial que deixou dezenove mortos, ouvi relatos dos moradores sobre ter havido ocorrências desse tipo na véspera, mas eu ainda não sabia que havia nomes específicos para elas. Lajes foram ocupadas para servir de base de tiro dos policiais e saques foram feitos.

O ponto mais dramático e escandaloso desse teatro de guerra ocorreu em 2019, quando a Coordenadoria de Recursos Especiais da Polícia Civil passou a realizar inúmeras ações com helicópteros e a disparar do alto contra comunidades pobres. Deveria ser algo inaceitável num país onde as leis e o estado de direito são respeitados. Só que as ações se repetiram com frequência ao longo do ano. Em 2019, foram pelo menos 23 ações usando esse procedimento.[4] No ano seguinte, numa ação em Angra dos Reis, os disparos foram dados de um helicóptero ocupado pelo próprio governador do estado, Wilson Witzel, que assumira o cargo naquele ano. Depois do sobrevoo, soube-se que uma tenda usada como ponto de apoio para uma peregrinação evangélica foi atingida pelos tiros. Os atiradores pensaram que se tratava de uma casamata para esconder traficantes. Por sorte, não havia ninguém no local.

Durante o processo das entrevistas para este livro, um amigo bem relacionado em muitas esferas sociais me ofereceu a chance de conversar com um figurão das milícias. O entrevistado era um policial com uma longa história no submundo dos conflitos urbanos do Rio. Eu já o conhecia de nome e a chance de ouvi-lo seria, de fato, uma oportunidade única, desde que eu conseguisse desarmar seu espírito, para ele me contar o que fosse possível sobre os bastidores do poder policial. Para conquistar essa confiança, eu receberia do meu amigo uma rápida aula sobre o jeito de ser carioca. Minha postura de jornalista e de pesquisador, forjada em São Paulo, junto com meus trejeitos de paulista — poucas piadas na conversa, econômico na euforia —, poderiam colocar tudo a perder. "Aqui no Rio de Janeiro as coisas se resolvem ou por amor ou por dinheiro. O cara com quem você vai conversar não vai falar por dinheiro. Pode oferecer 50 mil reais. Ele não fala. Ele só vai falar contigo por amor. Ele gosta de mim e eu gosto dele. Também precisa ir com a sua cara. Veja se não faz merda", disse o meu amigo.

Ele me deu dicas objetivas. Sugeriu que eu presenteasse o entrevistado com o livro que escrevi sobre o PCC. Seria uma demonstração de respeito. Eu também não poderia anotar nada durante o encontro. A conversa tinha que ser em off — sem identificação do entrevistado, para evitar riscos para a fonte. Concordei. Minha intenção era entender o processo histórico que levou ao fortalecimento das milícias, e era natural que muitos entrevistados se sentissem desconfiados, vulneráveis. Por isso, todo o cuidado parecia justificável, inclusive eu não mencionar depois, no livro, o bairro em que ele atuava.

Ainda conforme a orientação do meu amigo, nosso bate-papo deveria ser olho no olho e eu teria que me controlar para não parecer sedento por informações comprometedoras, como se fosse um promotor ou policial. As anotações seriam feitas longe do entrevistado. Além disso, seria importante ter certo jogo de cintura e malemolência para cativá-lo durante a conversa. "Quando eu apresentá-lo a você, antes de qualquer pergunta sua a gente fala de coisas que fizemos juntos. Faça piadas comigo, dê risada, para que ele perceba que temos intimidade e se sinta seguro para conversar. Se ele não for com a sua cara, ou achar você muito certinho, o papo dura cinco minutos", avisou meu amigo. Ele não disse diretamente, mas entendi o recado: eu precisava ser menos paulista e mais carioca. A conversa ia depender da minha capacidade de gerar empatia. Achei que eu talvez não conseguisse, e foi impossível não lembrar da frase de Nelson Rodrigues, um expert na cultura carioca: a pior forma de solidão é a companhia de um paulista.

Fomos até a casa dele, num bairro afastado da capital. Chegamos no fim da tarde, já estava anoitecendo. O local era simples, uma boa casa, mas longe de ser uma mansão. A figura que encontrei era completamente diferente do que eu esperava. Parecia mais um pescador do que um mandachuva. Ele nos recebeu sem camisa, de shorts e chinelo. Tinha mais de sessenta anos, pele queimada de sol, magro, mas com músculos rígidos e estatura mediana. Logo reparei em duas tatuagens que tinha no peito: de um lado, uma imagem sagrada; de outro, uma figura macabra, que achei que devia simbolizar a morte. Sobre a mesa, uma pistola cujo calibre fui incapaz de identificar.

Quando olhei ao redor, percebi que estava em sua sala antiescuta. Meu amigo já havia me alertado para a existência desse ambiente, onde ocorriam algumas conversas mais tensas e comprometedoras com figurões da política e da segurança pública. A tecnologia para evitar gravações consistia em cerca de quarenta gaiolas penduradas nas paredes, com passarinhos que não paravam de cantar. Mesmo que eu quisesse gravá-lo, dificilmente conseguiria escutar o que havia sido dito. A cena era puro Rio de Janeiro. Nunca teria acontecido em São Paulo.

Fazia anos que meu entrevistado vinha participando do submundo do poder no Rio, mesmo com sua baixa patente na polícia. A hierarquia é irrelevante nesse modelo miliciano. Não importa se o sujeito é soldado, cabo, capitão ou coronel. O que vale são suas conexões políticas e a habilidade para liderar de acordo com as crenças e os valores da tropa no front. O entrevistado em nenhum momento se disse miliciano, nem eu, de forma direta, perguntei se ele era. É uma categorização simplista demais, que depois de ser reproduzida diariamente na imprensa, acabou criando estereótipos. A realidade é bem mais complexa. Meu interlocutor não parecia confortável dentro dessa caixinha, mas falou da ascendência que tinha sobre os paramilitares da região e disse ter contato com grupos paramilitares de bairros do Rio.

Contou, por exemplo, a surra que deu num jovem, membro da milícia local, que foi armado em frente à escola para impressionar as meninas. Como lição, quebrou o braço do miliciano aprendiz com pancadas dadas com um remo. Perguntei sobre Ecko — o foragido Wellington da Silva Braga, chefe da Liga da Justiça —, miliciano que em 2020 era o criminoso mais procurado do Rio de Janeiro, representante da nova geração de paramilitares. Ele elogiou a simplicidade do "garoto", contou que Ecko esteve em sua casa, mostrou algumas armas e discutiu a situação criminal do Rio.

O clima da nossa conversa ficou bem amistoso quando descobrimos um ponto em comum. Ele havia participado da invasão do Complexo do Alemão com as tropas da polícia em junho de 2007, no primeiro ano do governo Sérgio Cabral Filho, e eu havia feito uma reportagem sobre ela. Para mim, essa reportagem tinha sido inesquecível. Naquela operação, Pescador — daqui em diante chamarei assim meu entrevistado — estava na linha de frente, liderando soldados e cabos de seu batalhão e participando dos tiroteios que duraram o dia inteiro. A operação resultou em dezenove mortes, um dos maiores massacres em operações policiais da história do Rio. Eu estive no Alemão como repórter de *O Estado de S. Paulo*, percorri ruas e vielas do morro para entrevistar os moradores que denunciaram inúmeras irregularidades e abusos, histórias publicadas no dia seguinte. Pescador era um dos algozes. "A gente estava no morro e encontramos um dos jovens do tráfico num beco, bem na nossa frente. Todo mundo atirou ao mesmo tempo. Foi um lance de sorte", ele disse, sem esconder o orgulho por aquela execução, que via como façanha, para o meu contido incômodo.

Depois que saí de sua casa, perto das dez da noite, recebi carta branca para conversar com os milicianos que controlavam o território e circular pelo bairro. Falei com três homens que estavam numa praça central, todos de camiseta, bermuda e chinelos, e que não pareciam armados. Eles eram as sentinelas do lugar e haviam sido avisados de que eu chegaria para uma conversa, com o aval do mandachuva. Os homens aparentavam cerca de trinta anos, usavam cabelo curto, estilo soldado, mas não eram policiais. A história deles sempre esteve vinculada ao crime. Anos antes, pertenciam à facção que dominava o bairro, porém mudaram de lado e passaram a trabalhar para a nova ordem depois que a milícia assumiu.

Eles me receberam com uma postura de relações-públicas da administração local. Defenderam a gestão que faziam naquela área, que garantia aos moradores a sensação de segurança no bairro. Pude circular pelas praças e ruas. Um deles nos acompanhou, meu amigo continuava comigo. Enquanto andava ao nosso lado, o homem negociava por celular como oferecer o serviço de reboque a um morador do bairro. Havia jovens jogando futebol nas quadras, famílias nas ruas, e o comércio e os bares estavam abertos e movimentados.

De pé na praça principal, meio sem jeito, fiz algumas perguntas rápidas ao miliciano: "Você saberia apontar a diferença entre o controle das facções e o controle das milícias?". Estávamos numa rodinha com outras pessoas, inclusive amigos dele, numa conversa informal. Não havia muito como bancar o jornalista ou aprofundar a entrevista. Ele defendeu o trabalho que vinham fazendo: "Agora está melhor. A molecada não quer mais ir para o tráfico nem usar drogas. Tem muita gente aqui querendo prestar concurso pra polícia". Perguntei se ele não tinha receio de que uma facção do tráfico tentasse tomar a comunidade de novo e reiniciar os ciclos de conflito. "Esse risco praticamente não existe mais", ele respondeu. "Um batalhão especial da polícia foi construído aqui ao lado. O tráfico sabe que não pode entrar, porque não aguentaria o peso da resposta." A parceria com o batalhão local era ponto pacífico, como se milicianos e polícia fossem parte do mesmo grupo. Perguntei se os moradores não se incomodavam com as cobranças de taxa. A resposta foi que eles ganhavam dinheiro somente com o gás, o mais barato da região. E que, como eles eram crias da região, sabiam lidar com os limites financeiros dos moradores.

"Cria" é outro termo do crime do Rio. Os crias são pessoas nascidas e criadas no bairro, com vínculos antigos na vizinhança, e que por isso têm legitimidade. São laços fundamentais para a manutenção de poder. O domínio de uma facção estranha, com chefes estrangeiros, vindos de outra comunidade, cria insegurança e tensão, o que pode incentivar denúncias anônimas. Para administrar esse problema, os milicianos contratam crias para gerir o negócio e responder aos chefes, que ficam de fora.

A presença dos crias, contudo, não era garantia de temperança ou civilidade naquele bairro. Entrevistei e ouvi reclamações de moradores sobre assassinatos e corpos desaparecidos, expulsão de moradores vinculados a grupos rivais e extorsão na cobrança de taxas. Como em outras tiranias, não havia espaço para contestar o poder local ou para oposição. Aqueles que não gostavam deveriam se mudar de bairro. Se insistissem em contestar o poder, pior para eles. Ficava evidente que a principal dualidade a caracterizar o abismo social carioca não era simplesmente riqueza e pobreza, mas tirania — com sua lei do silêncio e lei do mais forte —, democracia e estado de direito. A primeira era a forma de governo implementada em boa parte das comunidades pobres do Rio, independentemente da bandeira da facção criminosa. A segunda se restringia a um espaço cada vez menor, mais urbanizado e rico da cidade.

Durante minha conversa com Pescador, entre os cantos incessantes dos passarinhos antiescuta, mais ouvi do que falei. Ele se mostrou amigável e falou sem se importar com eventuais segredos. Minhas paulistices não atrapalharam. Em entrevistas delicadas como essa, com pessoas bem diversas de mim, aposto na autenticidade. Não nego minha origem social, nem finjo ser quem não sou, até porque sou um péssimo ator. Mesmo sem o charme do carioca, acho que a transparência ajudou na formação dos vínculos com Pescador, que se sentiu confortável para falar sobre seu cotidiano. Dias depois, baixada a adrenalina, surgiram em mim algumas reflexões. Foi uma dessas entrevistas cuja relevância a gente só compreende mais tarde, passado o impacto. A sagacidade de meu entrevistado me levou a conhecer um tipo de inteligência estratégica, que consiste em agir sempre levando em conta o terreno onde se pisa. Para comandar, é preciso saber claramente aonde se quer chegar; ser capaz de construir uma rede de apoio para se manter no comando; entender as crenças e os valores do grupo cujos interesses o líder representa; conhecer bem o inimigo e saber se antecipar a ele; punir quem ameace esse poder. E o que achei ainda mais impressionante: Pescador era especialista em desobedecer a seus superiores formais da polícia, para poder mandar informalmente em seu grupo, comando aceito por seus chefes.

Alguns casos emblemáticos de seu estilo de liderança parecem roteiros escritos para cinema. Certa vez Pescador e sua tropa começaram a ser pressionados pelo capitão do batalhão em que ele trabalhava. Uma das líderes comunitárias vinha organizando protestos junto à população, denunciando os excessos da tropa e a violência policial, e o capitão começou a pegar no pé dos policiais e a punir a conta-gotas as irregularidades cometidas por eles. Pescador, porém, tinha uma leitura mais maliciosa da ofensiva do capitão contra seus subordinados: informantes haviam lhe contado que o oficial vinha mantendo um relacionamento amoroso com a líder comunitária, que era muito bonita. A dobradinha amorosa, portanto, estava atrapalhando a vida dele e de seus homens.

Pescador já tinha pensado num plano para derrotar o adversário, e o pôs em prática um dia, em sua ronda como policial. Era de manhã. Ele passava com a viatura da polícia em frente à entrada principal do morro, quando viu a líder comunitária. Desceu do carro sem dizer uma palavra, caminhou em direção a ela e a atingiu no queixo com o cabo do fuzil. A moça caiu desmaiada. Ele virou as costas, entrou no carro e a deixou caída na calçada. Passadas algumas horas, o policial Pescador foi chamado à delegacia pelo rádio da viatura. Ele se dirigiu ao prédio, cruzou com alguns PMs que o parabenizaram pela atitude. Quando entrou na delegacia, lá estavam a vítima ferida, o capitão e o coronel do batalhão. O delegado que fazia o registro da ocorrência lhe dirigiu a palavra: "O senhor agrediu essa senhora?". "Sim", ele respondeu. "Por quê?", perguntou o delegado.

Era a oportunidade que ele esperava para confrontar seu chefe. "Ela estava protestando na frente de uma favela e eu desci para perguntar se havia algum problema. Ela disse que sim, que os policiais do nosso batalhão eram todos corruptos. Eu não gostei, mas deixei ela continuar. Só que aí a moça extrapolou. 'Além de corrupto, são todos boiolas. O capitão de vocês, por exemplo, é um frouxo. Quando se deita comigo, só consegue gozar com o dedo no rabo.' Aí eu não aguentei, doutor. Chamar o meu capitão de homossexual foi a gota d'água. Corrupto tudo bem, mas boiola não. Fiquei indignado e agredi a moça. Pode colocar tudo aí no papel, doutor." Houve certo constrangimento na sala, como se a revelação do relacionamento entre o oficial e a líder comunitária fosse mais grave do que a própria agressão que ela sofrera. Além disso era uma afronta dissimulada contra a autoridade do capitão, que o obrigava a tomar uma decisão. Um movimento arriscado de Pescador, mas certeiro. O capitão colocaria em jogo sua privacidade? Deixaria que aquela história chegasse ao conhecimento de sua mulher e afetasse sua família? O oficial sentiu o golpe, recuou e a agressão foi relevada. Ambos sabiam que a tropa estava do lado do policial agressor, que também tinha proteção superior, em esferas mais elevadas. Tudo seguiria como antes e Pescador saiu fortalecido do embate com seu capitão.

Nessa realidade do submundo do poder policial existem normas próprias em que as leis e o Código Penal não passam de abstrações. São levados em consideração, mas pouco funcionam na prática cotidiana. As leis até podem ser defendidas em público ou usadas de forma tática para atingir adversários ou punir inimigos, entretanto não são levadas tão a sério. O policial quadradinho, que age de acordo com o livro, vai rapidamente sucumbir. Para exercer poder, só com vivência e certa malandragem. Essa astúcia colocou, por exemplo, Pescador na posição de chefe de seu chefe e foi decisiva para a disseminação das milícias. A valorização dessa autoridade orgânica e informal, criada na linha de frente, no exercício do poder na rua, longe dos gabinetes com ar-condicionado, que menospreza as hierarquias e formalidades legais, tornou as corporações policiais incontroláveis. Essa rede, para continuar forte e mobilizada, precisa fazer dinheiro e descobrir oportunidades de negócios. Sem dinheiro não há poder, um problema que a criação do modelo de negócios miliciano soube resolver. Em 2018, a eleição de um governador e de um presidente que representam em muito aqueles que veem o mundo de dentro desse subterrâneo ruinoso mostrou aos paramilitares que eles tinham chegado mais longe do que imaginavam. Os controles formais, a Constituição, a democracia, não passavam de entraves para o poder dos mais fortes.

A história da relação promíscua entre as polícias do Rio e o crime remete aos tempos coloniais, mas a viagem na linha do tempo pode ser mais breve. Em meados dos anos 1950, quando o processo de urbanização brasileiro havia se tornado irreversível, pouco antes de a cidade perder o posto de capital federal, os morros e as comunidades pobres, ocupadas desde o começo do século XX, ficaram superpovoados. Foram ocupados os morros no entorno dos bairros tradicionais da zona sul, em direção aos subúrbios das zonas norte, oeste e cidades da Baixada Fluminense, que margeavam as linhas da Central do Brasil.

O Rio vivia tempos de otimismo no começo dos anos 1950. No livro *Cidade partida*, Zuenir Ventura lembra desse "território edênico" do passado, talvez idealizado, quando "João Gilberto e Roberto Menescal, ainda dois jovens compositores, andavam todas as noites de Copacabana à Urca", tocando violão e conversando sobre o movimento depois batizado de bossa nova. Na época, a atriz norte-americana Lana Turner fugia do Copacabana Palace e dos seguranças para buscar amantes no calçadão, "de madrugada, bêbada".[5] "Qualquer senhora respeitável nada tinha a temer dos destituídos, que raramente ousariam assustá-la", escreveu o jornalista Paulo Francis em seu livro de memórias, *O afeto que se encerra*, também citado por Zuenir.

A bossa nova, cujo marco inaugural é o lançamento do LP *Chega de saudade*, de João Gilberto, em 1959, simboliza a atmosfera do período. O Rio parecia gestar um Brasil moderno e urbano, como se a sofisticação dos acordes de jazz e dos compositores eruditos, aliada ao talento dos sambistas do morro, concretizasse um projeto utópico tipicamente brasileiro. Em algum momento, contudo, a face otimista dessa mistura cultural desandou, assim como as utopias. As coisas começaram a fugir ao controle nas cidades, como se os novos centros não estivessem prontos para lidar com o passivo dos quatro séculos de história de um Brasil rural, patriarcal e escravista.

Os habitantes dos bairros com pouca infraestrutura urbana e moradias precárias, vindos das zonas rurais, com baixa educação formal e sem treinamento para os empregos, eram vistos como ameaça à tranquilidade dos moradores dos bairros tradicionais e dos subúrbios, mais adaptados ao contexto urbano. Uma tensão entre as classes e culturas, demarcada nos territórios, começou a assombrar o cotidiano carioca.

A criminalidade tornou-se um problema típico desse novo Brasil, sobretudo depois dos anos 1960. As identidades rurais e patriarcais, que tinham formado a cultura tradicional ao longo dos séculos, precisariam ser reinventadas no país que se urbanizava em alta velocidade, de forma improvisada e sem planejamento, no Rio, em São Paulo e em outras grandes cidades.

O crime seria um caminho possível nessas cidades entre homens que buscavam honra e respeito de seus pares, numa sociedade que valorizava dinheiro, consumo e valentia. Ser um criminoso, um bicho solto, não abaixar a cabeça para o sistema, mesmo que para isso fosse preciso lançar mão da violência, tornou-se uma opção de identidade para as novas masculinidades urbanas. Uma polícia violenta e disposta a ir à guerra para defender a "parte civilizada", os mais ricos e brancos, dessas ideias ameaçadoras, seria o contraponto identitário para a formação dos conflitos, estabelecendo no imaginário da cidade o desenho da disputa entre mocinhos e bandidos. A tal modernidade urbana, em vez de incorporar a tradição rural para oferecer uma nova proposta de sociedade, parecia renegar o passado, que deveria ser exterminado porque representava o atraso. Esse mal-estar produziu um caldeirão de emoções explosivas: medo, ressentimento, raiva, num processo que definiria a atuação violenta da polícia e dos grupos criminosos nos anos que viriam, retroalimentando um ciclo de tragédias cotidianas, retratadas nos jornais, nos rádios, nas conversas de bares, nos almoços familiares. O bode expiatório, que criava essa sensação de vulnerabilidade, era o bandido, palavra que cunhou uma marca forte, capaz de estigmatizar os jovens negros, moradores das favelas, que se tornariam os maiores alvos dessa guerra.

Em 1957, uma reportagem em tom alarmista publicada no jornal *Última Hora* dá uma ideia do clima que a cidade começava a viver com os crimes: "Um bandido em cada esquina, uma quadrilha em cada bairro, quer na zona norte, sul, centro ou mesmo rural, desencadeando avassaladora onda de assaltos — oferecendo à imprensa e à polícia registros patéticos —, transformaram o Rio numa cidade sitiada pelos 'gângsters' — por dez 'gângsters', para sermos mais precisos. Seus retratos estão expostos no quadro de 'procurados pela polícia' e para eles estão voltadas as atenções gerais".[6] O medo abriria espaço para o surgimento de esquadrões da morte, grupos de extermínio e justiceiros, que começaram a se articular para eliminar os suspeitos e, assim, trazerem de volta a tranquilidade perdida. Era esta a aposta principal: a violência libertaria os habitantes da violência. Os policiais assassinos, em vez de serem vistos como criminosos, seriam aceitos pelas instituições e ganhariam aplausos de parte da população.

O primeiro grupo a se organizar para a prática de extermínio se formou em 1957, quando o general do Exército Amaury Kruel, chefe de polícia do Distrito Federal, achou necessário responder às pressões da Associação Comercial e da população, atemorizadas com o crescente aumento do crime de roubo. A polícia da então capital brasileira ficava sob a responsabilidade do Departamento Federal de Segurança Pública, cujo chefe era indicação do presidente da República — na época, Juscelino Kubitschek.

Kruel montou um grupo para combater assaltos à mão armada, pesadelo do carioca naqueles dias, que ganhou o nome de Turma Volante Especial de Repressão aos Assaltos à Mão Armada (TVRAMA), ligado ao Serviço de Diligências Especiais (SDE) da Delegacia de Vigilância, responsável pela captura de bandidos que a cidade toda considerava perigosos. Depois da criação desse grupo, surgiram nos jornais notícias e fotos de corpos de diversos suspeitos, apontados como ladrões. A imprensa apelidou esses policiais de "Esquadrão Suicida" e destacou a coragem e o desprendimento de homens que não temiam a morte no enfrentamento dos "marginais". O entusiasmo dos jornalistas cessou no ano seguinte, em fevereiro de 1958, quando um motorista da TV Tupi apareceu morto no Morro do Jacaré depois de uma incursão de policiais do TVRAMA. Como voltaria a ocorrer no futuro — e o corporativismo dos jornalistas explica isso —, a morte de um profissional da imprensa gerou comoção e debates sobre os excessos cometidos pela polícia.[7]

Um padrão, no entanto, começou a se estabelecer. A indignação diante de mortes indevidas era breve e incapaz de gerar mudanças estruturais. O medo pesava mais na balança, assim como a solução violenta proposta pelas polícias. As atividades do SDE se estenderam para outros departamentos, como a Invernada de Olaria, delegacia localizada no bairro de Olaria, na zona norte, conhecida pela truculência de seus policiais. O nome do departamento era uma referência a um matadouro de bois que funcionava na cidade no século XIX. Também teve o apelido informal de Casa do Diabo. Em 1962, a instabilidade política favoreceu a defesa de ações populistas e violentas. A Invernada atuava como o braço armado do governador Carlos Lacerda, sob as ordens do coronel Gustavo Borges. Denúncias dos jornais da época falavam de extermínios e desovas de corpos pelo grupo no rio Guandu.

Um dos casos mais famosos atribuídos aos policiais da Invernada foi a morte de José Miranda Rosa, o Mineirinho, que levou treze tiros e acabou eternizado em um conto de Clarice Lispector que leva seu nome. "Qualquer que tivesse sido o crime dele, uma [bala] só bastava. O resto era vontade de matar. Era prepotência", disse Clarice numa entrevista em 1977 à TV Cultura.

A situação se agravou depois do golpe militar de 1964, quando os controles policiais foram flexibilizados. No Rio, em agosto daquele ano, houve o assassinato do investigador Milton Le Cocq de Oliveira numa troca de tiros com Manoel Moreira, criminoso conhecido como Cara de Cavalo. Le Cocq comandava a Delegacia de Vigilância. A busca dos policiais por vingança desencadeou práticas violentas na interminável guerra da polícia contra o crime. Os planos de extermínio de bandidos passaram a ser defendidos publicamente nas páginas dos jornais. A caçada a Cara de Cavalo, que durou pouco mais de um mês, foi um acontecimento histórico da imprensa policial. Começou com uma carta-manifesto com o título "10 x 1", no jornal *Última Hora*, escrita por policiais. Fazia referência a um mórbido placar, com o número de criminosos que seriam assassinados para cada policial alvejado. Repórteres que acompanharam o dia a dia da busca fotografaram a execução de Cara de Cavalo, com 62 tiros à queima-roupa.

Algo, de fato, vinha dando errado, sensação captada na época por artistas como Hélio Oiticica, que criou uma bandeira inspirada em foto do cadáver de outro criminoso, Alcir Figueira da Silva, com os dizeres "Seja marginal, seja herói". A esperada mistura emancipadora entre o rural e o urbano parecia descambar para um confronto entre ricos e pobres, brancos e negros, asfalto e favela, em que os primeiros tentavam dominar os segundos. A resistência marginal, na obra colorida de Oiticica, era uma bandeira em defesa da liberdade.

As caçadas a bandidos se tornaram mais comuns, principalmente nas metrópoles do Rio de Janeiro e de São Paulo. Em homenagem a Milton Le Cocq, policiais civis do Rio formaram em 1965 a Scuderie Le Cocq, grupo de extermínio que tinha como símbolo uma caveira, duas tíbias cruzadas e as iniciais E.M., de Esquadrão da Morte. Sem disfarçar o cinismo, esses policiais diziam que as letras significavam Esquadrão Motorizado, grupo onde Le Cocq havia trabalhado. Suspeitos eram mortos nos bairros pobres e apareciam nos jornais com alarde, como se policiais e jornalistas quisessem informar, pedagogicamente, com esses extermínios, que "o crime não compensa".

Nessa escalada, em maio de 1968, a barbárie oficial subiria mais um degrau. Na madrugada de 6 de maio, uma pessoa que se identificou como porta-voz do Esquadrão da Morte e se denominou Rosa Vermelha telefonou para os plantonistas dos jornais cariocas, informando que havia um "presunto" em uma estrada da Barra da Tijuca. Repórteres foram ao local e encontraram o corpo de um homem de cerca de vinte anos, sem documentos, com marcas de tortura, dois tiros na nuca e dois nas nádegas (que na cultura policial são tiros de esculacho). As mãos estavam amarradas para trás e no pescoço havia um fio de náilon, usado para sufocar a vítima antes da execução. Junto ao cadáver, estava a caveira com as duas tíbias cruzadas, um cartaz com as iniciais E.M. e a frase: "Eu era ladrão de carros". No verso do cartaz estava escrito o nome Sérgio Gordinho e o número 2, indicando que não havia sido a primeira morte do grupo. O fio de náilon no pescoço se tornaria uma das assinaturas das mortes cometidas pelo grupo.

Meses depois, em outubro de 1968, o grupo se sentiu encorajado para publicar no jornal *Última Hora* um manifesto justificando os homicídios de bandidos:

> A voz do Esquadrão da Morte ao povo da Guanabara: muitos dos nossos já tombaram vítimas de assaltantes e criminosos sanguinários. O povo é testemunha que esses bandidos não respeitam crianças, velhos, senhoras e trabalhadores. Assaltam e matam sem nenhuma piedade. Nós trabalhamos apenas com uma intenção: defender a família que mora e trabalha nesse estado. A distância entre a Justiça e a polícia nem sempre permite um combate eficaz ao crime e aos criminosos. Assim, só nos resta falar a linguagem deles: a lei do cão. Sempre que contamos com o apoio de um Secretário de Segurança que quer ver a cidade livre do crime, nós trabalhamos como agora. Foi assim na época do general Kruel, do Gustavo Borges, e está sendo agora com o general França. Esperamos que o distinto público da Guanabara compreenda nossas intenções.

Na mesma toada, em julho de 1969 o estado da Guanabara criou o Grupo de Operações Especiais, depois transformado na Coordenadoria de Recursos Especiais da Polícia Civil — o mesmo grupo que em 2019 faria sobrevoos de helicóptero disparando contra comunidades pobres. No ano de sua fundação, doze policiais foram retratados pela imprensa como os Doze Homens de Ouro. Pertenciam ao grupo, entre outros, Mariel Mariscot, José Guilherme Godinho (Sivuca) — anos depois eleito com o bordão "Bandido bom é bandido morto" — e Euclides Nascimento Marinho. A caveira e as tíbias cruzadas também eram símbolo do grupo. A quantidade de escândalos e o envolvimento de alguns desses homens com o crime organizado — principalmente com o jogo do bicho — provocaram a desmobilização da equipe original em novembro de 1970. O aval para praticar homicídios, como ficou evidente ao longo dos anos, em vez de proteger a população, favoreceu lucros ilegais que financiavam o poder dos policiais matadores.

A ideia de matar bandidos como uma solução saneadora, contudo, nunca perdeu o apelo e se espalharia por outros estados brasileiros, com a criação de diversas modalidades de esquadrões da morte. Em 1968, policiais civis de São Paulo, liderados pelo delegado Sérgio Paranhos Fleury, foram ao Rio de Janeiro trocar experiências com colegas, para montarem uma sucursal paulista desse tipo de grupo de extermínio. A justificativa foi a morte do investigador David Parré, ocorrida em novembro de 1968. Durante o enterro, imitando os cariocas, os policiais de São Paulo também juraram vingança: "Para cada policial morto, dez bandidos hão de morrer", foi a promessa publicada nos jornais. Assim como no Rio, a caçada a Carlos Eduardo da Silva, o Saponga, suspeito da morte do investigador Parré, tornou-se épica e terminou com o fuzilamento da vítima. O porta-voz do esquadrão de São Paulo, autodenominado Lírio Branco, também passou a telefonar para as redações informando onde estavam os "presuntos". No Espírito Santo, a Scuderie Le Cocq, associada aos bicheiros locais, tornou-se uma força política relevante, decisiva para transformar o pequeno estado capixaba no mais violento do Brasil por décadas.

Os policiais matadores valiam-se da tensão política que mobilizava as Forças Armadas nos anos da ditadura militar. Movimentos guerrilheiros de esquerda começavam a desafiar o regime nas grandes cidades brasileiras, grupos clandestinos apostavam na estratégia da luta armada, conectados com a ideia de uma "guerra civil ideológica internacional" entre capitalistas e comunistas, iniciada depois da Segunda Guerra Mundial. A Guerra Fria assumia formas diferentes nos quatro cantos do planeta através do apoio das duas superpotências mundiais da época, Estados Unidos e União Soviética, a lutas coloniais de independência e guerras civis, opondo as duas nações. Nas cidades brasileiras, o conflito se intensificou depois dos primeiros anos da ditadura militar, com os grupos lançando mão, entre outras ações, de assalto a bancos e de sequestros para arrecadar fundos ou trocar prisioneiros, e de panfletagem para obtenção de apoio popular.

Em dezembro de 1968, com a decretação do AI-5, os militares organizaram uma máquina de inteligência e combate à guerrilha adotando táticas usadas pelo Exército francês na luta colonial da Indochina e da Argélia — os inimigos, além de vencidos à bala, precisavam ser derrotados no campo das ideias. A batalha ideológica estava em curso. O AI-5 tentava impedir que os ideais revolucionários se espalhassem. Direitos civis foram suspensos, jornais e livros censurados, e a oposição perseguida partiu para o exílio em grandes levas. Nos conflitos ocorridos nas cidades e no campo, a máquina de guerra militar agia contra os comandos revolucionários para evitar que a guerrilha inflamasse o país e tornasse irreversível o golpe comunista, a exemplo do que ocorrera em Cuba.

Essa nova rede de combatentes dividiu as Forças Armadas. Como explica o jornalista Elio Gaspari em *A ditadura escancarada*, a ruptura se deu entre oficiais de gabinete, de um lado, e os participantes da guerra real, travada nos aparelhos repressivos, de outro. Poucos se dispuseram a sujar as mãos. Um militar tido como herói pelos oficiais do segundo grupo foi o major Carlos Alberto Brilhante Ustra, que estruturou o DOI-Codi paulista, centro do combate à luta armada, onde ocorreram torturas, assassinatos e desaparecimentos.

As táticas de violência e tortura policial foram replicadas e aperfeiçoadas nos porões da ditadura, aproximando das Forças Armadas a banda podre da polícia. A aproximação forneceu aos grupos de matadores uma justificativa nobre para seus crimes. Eles matariam e torturariam em defesa da pátria, contra o comunismo. Muitos policiais que agiam em grupos de extermínio ingressaram na máquina de guerra urbana, atuando no combate a opositores nos dez Departamentos de Operações de Informação (DOIs) espalhados pelo país, somados aos policiais do Destacamento de Ordem Política e Social (Dops) e aos militares do Centro de Informações do Exército (CIE), Centro de Informações de Segurança da Aeronáutica (Cisa) e Centro de Informações da Marinha (Cenimar), órgãos que formavam a espinha dorsal da repressão. A Polícia Militar, reformulada em 1969, assumiu papel crescente nos confrontos travados nos territórios pobres das favelas, morros e periferias.

Em São Paulo, por exemplo, o delegado Sérgio Paranhos Fleury, apontado como chefe do Esquadrão da Morte paulista, liderou o grupo que executou o guerrilheiro Carlos Marighella em 1969. Fleury e policiais do Esquadrão da Morte paulista, como os investigadores João Carlos Tralli e Ademar Augusto de Oliveira, levaram aos porões métodos de tortura usados com criminosos comuns, como o pau de arara e a cadeira do dragão (feita de metal e conectada a fios elétricos). Também foram implementadas técnicas que, já no período democrático, eram usadas pela Polícia Militar para combater o crime comum, como simulações de tiroteios para justificar homicídios de criminosos — prática surgida no DOI-Codi paulista.

No Rio de Janeiro, a Invernada de Olaria foi uma das delegacias mais ativas no combate à guerrilha urbana. A unidade, onde parte dos policiais atuava no extermínio de presos comuns, era um dos principais destinos de presos políticos. O posto policial do Alto da Boa Vista, ligado ao Centro de Informações da Marinha (Cenimar), também funcionava como extensão da Invernada. Aurora Maria do Nascimento, militante da Ação Libertadora Nacional (ALN), foi assassinada ali em novembro de 1972.[8] Ela foi espancada e torturada por torniquetes apelidados pelos policiais de "coroa de cristo" — tiras de ferro tensionadas em volta do crânio da vítima. O corpo mutilado de Aurora foi entregue a seus pais, com 29 perfurações de tiros e um furo de dois centímetros no crânio por causa da coroa. Outro integrante da ALN, Newton Leitão Duarte, contou à Comissão da Verdade que foi preso em 1969 por Mariel Mariscot, um dos Homens de Ouro, torturado no Dops e depois levado ao prédio da Polícia do Exército, onde começava a funcionar o DOI-Codi fluminense.

A proximidade entre os policiais matadores e os porões do Exército trouxe a reboque a influência dos bicheiros — que já era forte em ambas as instituições — para o coração do poder do Estado. A mistura de violência policial e militar com a contravenção formou a base da rede clandestina de violência paramilitar que está na origem dos modelos milicianos.

O bicho era uma contravenção lucrativa e disseminada na cidade desde a primeira metade do século XX. Vendia um produto bastante caro à antiga sede da Monarquia e da capital da República: o sonho do enriquecimento e da ascensão social em um lance de sorte. Respeitados desde épocas machadianas, os bicheiros do Rio dispunham de credibilidade entre os clientes. Sempre pagavam as apostas em dia, uma questão de honra que garantia a longevidade dos negócios. Também tinham bons contatos no poder. Havia dois motivos para essa relação próxima. Primeiro, os apontadores do bicho estavam espalhados por todos os cantos da cidade. Nenhuma estrutura empresarial ou de Estado tinha tamanha capilaridade, o que tornava os apontadores peça fundamental na comunidade de informações. Tanto os policiais como os funcionários dos serviços de Inteligência se abasteciam com as dicas preciosas desses informantes. Em segundo lugar, por ser uma atividade ilegal, essa relação também rendia uma mesada, para que os representantes da lei não os incomodassem.

O general-chefe da Polícia do Rio, por exemplo, Amaury Kruel, criador da equipe que daria origem ao primeiro grupo de extermínio dentro da corporação, foi retirado do cargo nos anos 1950, acusado de favorecer o bicho. O próprio Milton Le Cocq, um dos ícones da polícia do Rio, cuja morte inspiraria a formação dos grupos de extermínio como Scuderie Le Cocq e derivados, foi atingido numa troca de tiros quando defendia um apontador do jogo do bicho. O contraventor tinha pedido a proteção de Le Cocq para evitar que o proxeneta Cara de Cavalo seguisse extorquindo sua banca.[9] Depois de armar o flagrante, Le Cocq foi morto durante a perseguição ao criminoso.

A partir dos anos 1960, a infiltração do jogo do bicho nas instituições se aprofundou, reproduzindo estratégias das máfias internacionais. Havia semelhanças importantes entre os modelos: funcionavam com uma estrutura vertical, as ordens partiam de núcleos familiares, atuavam em territórios delimitados, boa parte da receita vinha das apostas e mantinham forte influência nos poderes do Estado. A proximidade do bicho com a máfia já tinha origem pelo menos desde 1963, quando Antonio Salamone, um dos chefes da Cosa Nostra siciliana, se refugiou no Brasil depois de cometer um atentado na Itália que resultou na morte de sete policiais. O bicheiro carioca Castor de Andrade o acolheu e lhe ofereceu um emprego de fachada na Tecelagem Bangu, de sua propriedade. Ainda por influência de Castor, Salamone conseguiu, durante os anos 1970, asilo e cidadania brasileira do então ministro da Justiça, Armando Falcão.

Alguns bicheiros cariocas cativaram o público pela via cultural e emocional, bancando duas das maiores paixões nacionais: o futebol e o samba. Castor de Andrade, por exemplo, foi patrono e presidente de honra do Bangu Atlético Clube, que chegou a ser campeão carioca em 1966. No samba, foi patrono da Mocidade Independente de Padre Miguel no período em que a agremiação conquistou cinco títulos do Carnaval. Na Baixada Fluminense, em 1976, o bicheiro Anísio Abraão, de Nilópolis, levou o carnavalesco Joãosinho Trinta para a Beija-Flor, transformando a escola numa potência popular. Seu primeiro título no grupo especial, já naquele ano, foi obtido com um samba-enredo que falava do jogo do bicho, "Sonhar com o rei dá leão". O Carnaval e o dinheiro ilegal também aproximaram os bicheiros dos políticos da Nova República — sempre de olho nos financiamentos de campanha — e de autoridades da segurança e do Judiciário, diversas vezes fotografadas nos camarotes dos bicheiros no Carnaval.

Quando, na segunda metade dos anos 1970, os movimentos guerrilheiros já haviam sido derrotados e a mão de obra dos porões da ditadura estava à deriva, os bicheiros estenderam a mão a esses oficiais. Muitos se sentiam abandonados e injustiçados por seus superiores. São diversos os exemplos de policiais e de militares recrutados pelas hostes da contravenção, muitos deles narrados no livro *Os porões da contravenção*, de Aloy Jupiara e Chico Otavio. O policial civil Luiz Claudio de Azeredo Vianna, o Doutor Luizinho, por exemplo, homem forte do bicheiro Anísio Abraão, da Beija-Flor, havia passado pelo Centro de Informações do Exército (CIE), onde trabalhou na Casa da Morte, principal núcleo de tortura e extermínio da ditadura no Rio.

Luizinho tinha sido recrutado para a Casa da Morte pelo oficial do Exército Paulo Malhães, um dos principais nomes dos porões no Rio. Quando Malhães foi para a reserva, em 1985, montou um grupo de extermínio na Baixada e passou a atuar como chefe da segurança de empresas de ônibus em Nilópolis, sob as bênçãos de Anísio. Anos depois, aposentado em um sítio na Baixada Fluminense, contaria mais sobre os bastidores das torturas e métodos da ditadura militar. Malhães foi assassinado no sítio em que morava, em 2014, um mês depois de seu depoimento à Comissão Nacional da Verdade. Sobre a escrivaninha ao lado de seu corpo, estavam os números de telefone dos bicheiros Anísio, Raul Capitão e Maninho, três nomes da cúpula do bicho.

Mariel Mariscot, que havia se tornado famoso em 1969 como um dos Homens de Ouro, seria apontado por investigações do Cenimar como funcionário de Castor de Andrade e Euclides Nascimento, este último outro Homem de Ouro que migrara do Esquadrão da Morte para o bicho. Mariscot era acusado de integrar a quadrilha de Lúcio Flávio, um dos bandidos mais famosos do Rio nos anos 1970. Em 1976, preso em Ilha Grande, Mariscot empreendeu uma fuga com a ajuda do capitão do Exército Aílton Guimarães Jorge.

O capitão Guimarães tornou-se símbolo dessa nova aliança entre bicheiros e policiais, sob a tutela das Forças Armadas. Guimarães formou-se na Academia Militar das Agulhas Negras em 1962. Dois anos depois, antecipou a volta ao trabalho durante as férias e se ofereceu voluntariamente para apoiar o golpe militar. Passou a auxiliar no combate à subversão, frequentando as delegacias da Baixada Fluminense para dar apoio na elaboração de inquéritos que investigavam os movimentos de esquerda. Em 8 de outubro de 1969, o capitão ministrou uma aula expositiva sobre técnicas de interrogatório e tortura na 1ª Companhia da Polícia do Exército, na Vila Militar, para cerca de cem homens, entre oficiais do Exército, Marinha e Aeronáutica. Testemunhos feitos à Comissão da Verdade do Rio declaram que dez presos políticos foram usados como cobaias em diferentes modalidades e instrumentos de tortura, como "pau de arara, choques elétricos, latas abertas (onde a vítima era obrigada a se apoiar descalça) e pedaços de ferro roliço (utilizados para esmagar o dedo dos presos)".[10]

Em 1973, Guimarães foi preso e enviado a Ilha Grande, condenado por contrabando. Três anos mais tarde, depois de ajudar Mariscot a fugir do presídio, aderiu ao jogo do bicho, iniciando a carreira como gerente de Ângelo Maria Longa, o Tio Patinhas. Usando as lições que havia aprendido no Exército — de centralização da violência e de poder —, ele cresceu, ganhou autonomia e tornou-se um dos principais estrategistas da cúpula da contravenção no Clube Barão de Drummond, espécie de irmandade que funcionava como um tribunal informal responsável por julgar aqueles que exploram o jogo ilegal.

O capitão Guimarães tinha apoio de outro agente histórico da repressão: o coronel Freddie Perdigão Pereira, carrasco da Casa da Morte e idealizador do atentado a bomba no Riocentro, em 1981, cujo objetivo era frear a transição para a democracia. A tragédia só não se efetivou porque o artefato explodiu no colo dos militares encarregados do ato terrorista. Perdigão usava o mesmo pseudônimo pelo qual era conhecido na Casa da Morte: dr. Roberto. Antes do atentado do Riocentro, esse grupo de oficiais, parte do Serviço Nacional de Informações (SNI) do governo João Baptista Figueiredo, estouraria cerca de quarenta bombas em diversas cidades do Brasil e explodiria mais de cem bancas de jornal na tentativa de frear o processo de Abertura.

No Rio de Janeiro, o capitão Guimarães continuava aproveitando suas costas quentes para ascender no jogo do bicho. Em 1983, foi eleito presidente da escola de samba Vila Isabel. O bicheiro Waldemir Garcia, o Miro, junto com seu filho, Waldemir Paes Garcia, o Maninho, patronos da escola, preferiram evitar o confronto com o ex-araponga e foram patrocinar o Salgueiro. Apesar dessas tensões, a visão estratégica do capitão, assim como sua autoridade e conexões, ajudou a unificar e organizar os negócios, criando uma confederação do crime, aos moldes das máfias norte-americanas de Chicago e Nova York. Um dos principais movimentos se deu em 1987, com a criação da Liga das Escolas de Samba do Rio (Liesa), formada pelas dez agremiações do Carnaval ligadas à contravenção. A Liesa representava, acima de tudo, o pacto entre os grandes empresários do jogo, que dividiram os territórios e organizaram os ganhos, garantindo um período de trégua e de expansão para a jogatina. O Clube Barão de Drummond — o nome é uma referência ao dono do zoológico onde o jogo do bicho foi criado, no século XIX — era o tribunal que zelava pelas leis do pacto.

Todas essas articulações entre poderosos do submundo prosperaram mesmo depois da Abertura. O projeto se reinventou, adequando-se às novas realidades. Se não havia mais por que se preocupar com comunistas e guerrilheiros, os anos 1980 e 1990 possibilitaram ao submundo do crime se envolver com a guerra às drogas e com a ameaça representada pelos traficantes nas comunidades pobres localizadas no entorno da aristocrática zona sul do Rio. A encrenca era imensa, e a figura do bandido, com todos os significados que a palavra concentra, tornou-se o inimigo comum, o novo bode expiatório. A guerra mudou de inimigo, mas a rede de policiais formada durante a ditadura seguiu influente e as conexões com os bicheiros continuaram valiosas para o financiamento dessa luta. Também foi preciso lançar um conceito que legitimasse os crimes da polícia, cujos excessos continuavam tolerados. Em vez de lutar pela defesa da pátria, a polícia passou a matar além do limite em nome do "cidadão de bem".

5.
Facções e a guerra dos tronos

No ano de 1980, Reginaldo Lima, nascido e criado no Morro do Alemão, era uma criança de onze anos. Trabalhava desde os nove descarregando sacos de alimentos na Central de Abastecimento do Estado (Ceasa), na avenida Brasil, para completar a renda de casa. Quando cresceu, tornou-se educador, mediador de conflitos, ativista e empreendedor, uma entre tantas figuras iluminadas do Rio de Janeiro, acostumada a saltar os obstáculos que atravessaram sua vida. A violência armada, praticada por policiais e criminosos em seu bairro, foi um desses obstáculos, e letal, que deixou muitos de seus amigos pelo caminho. "Sou filho de uma geração que viu as execuções na favela beirarem a barbárie. Naqueles tempos [anos 1980], ainda não havia fuzis, pistolas e tinha poucas drogas. No máximo, uma carabina, uma escopeta calibre 12. Mas muita morte acontecia por facada, paulada e pedrada. A forma de exercer o poder foi mudando com o tempo", recorda. Antes dos comandos, nas décadas de 1970 e 1980, apesar da relativa tranquilidade nos morros, já havia uma cena conflituosa com pequenas quadrilhas e bandos em disputas pelo poder. A expansão do tráfico de drogas e a relação desses empreendedores com a polícia, principalmente depois dos anos 1990, estabeleceram novas formas de tensão e drama nas comunidades.

Os primeiros moradores chegaram ao Alemão nos anos 1920, quando o bairro era uma zona ainda quase rural. No começo, havia poucos barracos distribuídos pela topografia íngreme da Serra da Misericórdia, formada pelas montanhas do

Alemão e da Alvorada, com um vale entre os morros conhecido como Grota, repleto de nascentes de água, peixes, criação de porcos e galinhas, hortas e árvores frutíferas. O conjunto de bairros desses morros passaria a ser chamado de Complexo do Alemão. Na época, para se fixar na região, os donos de lotes autorizavam a construção de barracos cobrando um aluguel de chão, nome dado para a mensalidade que o inquilino do terreno pagava para erguer sua moradia.

A população cresceu mais rapidamente depois dos anos 1950, com um ritmo semelhante ao de outras favelas das zonas sul, central e dos subúrbios da zona norte, que ocupavam os arredores da linha de trem. Com o crescimento da procura por terras, os assentamentos ocorreram através de loteamentos clandestinos, fatiados e vendidos por proprietários particulares ou ocupados por movimentos sociais. A chegada de novos habitantes era um desafio para a elite política e econômica das grandes cidades brasileiras. De um lado, bem-vinda porque eles constituíam uma mão de obra barata para as indústrias e os serviços domésticos; de outro, um problema, uma vez que a cidade não garantia aos recém-chegados condições materiais e sociais para que tivessem uma vida digna.

As ações de Carlos Lacerda, governador da Guanabara no começo dos anos 1960, são um exemplo dessa ambiguidade com os migrantes. Na questão da moradia, Lacerda pôs em curso um plano de erradicação de favelas nas áreas nobres da capital e buscou regulamentar a ocupação de lotes em bairros mais distantes, como o Alemão. Glebas públicas e privadas foram doadas aos moradores, com indenização aos antigos proprietários, para o início de um processo de urbanização e investimentos em benfeitorias locais, mediado pelas associações de moradores. Além de exercer funções cartoriais e imobiliárias, as associações tentavam estabelecer uma ponte com os políticos para lidar com a falta de água, energia, saneamento, coleta de lixo e moradia. A intenção dos políticos foi induzir o crescimento dos bairros pobres em áreas mais distantes do centro econômico e político, e ali formar seus currais eleitorais urbanos.

Em outra frente, os mesmos políticos tentavam evitar que os novos moradores, para escapar da pobreza, partissem para a prática de roubos, colocando em risco a população rica da cidade. Com a Invernada de Olaria, delegacia criada a partir de 1962 no bairro de Olaria, cujos métodos inspirariam outros grupos de extermínio nos anos seguintes, a violência policial tornou-se um procedimento para demonstrar autoridade e assustar ladrões que ousassem desrespeitar a lei.

Não tinha como dar certo. A população do Complexo do Alemão e de outras favelas chegou aos anos 1980 sob essa tensão, marcada pela desconfiança da cidade em relação aos moradores desses bairros. A falta de infraestrutura urbana, de oportunidades sociais, educacionais e econômicas, somada ao drama de morar em um bairro considerado perigoso, repleto de bandidos caçados pela polícia, trouxe efeitos indesejáveis. Na época, o Alemão já possuía cerca de 30 mil habitantes, e ainda havia muitos barracos de madeira em meio a vastas áreas descampadas. Mesmo tendo uma população maior do que boa parte das cidades brasileiras, o Complexo do Alemão sofria investidas das forças de segurança, sempre usadas contra seus moradores; nunca no auxílio deles. Com a ausência da autoridade do Estado na região, foram surgindo diversos bandos nas comunidades. Eles se organizaram em pequenas tiranias, tentando se impor pelo uso da violência contra desafetos e contra aqueles que desobedecessem às regras locais instituídas por eles. Com armas e disposição para arriscar a vida, muitos criminosos tentavam exercer o poder territorial para assumir o papel de polícia.

Como ocorreu em diversas periferias do Brasil, também no Alemão a ação desses bandos promoveu rivalidades territoriais e conflitos sangrentos. A tentativa de ser o mandachuva local, inevitavelmente, gerava rixas e assassinatos, que despertavam reações dos atingidos e ciclos de vingança intermináveis. "Nas diferentes comunidades do Alemão, tinha o bando do Ciço Cabeça, do China e do Antônio Russo. Meu pai sempre me pedia para evitar ir pros lugares onde esses grupos dominavam", lembra Reginaldo. "Quase não havia rabecões e os corpos ficavam abandonados. Diziam que alguns eram comidos pelos porcos. Com onze anos, eu já tinha visto muita gente morta nas ruas. Com essa idade, também vi os primeiros homicídios acontecerem bem na minha frente."

Na lembrança de Reginaldo, era um momento difícil, porque vários bandos estavam em conflito. O bando da Alvorada tinha se juntado ao da Nova Brasília. "Talvez foi o primeiro ajuntamento de bando da história", arrisca Reginaldo. Os grupos se uniram para atacar o bando da Grota, que também era inimigo do Morro do Alemão. Todos esses bairros pertenciam ao Complexo. A investida de um lado sobre o outro não demorou a ocorrer. "Como a Grota ficava no meio, quando o ataque aconteceu eles não puderam correr pro Alemão. Acabaram encurralados pelos três bandos. Os chefes vitoriosos pegaram doze homens do bando da Grota. E o que eles fizeram? Você sabe o que é uma embira de caranguejo? É um termo usado pelos pescadores do Nordeste e que a gente também conhecia no Alemão. Eles amarraram os braços e pescoços desses homens, como fazem na pesca de caranguejo, e levaram todos juntos, em fileira, para um largo perto da minha casa. A embira foi puxada pelo chefe do grupo. Eu tinha acabado de chegar do trabalho. Ainda era criança. Estava sentado na soleira da minha porta, não tinha muro. Eu morava na subida do morro. Ainda não se parecia com favela, estava mais para fazenda. O chefe do bando me viu e gritou: 'Não sai daí, não, que é pra você ver e aprender a ser homem'. E aí começou a chacina. Todos os doze foram mortos a pauladas, socos, pedradas e tiros de calibre 22."

Esses confrontos entre pequenos grupos ocorriam também em outros bairros pobres, e na década de 1980 ganharam um incentivo adicional, para agravar o cenário: o emergente e lucrativo mercado varejista de drogas. As disputas mais famosas e documentadas, em que as bocas de fumo já faziam parte do contexto, ocorreram na Cidade de Deus e inspiraram o livro homônimo de Paulo Lins e o filme de Fernando Meirelles. Em 2017, a antropóloga Alba Zaluar, que iniciou suas pesquisas no bairro nos anos 1980, e na época coordenou a etnografia de Paulo Lins, publicou um livro sobre Ailton Bitencourt, o Ailton Batata, chefe de um dos grupos envolvidos nos conflitos da Cidade de Deus.[1] O personagem Cenoura tanto do livro como do filme é baseado nele. Os outros dois personagens inspirados em figuras reais eram o destemperado José Eduardo Barreto Conceição, conhecido como Zé Pequeno, e o leal Manuel Machado Rocha, o Mané Galinha, imortalizados em livro e filme com seus apelidos verdadeiros.

Ailton Batata conta que foi dono de uma das primeiras bocas de fumo da Cidade de Deus no final dos anos 1970. Vendia principalmente maconha na quadra 15, vinda do Paraguai e do Nordeste — depois de 1977 a cocaína se tornou uma mercadoria acessível. No começo dos anos 1970, a pequena cena criminal do bairro ainda era composta de ladrões voltados para roubos de casas — as cachangas — no Recreio e na Barra da Tijuca, em busca de dólar, ouro e revólver. Figuras como Cabeleira, Marreco e Alicate, o Trio Ternura, eram alguns desses poucos e temidos ladrões. O mercado de drogas ainda engatinhava e era quase artesanal.

Nessa época, porém, os cartéis colombianos em Medellín e Cali começavam a desenvolver a estrutura de produção e distribuição da mercadoria que abasteceu as metrópoles durante o pós-guerra. O uso de drogas também estava em ascensão. A ruptura dos baby-boomers com a tradição, iniciada nos Estados Unidos e na Europa, se espalhou pelo mundo depois da década de 1960. No Brasil, chegou aos grandes centros com mais força nos anos 1980, embalada pelo processo de urbanização e de comunicação de massa, pela cultura pop, pelas bandas de rock, pelos grandes festivais de música, pela valorização do prazer, do consumo e da individualidade, em detrimento das identidades coletivas e dos valores familiares e tradicionais da vida no campo. As drogas ajudaram na celebração desses tempos hedonistas, principalmente a maconha e a cocaína.

Para atender esse consumo mundial crescente, rotas foram abertas a partir da Bolívia e do Paraguai, de onde as drogas saíam para chegar aos portos brasileiros e seguir para os demais continentes. A produção da folha de coca exigia a altitude elevada dos países andinos, e o Brasil se tornou um corredor de passagem da mercadoria. Os traficantes viram nessa logística uma oportunidade para abastecer também o mercado interno do Rio de Janeiro e de São Paulo, que se revelava promissor.

Nesse negócio que começava a se formar nos anos 1980, matutos compravam carregamentos de maconha vindos do Paraguai e do Nordeste para vender nas bocas em favelas. O negócio não chamava a atenção da polícia, que estava focada nos assaltos a pedestres, casas e bancos. O dinheiro, as armas e os lucros do varejo, contudo, já começavam a provocar problemas sérios nos territórios. Na Cidade de Deus, as disputas entre Batata e Zé Pequeno, por exemplo, começaram no final dos anos 1970. Batata era mais velho. A relação entre os dois existia desde que Zé Pequeno era garoto e prestava favores a Batata, como ir comprar comida e fazer outras tarefas simples para a boca de fumo. Na época, Zé Pequeno também participava de assaltos nos bairros mais ricos, com o parceiro Jorge Devagar. Quando se tornou maior de idade, Zé Pequeno virou um criminoso ousado e ambicioso. Tomou a boca de um traficante junto com seu antigo parceiro de assalto. Eles passaram a vender drogas nos apartamentos da Cidade de Deus, a algumas quadras da boca de Batata. A relação entre Batata e Zé

Pequeno, no entanto, ainda era amistosa. Batata frequentava os sambas animados que a boca do concorrente organizava nos apartamentos, que atraíam até gente famosa. No entender de Batata, a rivalidade entre eles se acirrou depois que Jorge Devagar saiu da cadeia e passou a fazer a cabeça de Zé Pequeno para que ele tivesse sua própria boca de fumo no bairro. Os negócios de Batata, então, tornaram-se visados pelo grupo rival.

A guerra entre os bandos começou em 1978. Um integrante da boca de Zé Pequeno roubou o dinheiro da venda de droga de um funcionário de Ailton Batata. O ladrão foi executado. Como se um rastilho de pólvora tivesse sido aceso, a morte desencadeou outros assassinatos. Cada lado passou a costurar sua rede de aliados, que recebia revólveres para garantir o apoio. Nos conflitos que se seguiram, Batata ganhou a adesão de Mané Galinha, que trabalhava numa viação de ônibus e fazia cachangas nos fins de semana. Galinha, que vinha sendo esculachado por gente do grupo de Pequeno e de Devagar, tornou-se o principal aliado de Batata.

Dezenas de pessoas foram mortas nesses conflitos, que duraram até 1981, perdendo força depois da prisão de Zé Pequeno. Batata descreveu cenas terríveis daquela época, como o dia em que explodiram uma banana de dinamite nos conjuntos habitacionais onde ficava a boca do rival. A bicicleta de uma criança voou pelos ares. Não havia moradores no bloco onde a bomba foi lançada porque os traficantes já tinham expulsado todos dali para vender drogas. No livro, ele conta isso com naturalidade. É um tipo de narrativa que ouço há mais de vinte anos, com poucas variações, de homens tão envolvidos nas batalhas que travam com seus inimigos, tão enredados em seus próprios conflitos, que parecem não enxergar o terror vivido pela população e pelo entorno, que nada têm a ver com os negócios deles.

O conflito entre Batata, Galinha e Zé Pequeno gerou três anos de tiroteios recorrentes, mortes de familiares deles sem nenhum envolvimento com o crime, cenas de barbárie que, apesar da gravidade, não mobilizavam as forças de segurança pública, como se o problema não dissesse respeito à cidade do Rio de Janeiro. Afinal, os criminosos da Cidade de Deus estavam matando uns aos outros e não ameaçavam os moradores dos bairros ricos. Nesse período, muitas alianças foram firmadas entre bandos vindos de diferentes favelas. Um dos criminosos mais importantes da história do submundo do Rio, José Carlos dos Reis Encina, o Escadinha, que comandava as bocas de fumo no Morro do Juramento, na zona norte, tinha disputas, em seu bairro, com um bando aliado de Zé Pequeno. Seguindo a lógica da guerra — inimigo do meu inimigo é meu amigo —, Escadinha mandou reforços de armas e homens para ajudar Batata depois que a casa da família de Mané Galinha foi atacada por cerca de cinquenta homens do bando de Zé Pequeno.

Nos anos seguintes, essa rede de apoio horizontal entre bandos de favelas foi sendo organizada por chefes de comandos articulados em presídios, que estabeleceriam a dinâmica dos conflitos do Rio a partir das facções. Durante a década de 1980, a Falange Vermelha (designada assim pelos jornais) ainda era um projeto em construção, tentando superar disputas entre quadrilhas na busca de unificar o crime. O presídio de Ilha Grande, onde o grupo foi criado em 1979, era conhecido como Sucursal do Inferno, Caldeirão do Diabo ou, ainda, a Brasília do crime. A história do nascimento da Falange em suas dependências é bem conhecida no jornalismo policial e em trabalhos acadêmicos, apesar de haver mais de uma versão sobre sua origem. A iniciativa de organizar um grupo de autodefesa dos internos, numa penitenciária bastante violenta, ocorreu num momento em que presos políticos e criminosos comuns conviviam nos presídios.

Apesar desse convívio, os presos políticos ligados a organizações da luta armada como MR-8 e Ação Libertadora Nacional, que estavam em Ilha Grande na primeira metade dos anos 1970, eram vistos como elitistas pelos presos comuns. Um dos criadores da Falange Vermelha, William da Silva Lima, o Professor, contou em seu livro *400 contra 1* que a união dos presos foi articulada por ladrões de banco sem filiação partidária, presos comuns enquadrados na Lei de Segurança Nacional. Eram cerca de noventa pessoas isoladas, privadas de banho de sol e convívio. Chamados de Turma da LSN ou Falange LSN, eles se juntaram e propuseram a união dos presos do grupo para negociar com a direção de Ilha Grande a garantia de direitos e benefícios. Isso em meados dos anos 1970.

Com o passar dos anos, conforme a direção de Ilha Grande flexibilizou o convívio da Falange LSN com os demais presos, o grupo passou a se articular para defender outros detentos dos assaltos e estupros recorrentes, promovidos por integrantes da Falange Jacaré e de outras quadrilhas, que aterrorizavam o presídio. A ideia era que o isolamento e o pensamento individualista fragilizavam a luta dos presos, ao passo que, unidos, se fortaleceriam contra a opressão e poderiam estabelecer regras mais justas para o convívio em Ilha Grande. Essas propostas ajudaram a produzir o amálgama entre homens até então sem um propósito para o crime. Preso sem direção vira barata tonta, dizia um dos integrantes do bando. Para fortalecer financeiramente o grupo, os presos da LSN criaram a cantina da Ilha Grande e com o dinheiro bancavam a comida dos presos que não recebiam visitas. Também estabeleceram uma caixinha para bancar a organização. A ajuda vinha de fora, principalmente dos assaltos a banco praticados por aqueles que saíam ou fugiam do presídio. A Falange ampliaria a visão de mundo de seus participantes, como se seus crimes não devessem ter apenas objetivos individuais e egoístas, mas coletivos.

Ao longo de 1979, alguns confrontos com os rivais da Falange Jacaré chamaram a atenção da imprensa, que apelidou o grupo organizado de Falange Vermelha, nome com mais apelo midiático naquele contexto de luta armada. Pelo menos essa é a versão de Professor. Os presos se apropriaram do nome, mais tarde trocado para Comando Vermelho. Numa primeira demonstração de força do grupo, em agosto de 1979 integrantes da Falange Vermelha mataram 21 rivais e integrantes da Falange Jacaré e assumiram o controle de Ilha Grande,[2] no episódio conhecido pelos presos como Noite de São Bartolomeu — em referência ao massacre de protestantes mortos por católicos, ocorrido na França em 1572. Assumiram também os negócios da quadrilha derrotada dentro do presídio, como a venda de droga. Entre os mortos da chacina ocorrida no presídio, lembra Ailton Batata, estava Jorge Devagar, o companheiro de Zé Pequeno que, durante o tempo em que esteve em Ilha Grande, ingressou na quadrilha de Jacaré.

O domínio seguiu, com pequenos contratempos. A Falange Vermelha não conseguia seduzir a todos e criar uma hegemonia no crime, e começaram as dissidências. Seus integrantes foram acusados de usar a caixinha dos assaltos para fins particulares e de defender os próprios interesses em vez de lutarem pela coletividade. Foi então que os presidiários da terceira galeria de Ilha Grande, formada por presos comuns, usaram esses deslizes como justificativa para criarem o Terceiro Comando.[3]

Do lado de fora, nas favelas e comunidades, a ideologia e o modelo da Falange Vermelha começavam, ainda que lentamente, a influenciar a gestão do crime. No início, os assaltos a banco eram a modalidade preferida para construir o capital da organização, voltada ao suporte dos presos. Como esses roubos exigiam planejamento e trabalho em equipe, gozavam de um status superior entre os ladrões, se comparados aos roubos simples. Um assalto bem-feito exigia estudo da rotina do banco e de seus funcionários, além de participantes atuando em três frentes de ação. Os linhas de frente, responsáveis por render o caixa, os seguranças e recolher o dinheiro, ingressavam no banco com armas curtas. Do lado de fora, com armamentos pesados, que já incluíam fuzis, ficava o grupo para evitar a abordagem policial. Com o dinheiro na mão, esses dois grupos iam embora de carro e se encontravam com a equipe do transbordo, que distribuía o grupo em outros carros com placas quentes, para diminuir as suspeitas. Esse esquema foi revelado em 1981 por Cesar Luiz de Araújo Paz, motorista de um dos grupos de assalto da Falange. No depoimento, ele contou que as armas, a munição e o transporte de lancha para resgatar presos de Ilha Grande eram recursos oferecidos por um sargento do Exército.

Araújo integrava o grupo do criminoso mais procurado do Rio de Janeiro naqueles dias, o homem que se tornaria um mito. José Jorge Saldanha, que recebeu da imprensa o apelido de Zé Bigode, era considerado em 1981 o principal chefe da Falange Vermelha em liberdade. Ele havia fugido de Ilha Grande no ano anterior, enfrentando ondas enormes durante a noite em uma pequena balsa, junto com outro fundador do grupo, Apolinário de Souza, o Nanai, filho de pastor que pregava a união entre os detentos com uma Bíblia na mão. Zé Bigode articulou um grupo de assalto a bancos, para mandar dinheiro a colegas presos, mas acabou descoberto pela polícia. Quando Zé Bigode foi localizado na Ilha do Governador, um efetivo estimado em quatrocentos homens foi mandado ao local. Policiais com holofotes, cães, picaretas espalharam-se por parapeitos e telhados, num evento transmitido pelo rádio e pela televisão. O cerco começou na madrugada do dia 3 de abril de 1981 e se estendeu ao longo do dia. A imprensa noticiou que 150 bombas de gás lacrimogênio foram lançadas no interior do prédio onde estava Zé Bigode, quinze granadas e uma incontável quantidade de tiro, que destruíram sete apartamentos. Zé Bigode não se rendeu. Foi retirado morto no amanhecer do dia 4. Essa história deu origem ao título do livro de Professor, *400 contra 1*, e ajudou a cultivar a mística do grupo nos anos seguintes.

A forte pressão exercida pela polícia contra assaltos a bancos e o capital acumulado pelo grupo empurraram alguns integrantes da Falange Vermelha para outro ramo: o do varejo do tráfico de drogas, ainda pouco combatido na ocasião e permeável ao convívio cotidiano com a comunidade onde atuavam. Os morros seguiam sendo palco das disputas entre pequenos bandos e quadrilhas, e a nova ideologia de união pretendia acabar com esses conflitos. Na segunda metade da década de 1980, alguns nomes já despontavam como traficantes competentes.

Escadinha, do Morro do Juramento, foi um dos precursores. Ele dizia ter começado no crime depois de levar uma surra da polícia e ser humilhado na frente da namorada, que além disso foi abusada pelos policiais. Passou a trabalhar para um traficante conhecido como Grande e herdou as bocas do Juramento depois da prisão do traficante. Escadinha costurava alianças e se aproximava de criminosos de outros morros desde antes da fundação da Falange, como fez quando apoiou Ailton Batata contra Zé Pequeno. Também sempre apostou no assistencialismo para ter o apoio da população local.

Um de seus principais aliados era Paulo Roberto de Moura Lima, o Meio-Quilo, que organizou a venda de drogas do Jacarezinho sob a bandeira do grupo. Escadinha e Meio-Quilo estabeleceram o modelo vertical nos territórios, estruturado em torno da figura imperial dos donos de morro. Naquele tempo, a favela do Jacarezinho era considerada pelos criminosos o QG da Falange, como lembra Marcio Santos Nepomuceno, o Marcinho VP, chefe do Comando Vermelho desde meados dos anos 1990, em seu livro de memórias.[4] Outro nome importante na formação desse tipo de estrutura foi Denir Leandro da Silva, o Dênis da Rocinha, que se destacou pelos bons contatos com matutos e atacadistas de droga. Reproduzindo o modelo assistencialista dos bicheiros, eles fizeram escola. Distribuíam cestas básicas e dinheiro para festas, promoviam bailes funks, garantiam acesso a remédios e outras benfeitorias. Também eram eles que proibiam os roubos no bairro, fazendo o papel de polícia.

Meio-Quilo impunha respeito aos demais criminosos. Ladrões de banco, assaltantes e traficantes costumavam buscar sua ajuda para se esconder da polícia em Jacarezinho, quando a situação apertava.[5] A fama de Meio-Quilo nasceu por sua ousadia e pela disposição em ajudar parceiros, principalmente na realização de fugas espetaculares. Em 31 de dezembro de 1985, Meio-Quilo encarregou José Carlos Gregório, o Gordo, outro fundador da Falange, de resgatar seu amigo Escadinha, que desde 1983 estava no presídio de Ilha Grande. Em vez de balsa, lancha ou barco, dessa vez o resgate ocorreria num helicóptero. Naquele dia, Escadinha recebia a visita de uma de suas mulheres e estava numa casa do lado de fora do muro. Quando o helicóptero pousou, bastou ele correr para o aparelho junto com a esposa. Os guardas também demoraram para dar o alerta sobre a fuga. Ela acabou marcando época. A omissão dos guardas e dos agentes penitenciários, que não tomaram nenhuma atitude ao ver uma aeronave não identificada sobrevoando o presídio por mais de duas horas, também chamou a atenção. Os criminosos sabiam que, em vez do confronto, o mais fácil era comprar as autoridades.

Em agosto de 1987, quando Meio-Quilo estava detido no presídio Milton Dias Moreira, no complexo da rua Frei Caneca, em pleno centro do Rio, ele tentou repetir a façanha e escapar junto com seus amigos mais próximos. Meio-Quilo, Escadinha — que havia sido preso três meses depois da fuga ao ser baleado em um tiroteio no Morro do Juramento — e Gordo aguardavam no telhado do presídio, quando um helicóptero foi descendo para resgatá-los. Policiais, no entanto, dispararam contra a aeronave, que começou a subir, para abortar o resgate. Meio-Quilo não desistiu. Agarrou-se aos esquis de pouso do helicóptero, que subiu com o traficante pendurado ali, antes de bater na caixa d'água do presídio e explodir no solo, matando traficante e piloto. Alguns entrevistados me disseram que Meio-Quilo saltou antes da queda do aparelho e sobreviveu, mas que apanhou da polícia até morrer. Qualquer que seja a versão verdadeira, Meio-Quilo foi outro com fama de herói. Mais de 3 mil pessoas compareceram a seu enterro e cinquenta coroas de flores foram enviadas por lideranças do crime e traficantes de diversas favelas do Rio de Janeiro. Histórias como a dele fortaleciam a mística e divulgavam os ideais de resistência pregados pelo grupo.

Persistia o desejo de lançar um projeto coletivo que organizasse o crime. Em 1993, essa ideia inspirou os presos de São Paulo a criarem o Primeiro Comando da Capital, o PCC, em cujo estatuto está reproduzido o lema original do CV de paz, justiça e liberdade. No Rio, contudo, as rivalidades históricas entre os bandos produziram uma nova configuração de conflito, com redes aliadas defendendo dois grupos, CV e TC. A ideologia e o modelo de negócios eram praticamente os mesmos. A diferença decorria apenas de rivalidades territoriais, que se estendiam para as vizinhanças nas respectivas redes de alianças entre cada grupo. Na definição do sociólogo Caio Ferraz, o que existia era compadrio, que formava uma teia baseada em relacionamentos pessoais em que o amigo do meu amigo também é meu amigo, enquanto o amigo do meu inimigo é meu inimigo.[6] A definição de redes como essas começava a se tornar parte da cultura dos morros. Em alguns bairros, a rivalidade impedia que os moradores até mesmo usassem cores de facções inimigas: vermelho, no caso do Comando, e verde, no caso do Terceiro.

Esses conflitos causavam pânico quando chegavam aos bairros da zona sul. Um desses transbordamentos ocorreu no Morro Dona Marta, em Botafogo, em 1987. Na ocasião, Zacarias Gonçalves Neto, o Zaca, um ex-PM que liderava uma das quadrilhas locais, se juntou ao chefe de outro bando, Emílson dos Santos Fumero, o Cabeludo, para expulsar os integrantes da Família Lino, donos de bocas de fumo que vendiam maconha. A cocaína era fornecida pelo taxista e traficante Pedrinho Ribeiro, que apoiou a ação conjunta dos dois bandos contra os Lino. Depois da vitória, a calmaria durou pouco. Passado um ano da expulsão dos Lino, foi a vez de Cabeludo e Zaca começarem a brigar, iniciando uma disputa com tiroteios de balas traçantes que aterrorizaram a zona sul do Rio. Fuzis calibre 7.62 e AR-15 foram usados no conflito.

A Rocinha, a maior favela brasileira, incrustada entre prédios de super-ricos em São Conrado, se tornou outro foco de tensão com o asfalto quando Dênis da Rocinha, o chefe do morro, foi preso em 1987. Um mês depois da prisão, moradores da Rocinha desceram para protestar contra ela e fecharam o túnel Dois Irmãos, bloqueando a passagem da zona sul para a oeste. O protesto tinha sido ordenado de dentro da cadeia pelo próprio Dênis, que queria evitar sua transferência para Bangu 1 — presídio de segurança máxima que seria inaugurado no ano seguinte. A polícia dispersou o grupo com gás e balas de borracha, mas houve reação e os manifestantes apedrejaram os carros que passavam. Quando sustos como esse atingiam os bairros da zona sul, a reação das instituições e da imprensa era mais forte, como se um limite tivesse sido ultrapassado.

Essa linha foi definitivamente transposta em 1992 por centenas de jovens vindos de favelas e dos subúrbios da zona norte do Rio, protagonistas dos famigerados arrastões. O estigma sofrido pelos jovens negros e pobres na zona sul parecia servir de combustível para a revanche dos garotos. Nas praias lotadas do Arpoador e de Ipanema, eles iniciavam o corre-corre, seguido de brigas, furtos, espancamentos e pânico entre os banhistas, que deixavam as areias em desespero. As cenas, gravadas e mostradas no *Fantástico* e no *Jornal Nacional*, provocaram indignação. Um ritual sagrado do carioca — a praia nos domingos de sol — estava sendo profanado.

"Tinha sido inaugurada a Linha 127, que corta toda a Maré. O ônibus passava dentro da favela. Já tinha facção na Maré, mas não tinha guerra. A Nova Holanda (uma das favelas do Complexo) era considerada neutra, ainda não tinha a bandeira do CV", recorda um ex-traficante da Maré que participou da histórica confusão nas areias quando era adolescente. Ele e outros dois ex-traficantes que atuaram na cena criminal do Rio me contaram suas histórias ao redor de uma mesa de madeira, em um edifício na Lapa, no centro. Dois deles já tinham sido inimigos no Complexo da Maré, um atuando pelo Comando Vermelho e o outro pelo Terceiro Comando — e depois pelo Terceiro Comando dos Amigos. O outro entrevistado tinha sido dono de bocas de fumo em Padre Miguel, na zona oeste, mas cresceu na carreira quando se tornou matuto e passou a vender para diversos morros do CV.

"Quando chegamos na praia, nossa galera deu de cara com a turma do Bola e do Renato, os caras do Morro do Adeus. A rixa já tinha começado no baile funk. A porrada comeu. O moleque que é ladrão aproveita. Tu tá na praia, vê aquelas cem pessoas correndo. Os caras começam a catar chinelo, carteira, boné que vai ficando para trás. Não foi premeditado. O lance começou com uma briga da galera, mas virou arrastão. Briga da galera da Maré com Complexo, Adeus, Fazendinha. Começou lá atrás no baile funk. Era tudo amigo, apesar das brigas. Só que depois ia virar rixa de sangue."

Os próprios empreendedores do tráfico, contudo, já percebiam que eles deveriam encontrar formas e soluções para administrar essa desordem, porque a resposta do Estado sempre vinha forte, matando para dar lições a todos que vivessem em área de tráfico. Foi o que ocorreu em Acari, em 1990, quando onze moradores do bairro foram assassinados por policiais do 9º Batalhão. Os agentes formavam um grupo de extermínio apelidado de Cavalos Corredores, cujo oficial-chefe, coronel Emir Larangeira, seria eleito deputado em 1992. Em julho de 1993, foi a vez de oito jovens (seis com menos de dezoito anos) que dormiam em frente à igreja da Candelária ser assassinados.

Um deles teria jogado uma pedra no carro da polícia dias antes. Um mês depois, os Cavalos Corredores voltariam para matar 21 moradores de Vigário Geral — sete deles, evangélicos que pertenciam a uma mesma família, morreram segurando a Bíblia e seus documentos de trabalho, numa tentativa de convencer os policiais que não mereciam o massacre. A chacina foi uma vingança pelo assassinato de quatro policiais por traficantes do bairro, comandados por Flávio Pires da Silva, o Flávio Negão.

Do ponto de vista econômico e político, era mais vantajoso para o tráfico evitar confrontos que assustassem a cidade e os prejudicassem. O negócio das drogas dava cada vez mais dinheiro e o mercado seguia promissor, pedindo racionalidade e um comando central nos territórios. Os anos 1990 trouxeram essa mudança. Os territórios neutros praticamente deixaram de existir e todos tiveram que tomar partido. Os donos das bocas da favela Nova Holanda, no Complexo da Maré, assumiram a bandeira do Comando Vermelho em 1994, com a morte de Jorge Ferreira de Almeida, o Jorge Negão. Seu sucessor, Mauro Reis Castellano, o Gigante, tornou-se o novo chefe do pedaço, abandonando a neutralidade e aproveitando a nova aliança, que lhe garantia acesso a armamentos pesados e a soldados aliados. A quadrilha vizinha da Baixa do Sapateiro optou por seu antagonista Terceiro Comando, estabelecendo uma das principais rivalidades do Rio de Janeiro.

Durante os três primeiros anos, a ligação familiar e de amizade entre alguns integrantes das duas facções na Maré manteve a situação equilibrada. Mas as constantes incursões da polícia e as mudanças de chefia provocaram conflitos intensos entre 1999 e 2002, apavorando moradores e motoristas que transitavam pela Linha Vermelha, surpreendidos por tiroteios de fuzis que muitas vezes atravessavam a lataria dos carros. "Na verdade, nunca houve muita diferença de ideologia entre CV e Terceiro. A maior delas, no meu ponto de vista, é de que o Terceiro dava mais liberdade de decisão para os chefes nas comunidades. No CV não tinha essa autonomia, precisava ouvir a opinião do Marcinho [VP, o chefe], era mais centralizado", explicou meu interlocutor, que atuou no Terceiro.

A tentativa de criar um comando hegemônico capaz de unificar o crime no Rio — objetivo alcançado pelo PCC em São Paulo no decorrer dos anos 2000 — intensificou conflitos e gerou uma corrida armamentista nos morros da cidade, principalmente depois de meados dos anos 1990. Boa parte dos lucros no comércio varejista de drogas e nos assaltos foi investida na compra de fuzis, munição e rede de apoio. O novo modelo buscou transformar as favelas em pequenas fortalezas, com dezenas ou mesmo centenas de fuzis, aprofundando o isolamento da população das comunidades, sujeitas ao poder das tiranias armadas. Seria uma espécie de guerra de tronos, no estilo da série premiada, com diversos reinos autônomos, encerrados em si mesmos e em conflitos com outros reinos, fragilizando-se uns aos outros, numa batalha que só faz sentido para os homens que dela participam. O paralelo valia também para a enorme quantidade de reis mortos e depostos ao longo das lutas.

A evolução dos lucros no comércio de drogas no Rio dependeu do desbravamento das fronteiras da América do Sul e da aproximação com as fontes atacadistas dos grandes cartéis de droga. Os primeiros passos em direção a esse novo estágio foram dados com ajuda decisiva da quadrilha de Antônio José Nicolau, o Toninho Turco, que tinha em seus quadros diversos integrantes das polícias do Rio de Janeiro. Parte do grupo foi presa pela Polícia Federal em 1988. Entre os presos, havia três praças, um tenente e um capitão da Polícia Militar e dois detetives da Polícia Civil. No livro *CV, PCC: A irmandade do crime*, Carlos Amorim escreve que a quadrilha tinha setenta policiais e ex-policiais. Vinha deles a munição para as armas de guerra que protegiam o tráfico. A quadrilha também produzia munições. Toninho Turco acabou morto na operação policial que deveria prendê-lo. Na época, seus familiares disseram que a morte dele foi uma queima de arquivo e que ele levou para o túmulo muitos segredos sobre o envolvimento de autoridades.

Amigo de bicheiros e ligado a políticos influentes, Toninho Turco começou como fiscal de renda. Nos 1970 e 1980, aproveitou o cargo para entrar no contrabando de cigarros, bebidas e eletrônicos vindos da fronteira. Fez bons contatos e desbravou rotas que permitiram a ele e a seu grupo trazer para o Brasil grande quantidade de drogas. Seu envolvimento aumentou depois de ser nomeado detetive da delegacia de Roubos e Automóveis no Rio, acumulando dois empregos oficiais. A estimativa era de que seu grupo abastecia metade de todo o varejo dos morros cariocas, girando cerca de 1 milhão de dólares por dia (valor aparentemente superestimado). Eles buscavam a mercadoria com seus contatos em Foz do Iguaçu, Ponta Porã, Manaus e Campo Grande. No Rio de Janeiro, Turco fornecia para mais de vinte comunidades, como Jacarezinho, Juramento, Dona Marta, Mangueira, Providência, Salgueiro, Borel, Parada de Lucas, entre outras. As bandeiras das facções ainda não eram determinantes. Dois tenentes da PM ligados à quadrilha eram apontados pela PF como possíveis sucessores de seus negócios.

Num relatório emitido pelo Centro de Informações do Exército, investigadores identificaram Turco como homem de confiança do jogo do bicho, permitindo a esses empresários da contravenção a possibilidade de terem influência — mesmo que indireta — sobre o negócio criminoso que mais crescia no mundo. O jogo não queria se misturar com as drogas para não manchar sua imagem. Dilema também vivido pelas máfias de todo o planeta. Um dos patronos do bicho, Castor de Andrade, já havia se manifestado sobre o motivo de não entrar no ramo, decisão que se provaria acertada, já que o tráfico se tornaria o mais odiado rival das forças policiais e das autoridades:

"Bicho é coisa querida, amada pelo povo. Tóxico é odiado. Por isso a gente não deve misturar".[7] A estratégia da contravenção era criar uma parceria bem-sucedida com a polícia. Funcionaria da seguinte forma: os traficantes continuavam sob rédeas curtas, pintados como o principal inimigo da cidade, enquanto os policiais lucravam com o combate ao tráfico — operações de guerra, extorsões e venda de armas, munições e drogas —, garantindo, ao mesmo tempo, que os traficantes não invadissem o interesse dos patronos da contravenção. Os bicheiros, além disso, não precisavam brigar diretamente com os traficantes, com quem também se relacionavam, negociando a colocação de máquinas de caça-níquel em territórios dominados pelas facções.

O espaço deixado pela morte de Toninho Turco e pela prisão de sua quadrilha foi preenchido pelos novos empreendedores criminais dos morros, que já acumulavam experiência e queriam cortar a dependência com quadrilhas de matutos — muitas tinham participação de policiais. Mesmo com a parceria entre policiais e bicheiros, o controle sobre o tráfico não era fácil de ser mantido. Os varejistas perceberam que chegar às fronteiras era estratégico para reduzir intermediários, gerar ganhos em escala e aumentar lucros, além de garantir mais autonomia nos negócios. Um dos primeiros a se aventurar nessa trilha, saindo diretamente dos morros, foi Ernaldo Pinto Medeiros, o Uê, que se tornou fundamental na dinâmica dos conflitos violentos que viriam nos anos 1990.

Uê entrou no crime ainda adolescente, no começo dos anos 1980, seguindo os caminhos do pai e de seu irmão Egnaldo, cinco anos mais velho. Antes de completar dezoito anos, no Morro do Adeus, vizinho ao Complexo do Alemão, Uê já havia sido apreendido duas vezes. Sua ascensão ocorreu pelas mãos de Escadinha, a quem chamava de Paizão. Escadinha, o homem que havia fugido de Ilha Grande em um helicóptero, foi um dos primeiros presos mandados para o presídio de segurança máxima, o Bangu 1, em 1988. Diante do isolamento, Escadinha mandou Uê administrar suas bocas de fumo. Ele tinha apenas dezenove anos. Apadrinhado por um dos mitos da Falange, o jovem administrador tornou-se responsável por cinco morros na zona norte: Adeus, Juramento, Para-Pedro, Jorge Turco e Faz Quem Quer. Em diversos sentidos, podia ser considerado um gestor estratégico, dando passos que o transformariam no principal traficante do Rio de Janeiro na primeira metade dos anos 1990.

Uê ampliou sua rede de fornecedores e multiplicou a escala da compra de mercadorias, reduzindo o preço no varejo e aumentando ganhos.[8] Chegou a montar um consórcio com os parceiros Jorge Luís de Acari e Celsinho da Vila Vintém para comprar armas e drogas em sociedade nas fronteiras, decisão que mostrava sua flexibilidade para negociar com gente de fora do CV. Uê possuía fornecedores em Rondônia e no Paraguai, onde se aproximou da família Morel, uma das principais fornecedoras de maconha do país, e tinha bom trânsito na Bolívia e na Colômbia. O acesso a fornecedores primários o levou a ter planos mais ambiciosos: unir a cúpula do tráfico de drogas no Rio, seguindo os passos dos bicheiros. Apesar de investir em armamentos pesados, sabia dos custos da guerra para os negócios, inclusive com as autoridades. Uê era famoso pelos arregos constantes que pagava à polícia. Também recebia visitas periódicas de policiais mineiros. Sua disposição para pagar propinas à polícia e propensão para a diplomacia lhe garantiam informações privilegiadas que o mantiveram em liberdade no período em que ascendeu na carreira de traficante.

Em 1994, com bom capital acumulado, bons contatos atacadistas e o respaldo de nomes históricos da facção, Uê tentou unificar o crime e criar um colegiado que encerrasse as disputas pelas bocas de fumo. Antes, contudo, seria preciso eliminar os desafetos e as resistências mais graúdas — inclusive, dentro do próprio Comando Vermelho. O resultado foi desastroso.

Um dos alvos do ataque foi o vizinho Orlando da Conceição, o Orlando Jogador, do Complexo do Alemão. Jogador tinha conseguido diminuir a rivalidade entre os pequenos grupos das quinze comunidades se associando ao Comando Vermelho. Seguindo procedimentos de outros traficantes, ele usava práticas assistencialistas para ganhar apoio da comunidade e exercia o papel da justiça, punindo os que desrespeitassem a moralidade local — de acordo com os critérios de seu bando, claro. Ajudava aliados em disputas em outros territórios — como fez no Dona Marta — e passou a comandar dezenas de bocas de fumo nas diversas comunidades do Complexo, ganhando ascendência na facção e juntando dinheiro para se armar.

Jogador poderia ser um aliado a somar com a cúpula, mas Uê tinha problemas pessoais com o colega. Em 1989, seu irmão Egnaldo fora vítima de um disparo na coluna que o deixou paraplégico. Uê afirmava que Jogador havia sido o autor do crime. Outros sustentam que Jogador era ambicioso demais: teria se apropriado do dinheiro de um assalto a banco e tinha planos de ascender à liderança do CV. Para muitos, contudo, o que movia Uê era ganância. Ele estava de olho naquele mercado estratégico. O ataque do grupo de Uê contra Jogador contou com a boa-fé da vítima. Segundo uma das versões do crime, Uê simulou o próprio sequestro. Pediu socorro a Jogador e solicitou ao colega que intermediasse o pagamento de um resgate de 60 mil reais supostamente cobrado por policiais do Bope. Jogador marcou o ponto de encontro para a entrega do malote. Quando ele e seus doze homens chegaram para pagar o falso arrego, Uê o esperava com um bonde de cerca de cem aliados, que abriram fogo contra o grupo. Jogador morreu com tiros de AK-47. Os corpos foram espalhados por pontos diferentes da cidade, como se os matadores passassem com aquilo um recado. Uê e seu grupo assumiram a gestão das bocas do morro, dando início ao racha entre as facções do Rio. A traição forçou os grupos a se posicionar. De um lado, Uê e seus aliados, entre os quais nomes históricos do CV, como Escadinha e Gordo. Do outro, a fração leal a Jogador, que durante um breve período constituiu o Comando Vermelho Jovem.

A tensão que se instalou depois disso pode ser medida com base nas taxas de homicídios. O ano seguinte à chacina de Jogador, 1995, registrou o recorde absoluto nos quarenta anos de violência no Rio, com a região metropolitana apresentando mais de setenta casos por 100 mil habitantes. Os dez anos entre 1994 e 2003 foram os mais violentos da história da região, com taxas acima de cinquenta casos por 100 mil habitantes. No Alemão, a principal reação contra a traição a Jogador foi articulada por uma jovem liderança, ainda com dezoito anos: Marcio Nepomuceno, o Marcinho VP, que se tornaria o mais longevo chefe do CV, apesar de estar preso desde 1996. Ele cresceu graças à parceria com um novo matuto da mesma geração, vindo de uma pequena favela de Duque de Caxias, que seguiu viagem para desbravar as fronteiras e ocupar os espaços deixados pela prisão de Uê. Luiz Fernando da Costa, o Fernandinho Beira-Mar, chegou ao Paraguai e à Colômbia e se tornou fundamental para abastecer de armas e mercadorias o comércio de drogas nos morros que seria reorganizado por Marcinho VP.

A velha guarda da Falange, como Escadinha e Gordo, que tinham apoiado Uê no golpe contra Jogador, fundaram na prisão a Amigos dos Amigos (ADA), junto com Celsinho da Vila Vintém, também egresso do CV. Depois, o grupo se aliou ao Terceiro Comando para formar o Terceiro Comando dos Amigos. Em 2002, um novo racha entre ADA e TC deu origem ao Terceiro Comando Puro.

O Complexo do Alemão tornou-se o núcleo da nova geração do Comando Vermelho. Marcinho VP costurou a rede de apoio nas demais favelas. No Paraguai, Beira-Mar e suas fontes da fronteira abasteciam a rede com armas e drogas. Fuzis Sig Sauer eram importados da Suíça por uma loja de caça e pesca em Assunção, depois seguiam para os morros. Mercadorias vinham também dos Estados Unidos e de países em guerra e com economias decadentes. Nos anos 2000, Beira-Mar chegou às selvas colombianas e passou a negociar diretamente com as Forças Armadas Revolucionárias da Colômbia (Farc). Policiais e militares ajudavam a aquecer o mercado, com armas e munição. Modelos como Colt, AR-15, AK-47, M-16, com miras a laser, tripés, carregadores potentes, sem contar as pistolas, passariam a ser a régua que media o poder de cada chefe de morro. Bigode, nosso entrevistado do capítulo anterior, ajudou a abastecer o Terceiro Comando e a ADA, os concorrentes do Comando Vermelho. Os competidores na corrida armamentista aceleraram seus investimentos e entraram no mercado de .30 e .50, para derrubar aeronaves. Mais uma vez, não tinha como dar certo.

Os donos dos morros, nessa alucinada corrida armamentista, tornaram o Rio de Janeiro a cidade dos fuzis e das pistolas. Ironicamente, quanto mais pesados ficavam, mais vulneráveis se tornavam. Em vez de se concentrarem em seus negócios, eles perdiam tempo e dinheiro se atacando e exterminando uns aos outros, sem conseguir escapar dessa engrenagem autodestrutiva. Também contribuíam para justificar as operações policiais, que se tornaram outro componente desse mecanismo de violência. A polícia soube tirar proveito desse processo suicida e fortaleceu seu modelo de negócio. Primeiro, ganhando com os arregos, a mineração e os espólios de guerra. Depois, disputando o controle dos territórios, oferecendo proteção e prometendo ordem, cobrando e ganhando em diversas frentes, por meio das milícias.

Além de se beneficiar com a guerra dos tronos e com o teatro das operações, a polícia seguiu próxima dos bicheiros, elementos fundamentais para garantir a rede de cobertura política nos postos mais elevados da segurança pública. Os bicheiros costumam ser esquecidos na equação do poder criminal, mas foram decisivos para o novo equilíbrio que se formaria nesse submundo. Mesmo longe dos holofotes — cujo foco está voltado para os confrontos nas favelas entre traficantes e policiais —, os empresários da contravenção seguiram na ativa e assumiram papel importante na sustentação das milícias, aproveitando o domínio do território exercido pelos paramilitares para expandir sua capilaridade nesses pontos.

A influência dos bicheiros dependia da capacidade de se renovarem. Apontadores e cartelas de papel estavam defasados. Surgiram então as maquininhas de caça-níquel, que se espalharam pelo Brasil e por países da América do Sul onde os jogos são regulamentados. O investimento em maquinário, também ocorrido na década de 1990, veio junto com um golpe de sorte. Em 1992, Lillo Lauricella, um emissário do mafioso italiano Totò Riina, veio ao Brasil para armar um esquema de lavagem de dinheiro. Lillo se aproximou dos bicheiros da Liga das Escolas de Samba do Rio e forneceu a eles 35 mil máquinas de caça-níqueis — um investimento de 10 milhões de dólares. Os bicheiros pagavam ao italiano o aluguel dos equipamentos e faturavam com as pequenas apostas nos bares e casas de jogos. Nesse período, contudo, Lillo se tornou colaborador da polícia italiana na operação Mãos Limpas, que havia começado em 1992 na Itália e vinha abalando a estrutura do crime e da política no país — décadas depois, serviria de modelo para a operação Lava Jato no Brasil. Com a pecha de delator, Lillo foi assassinado em 1997, deixando uma herança milionária nas mãos dos bicheiros do Rio, que puderam espalhar essas máquinas por bares e bingos, ampliando tentáculos para outros estados e cidades, como Bahia, Espírito Santo, Belém, Foz do Iguaçu, São Paulo.[9]

Os apontadores foram substituídos por nova tecnologia, que se espalhou sob as vistas grossas dos distritos policiais, cujos laços com a contravenção eram cada vez mais firmes. Os territórios das milícias ganharam caça-níqueis. Era esse o cenário do crime no Rio de Janeiro no início dos anos

2000, quando o modelo das milícias avançava pelos territórios. Facções de drogas se destruindo com armamentos pesados e disputas por mercado e poder; contravenção forte e lucrativa; corporações militares e civis fornecendo armas e munição para o tráfico, minerando criminosos, cobrando arregos, extorquindo e posando de heróis para a opinião pública — e ainda ofereciam serviços especializados de assassinato por encomenda. Ou seja, um ambiente favorável para que o novo modelo de negócios desabrochasse. Entre 2002 e 2007, os paramilitares avançaram. Em vez de ganharem dinheiro com os criminosos, os milicianos criaram uma forma diferente de governar as comunidades e favelas, prometendo ordem em troca de dinheiro. Tornaram-se personagens poderosos da acirrada disputa pelo trono nos morros. Os novos tiranos dos bairros pobres, contudo, em vez de bermudas, chinelos e camisetas, vestiam fardas.

Houve, no entanto, um hiato dentro desse percurso. No ambiente conflagrado dos anos 2000, com as milícias em plena ascensão, o governador Sérgio Cabral Filho assumiu o Executivo em janeiro de 2007. No Rio, sempre houve espaço para o que já era complicado se tornar insuportavelmente complexo. Cabral definiu a segurança pública como prioridade número um de sua administração. De início, seu governo de fato parecia ter descoberto o caminho para pacificar o estado, até que tudo desandou. O alvo era o Complexo do Alemão, conjunto de comunidades que desde o assassinato de Tim Lopes havia se consolidado no imaginário da imprensa, da cidade e das autoridades como o quartel-general do Comando Vermelho.

Na primeira operação de Cabral, dois meses depois de assumir, cem homens do Bope e do Core deixaram um rastro de seis mortos. Entre eles, um morador atingido no rosto por uma bala perdida quando ia a um orelhão telefonar a seu chefe para avisar que faltaria ao trabalho naquele dia. O governador disse estar atrás de um paiol de armas no local e acusou a omissão do governo anterior, que tinha ficado mais de dois anos sem realizar operações ali. Em maio, as operações no Complexo do Alemão se tornaram quase diárias. Foram 42 ataques sucessivos, que mataram dezessete pessoas e deixaram mais de sessenta feridas. A imagem das favelas era vendida para a opinião pública como o de um lugar impenetrável onde havia traficantes, *snipers*, centenas de barreiras nas ruas impedindo o acesso ao seu interior e vielas estreitas e matagais nos cumes dos morros que se tornavam esconderijos; quatro caveirões já haviam sido danificados ao tentarem ingressar na área. Os jornalistas sentiam a tensão e precisavam fazer a cobertura como se acompanhassem uma guerra: ao lado das tropas policiais, usando capacetes e coletes à prova de bala e com balas assobiando em seus ouvidos.

Essa guerra constante e sem sentido contra um bairro com mais de 70 mil habitantes começou a provocar discussões sobre políticas alternativas para a segurança pública. Organizações de direitos humanos e lideranças de moradores passaram a denunciar nos jornais os abusos das medidas e o drama cotidiano de quem vivia no local. Em meio a esse debate, em maio de 2007, entrevistei um desses críticos, o coordenador do AfroReggae, José Júnior, na bancada do programa *Roda Viva* sobre os conflitos no Rio. O assunto seguia em alta e rendendo manchetes. Em junho, a cúpula de Segurança do estado decidiu mudar de estratégia. A ideia era sufocar o comércio e derrubar a venda de drogas com o fechamento das entradas da favela. Pretendia-se criar uma alternativa ao modelo do confronto e levar investimentos sociais ao bairro. O governo federal prometeu o apoio de 450 milhões de reais, através do Programa de Aceleração e Crescimento (PAC), mas esse investimento só seria liberado se o tráfico de drogas fosse eliminado. Os conflitos ininterruptos desde maio preparavam o ambiente para uma grande ação. No dia 27 de junho, cerca de 1350 homens se envolveram em uma megaoperação de ocupação dos morros. O resultado foi trágico. Dezenove pessoas morreram, uma das maiores chacinas ocorridas em operações policiais.

No dia seguinte ao massacre, viajei ao Rio. Minha ideia era tentar escrever uma reportagem para o jornal *O Estado de S. Paulo* e percorri ruas e vielas do Alemão para entrevistar moradores. Ainda havia poucos relatos jornalísticos sobre o que tinha ocorrido. Desde 2002, o recrudescimento dos conflitos, os armamentos pesados das facções, os controles exercidos pelos donos do morro, associados à ferida ainda não cicatrizada da execução do jornalista Tim Lopes, tinham levado a combativa imprensa do Rio a dar um passo atrás, evitando entrar nas comunidades controladas por traficantes. Havia um dilema real diante dos jornalistas: como entrar, se era preciso obter uma autorização do tráfico?

Como eu chegava de São Paulo, apareci lá quase como um estrangeiro. No jornal, decidimos que a gravidade da situação exigia que eu entrasse no morro. Pedi ajuda a José Júnior, que desenvolvia um projeto social no Alemão, e ele me deu o suporte para eu conversar com os moradores. Ingressei no Alemão às onze da manhã e andei por cinco quilômetros durante seis horas. Saí da rua da Grota e subi até o alto do Morro da Alvorada. No caminho, entrevistei cerca de quarenta pessoas ainda apavoradas, que contaram sobre abusos, violência, execuções, roubos — ou espólios de guerra, expressão que eu conheceria anos depois. Ainda havia barricadas na entrada, para evitar o ingresso da polícia. No dia anterior, casas de moradores foram arrombadas e invadidas para que a polícia disparasse das janelas e lajes — a famosa troia, palavra que eu também só viria a conhecer anos depois.

Cerca de dez policiais invadiram a casa de uma moradora. Grávida, ela cuidava do filho de dois anos, que, assustado, teve uma crise de asma. Entraram no quarto da avó da criança para terem uma visão privilegiada e fazer os disparos da janela. Ela mostrou as balas de fuzil que haviam ficado pelo chão e que ela tinha guardado em uma lata de Nescau — fiz a foto, que foi parar na capa do jornal. No largo do Coqueiro, no alto do morro, uma das poucas praças da comunidade, uma igrejinha estava cravejada de tiros. Na descida, em direção à rua da Grota, ouvi relatos de abusos. O dono de um estacionamento contou que policiais desceram do caveirão e levaram uma moto que estava lá. Também quebraram vidros de carros e furtaram os sons dos automóveis. Espalhada pelas ruas da favela, a tropa policial havia fugido ao controle dos comandos. O dono de um bar contou que seu estabelecimento fora invadido pela polícia, que roubou mantimentos e dinheiro. Entrevistados testemunharam execuções. Anos depois, eu me veria de frente com Pescador, policial que tinha liderado uma das tropas nessa invasão e que me contou sobre a execução de um traficante naquela operação. Era como se um ciclo se fechasse.

O massacre teve repercussão internacional e evidenciou a necessidade de mudança de rumo das políticas públicas de segurança no Rio de Janeiro. Ganharam força as ideias que estão na base das Unidades Policiais Pacificadoras (UPPs). Em dezembro de 2008, pouco mais de um ano depois das mortes no Alemão, o Morro Dona Marta foi o laboratório escolhido para iniciar a experiência. A sigla ainda não existia e a medida recebeu pouca atenção da imprensa nos primeiros dias. Com pouco mais de 4 mil moradores, vista privilegiada do Cristo Redentor, entre Botafogo e Laranjeiras, a favela, além das disputas violentas nos anos 1980, ficou famosa como cenário para o videoclipe de Michael Jackson em 1996, depois homenageado com uma estátua de bronze no topo da favela. O diretor do clipe, o cineasta Spike Lee, recebeu autorização para gravar no Dona Marta do próprio chefe do tráfico, Marcio Amaro de Oliveira, o Marcinho VP II, que garantiu a segurança dos ídolos. Anos depois, em 1999, a favela inspirou o documentário *Notícias de uma guerra particular*, de João Moreira Salles e Kátia Lund, e o livro *Abusado*, de Caco Barcellos.

Aos poucos, as ocupações foram ganhando formato e estrutura de políticas públicas, para serem replicadas em outros locais. Dois anos depois da invasão do Complexo do Alemão, em 2009, as UPPs foram implantadas na Cidade de Deus e na Favela do Batan, onde, no semestre anterior, os jornalistas de *O Dia* tinham sido torturados. Foram criados batalhões especiais para a ocupação do território com o objetivo de interromper o comando dos traficantes e barrar o uso ostensivo de armamentos pesados. Em vez de entrar para atacar, guerrear e depois sair, como nas operações policiais comuns, a polícia pacificadora entraria para ficar. Mais importante do que acabar com a venda de drogas era proibir o uso de fuzis e o domínio territorial e político das áreas do crime. Primeiro, entraram os homens do Bope e da Polícia Civil, depois o Batalhão de Choque, para mapear o território e definir o local onde se instalariam as bases comunitárias. Nas etapas seguintes, de implantação e controle, chegaram os soldados recém-formados das UPPs — com um adicional no salário — e as equipes responsáveis por avaliar os resultados. Só depois de dominados os territórios, viriam os investimentos e benefícios sociais.

À medida que novos bairros e morros iam sendo ocupados, a opinião pública se surpreendia. A ocupação era anunciada e a data definida. Na sequência, em vez do teatro de guerra das operações policiais ao qual os cariocas estavam acostumados a assistir todos os dias, as UPPs se instalavam sem a necessidade de um único disparo ou confrontos. Por baixo do pano, tinha havido uma articulação bem azeitada entre os diplomatas dos batalhões policiais locais e os criminosos com os quais eles mantinham contato para a mineração e seus arregos de praxe, avisando que a medida era para valer e que daquela vez não haveria espaço para negociações nem encenações. A polícia iria ocupar. Os traficantes, pragmáticos, para não bater de frente com o Estado, deixavam as comunidades, a fim de aguardar que o entusiasmo das forças oficiais diminuísse ou que a chegada de um novo governo mudasse os rumos.

Um traficante que atuava na Cidade de Deus contou a uma pesquisadora: "Tinha arma pra caramba pra gente tirar daqui, dono de boca para a gente tirar, maior loucura! [...] Sabe como é que é, polícia é bandido, bandido é polícia, é assim. Como eles têm nossa informação daqui para lá, nós temos de lá para cá também. Aí, nós batemos um rádio para a arregadeira [policiais corruptos], mandamos ir no comandante para ver se ia ter papo. Aí o comandante falou: 'Você está maluco? Agora não tem mais nada, não tem negociação. A polícia vai ficar. Pode falar para eles!'. De tarde, foi uma loucura, atravessando daqui para a Penha de moto roubada, casacão, fuzil, pistola pra caralho voando na Linha Amarela. O dono da boca na tua garupa, foragido pra caralho. Aí perto do Natal entrou a UPP".[10] Um dos boatos que circularam nas comunidades ocupadas é que os olheiros e os emissários dos traficantes permaneceram ali, para informar aos patrões quem estava colaborando com a polícia. Quando o tráfico voltasse, eles seriam punidos como traidores.

Foram tempos de otimismo. As taxas de crimes violentos começaram a cair nos bairros com UPPs. Casos de homicídio diminuíram, assim como os de roubos e mortes por intervenção da polícia. Crimes menos visíveis cresceram, como estupros, lesão corporal e desaparecimentos, o que podia indicar maior confiança da população em registrar crimes antes não notificados. A tendência de queda de homicídios e de letalidade policial alcançava todo o estado. Depois das três primeiras unidades, em 2009 ainda foram instaladas UPPs nos morros da Babilônia, Chapéu Mangueira e no Cantagalo/Pavão-Pavãozinho, na zona sul do Rio. Paralelamente, a CPI das Milícias da Assembleia Legislativa, que se estendeu pelo segundo semestre de 2008, ajudou a promover centenas de prisões e parecia indicar novos caminhos. Tudo levava a crer que a Liga da Justiça e a milícia de Rio das Pedras estavam desmoronando.

Junto com os resultados alvissareiros que vinham sendo obtidos na segurança pública, em outubro de 2009 outra novidade influou a autoestima da cidade. O Rio de Janeiro foi escolhido como sede dos Jogos Olímpicos de 2016. O calendário de megaeventos, com a Copa do Mundo em 2014, animou empresários do setor hoteleiro, turístico, gastronômico, imobiliário e petrolífero, que já esbanjavam otimismo desde a descoberta da camada do Pré-Sal em 2006. Foram tempos de vacas gordas e esperança de paz. Um símbolo desse momento de otimismo foi o Guia Gastronômico das favelas cariocas, que listava 22 bares e restaurantes gourmets de oito comunidades com UPPs, pontos que viraram atração cult para turistas descolados. O passeio podia começar no Bar do David, no alto do Chapéu Mangueira, com uma feijoada de frutos do mar elogiada pelo *New York Times*, e terminar com uma selfie tendo ao fundo a estátua de Michael Jackson e o pôr do sol no mirante do Morro Dona Marta.

Os resultados positivos deixavam o Rio de Janeiro eufórico, contagiando imprensa, pesquisadores, moradores dos morros e do asfalto, esquerda e direita, todos se agarravam àquela esperança de pacificação. As pesquisas de opinião dentro e fora das favelas eram animadoras e as críticas feitas com cuidado, para não soarem como torcida contra. Também surgiam dúvidas, como: será que a diminuição dos homicídios cometidos pela polícia não podia estar associada ao crescimento do número de desaparecidos? Difícil saber. E também não havia clima para estragar a festa. Em outubro de 2010, Sérgio Cabral Filho foi reeleito no primeiro turno, com 66% dos votos. A proposta de continuar levando forças de paz às comunidades agradava à opinião pública, acostumada a descrever os conflitos do Rio como uma guerra urbana. Parecia que o estado de direito chegava aos morros e que o governo, finalmente, conseguiria libertar a população local de seus pretensos donos. Mas algo não encaixava: o peso para levar adiante missão tão nobre recaía sobre a velha, viciada e carcomida estrutura policial de sempre.

Mais oito UPPs foram instaladas em 2010, em Tabajaras/Cabritos, Providência, Borel, Formiga, Andaraí, Salgueiro, Turano e Macacos. Pesquisadores começaram a identificar certo critério para a escolha desses locais, quase sempre concentrados em áreas turísticas da zona sul, áreas de serviços, comércio e turismo do centro, e no cinturão da Tijuca, na zona norte, ao redor do estádio do Maracanã, que dali a quatro anos receberia a final da Copa do Mundo. O padrão se manteve em 2011. Houve apenas duas exceções, na zona oeste. Nenhuma das dezessete primeiras UPPs foi implantada na Baixada Fluminense ou nos bairros com as maiores taxas de homicídio. Outro padrão notado: quase todas as favelas ocupadas pelas unidades pacificadoras eram dominadas por traficantes ligados ao Comando Vermelho — com exceção da Favela do Batan, reduto das milícias.

Em novembro de 2010, passada a eleição, pela primeira vez integrantes do tráfico haviam partido para o ataque, como se para enviar ao governo a mensagem de que não tolerariam mais as UPPs no segundo mandato de Cabral. Nesse teste de forças, ao longo de quase uma semana, mais de trinta ônibus e oitenta carros foram queimados nas ruas da cidade. A resposta do governo foi pesada. Era o auge da popularidade do governador do Rio e do Secretário de Segurança, José Mariano Beltrame, aplaudidos e apoiados em qualquer decisão que tomassem. No contra-ataque, as autoridades retomaram as operações policiais, entrando em 28 favelas e deixando um rastro de 23 mortos e mais de sessenta presos. Durante aquela semana, Beltrame disse ter descoberto a origem da ordem para os ataques. Informações do sistema penitenciário apontaram para o Complexo do Alemão e Vila Cruzeiro. Era para lá que seguiam criminosos do CV depois da instalação de UPP em seus territórios, levando armas e fuzis. Serviços de inteligência diziam chegar a mil os traficantes presentes na região. O Alemão era o "bunker do tráfico", conforme os jornais.

Começava a ganhar forma a mais cinematográfica de todas as operações policiais já vistas no Rio de Janeiro, que prometia dividir a história da segurança pública em antes e depois. A decisão foi tomada no dia 24 de novembro de 2010, uma quarta-feira. Cabral telefonou ao ministro da Defesa, Nelson Jobim, para pedir ajuda, e este recebeu o aval do presidente Luiz Inácio Lula da Silva. A Vila Cruzeiro e o Complexo do Alemão seriam ocupados com o apoio das Forças Armadas, a primeira ação conjunta desde a redemocratização. Os combates começaram perto do meio-dia da quinta-feira, quando seis blindados do Corpo de Fuzileiros Navais — modelos M-113, semelhantes aos usados pelo Exército americano na Guerra do Vietnã — chegaram à Vila Cruzeiro, dando apoio aos caveirões do Bope e a cerca de 450 homens, entre eles militares que tinham estado nas Forças de Paz do Haiti. Para retardar a entrada do grupamento, os traficantes haviam montado uma barricada com caminhões atravessados nas ruas, que foram arrastados pelos blindados. Carros eram incendiados no caminho dos tanques, dando dramaticidade à cena, alguns tiros foram disparados, mas, ao contrário do que se esperava, os traficantes não resistiram.

Por volta das três da tarde, durante um boletim ao vivo, o helicóptero da Rede Globo filmou a fuga de dezenas de traficantes — estimados em duzentos homens — pelas matas e pela estrada de terra do Morro do Caricó, que ligava a Vila Cruzeiro ao Complexo do Alemão. Descalços ou de chinelos, de bermudas e sem camisa, pendurados nas portas dos carros, alguns deles feridos, aquela tropa miserável, em fuga desesperada, era a própria desconstrução da imagem de fortaleza impenetrável construída por tanto tempo. Mas o ufanismo de militares e autoridades policiais não parou aí. A chegada das tropas ao alto da Serra da Misericórdia, na Vila Cruzeiro, foi comparada por policiais à tomada das Colinas de Golã pelo Exército israelense na Guerra dos Seis Dias contra Síria, Iraque, Jordânia e Egito — conquista-se primeiro a parte mais alta do território inimigo, para dar apoio à invasão que ocorrerá na parte baixa. A tática de usar diversos blindados e tanques para surpreender garotos de fuzis e chinelos foi equiparada nos jornais às famosas *blitzkrieg* do Exército alemão durante a Segunda Guerra Mundial. Todos aguardavam, no entanto, a chegada do Dia D, quando finalmente o Complexo do Alemão cairia.

E esse dia foi o 28 de novembro, um domingo. O ultimato tinha sido dado a tempo de os traficantes se renderem. Tentou-se evitar um banho de sangue, mas as pontes entre policiais mineiros e traficantes estavam danificadas. Com a chegada dos bondes de outras favelas, a situação do Alemão havia se transformado, o local simbolizava a resistência, o último refúgio dos exilados dos morros com unidades pacificadoras. Os traficantes, com seu arsenal contrabandeado do Paraguai, acreditavam que podiam fazer frente às forças mobilizadas pelo Estado. Na hora H, contudo, às vésperas da invasão, ficou claro que não seria possível aguentar. Na sexta-feira, Luciano Martiniano da Silva, o Luciano Pezão, um dos chefes do Alemão, ligou para José Júnior, do AfroReggae, pedindo ajuda para uma mediação. Desde setembro de 1993, quando o AfroReggae foi fundado, um mês depois da chacina de Vigário Geral, Júnior tinha se tornado um mediador de excelência, o único capaz de transitar pelos diversos reinados e aristocracias cariocas. Conversava com traficantes de todas as facções, policiais, caveiras, autoridades, políticos de esquerda e de direita, com o Pezão do CV e com o vice-governador, Luiz Fernando Pezão.

Ao telefone, Pezão, o traficante, disse a Júnior que queria se entregar. O líder do AfroReggae resistiu, bateu boca e desligou. Depois de quase vinte anos atuando na diplomacia dos morros,

Júnior havia se desgastado com alguns desses interlocutores. Ele sabia que Pezão tinha sido um dos autores de uma carta, interceptada no sistema penitenciário, pedindo autorização a Marcinho VP para matá-lo. Teve receio de aceitar a mediação. Pezão voltou a ligar e insistiu. Depois de consultar autoridades, gente do tráfico, ex-traficantes, jornalistas e amigos, Júnior decidiu subir o morro no sábado, véspera do ingresso das tropas, para falar com Pezão. Acompanhado de um pastor, do presidente da associação comunitária e de outro integrante da ONG AfroReggae, Júnior viu diversos fuzis e pistolas abandonados, largados no chão. Quando chegou ao topo, onde o bonde do CV estava reunido, Pezão já tinha fugido com outros traficantes. Fabiano Atanásio, o FB, outro chefe do Comando Vermelho, era a liderança que estava no local, chorando, com raiva da fuga dos aliados. FB pensava em resistir e preservar sua fama. Ele era um dos suspeitos de ter dado os tiros que derrubaram um helicóptero da polícia no ano anterior. Ainda tinha explosivos para colocar nas obras dos teleféricos, que davam acesso ao topo do morro. Mas FB percebeu que estava sozinho. Assim como os fuzis, ele havia sido abandonado. Restava fugir antes que as tropas entrassem.

No domingo, às oito da manhã, cerca de 2500 homens das polícias estaduais e federal e das Forças Armadas iniciaram o ingresso no morro, com tanques, caveirões, helicópteros, *snipers*, agentes do Bope, dos batalhões, seguidos por ambulâncias, vindo por diversas entradas, acompanhados por jornalistas que transmitiam a ação de guerra ao vivo para todo o Brasil. Não houve resistência. Em quinze minutos, os homens já haviam alcançado o Areal, no centro do Complexo, a dois quilômetros da entrada da Grota, considerada uma região de difícil acesso. Do outro lado do Complexo, na Fazendinha, entraram carros anfíbios, cedidos pelos Fuzileiros Navais, transportando mais policiais para dentro da favela. Prisões e apreensões de drogas eram feitas ao longo do caminho, entre elas a do traficante Eliseu Felício de Sousa, o Zeu, acusado de envolvimento no assassinato do jornalista Tim Lopes. Uma hora depois, a vitória estava garantida.

Para a comoção geral, às 13h30, policiais do Bope e da Polícia Civil hastearam as bandeiras do Brasil e do Rio de Janeiro na estação de teleférico no alto do Alemão. Transmitida pela TV, a imagem do pano verde e amarelo tremulando em câmera lenta acima de três policiais vestidos de preto entraria para a história. Mas por motivos diferentes do que se imaginava no calor daqueles dias. No decorrer dos anos, à medida que desmoronavam os governos de Sérgio Cabral Filho e de seu sucessor, Luiz Fernando Pezão, a cena dos policiais no alto do Alemão se transformou no retrato de uma ilusão que muitos compraram com facilidade.

Entre os homens que hastearam as bandeiras estava Marcos Vieira de Souza, o Marcos Falcon, subtenente e presidente da Escola de Samba Portela, acusado de ligação com o jogo do bicho. Nas eleições de 2016, Falcon mirava o cargo de vereador, mas foi assassinado. O crime ficou sem solução e, em 2019, esse esquecimento foi explicado. Seus autores, segundo depoimentos de conhecedores dessa cena criminal, integravam um grupo de matadores que agiu por mais de uma década no Rio de Janeiro com a conivência da polícia, ganhando muito dinheiro. Já o teleférico do Alemão, onde a bandeira foi hasteada, seria inaugurado em julho de 2011, unindo a favela ao asfalto. Em outubro de 2016, deixou de funcionar por falta de pagamento ao consórcio que operava o sistema. Quatro anos depois, quando este livro foi concluído, ainda não havia previsão de que voltasse a funcionar.

Em 2011, já depois da ocupação, o Complexo do Alemão tornou-se alvo de policiais mineiros que buscavam apreender armas e drogas dos traficantes para revender a seus rivais. Diante dessa fúria pelo espólio de guerra, a região ganhou, no submundo do crime, o apelido jocoso de Serra Pelada. As fugas rendiam dinheiro aos policiais garimpeiros, como seria revelado na operação Guilhotina, deflagrada em fevereiro daquele ano pela Polícia Federal. Escutas teriam identificado que uma equipe da Delegacia de Combate às Drogas tinha encontrado 2 milhões de reais, no alto do Alemão, em uma picape de traficantes durante a famosa fuga da Vila Cruzeiro. Como a trama das histórias reais do crime no Rio nunca decepciona, o chefe dos mineiros flagrados pela operação era o policial Leonardo Torres, conhecido como Inspetor Trovão. Durante a incursão de 2007 ao Alemão, a que resultou em dezenove mortos, ele se tornara símbolo das forças de segurança ao se deixar fotografar na saída da operação com sua roupa camuflada, fuzil em uma das mãos e charuto na outra.

A Guilhotina ainda apontou o envolvimento de policiais com os chefes dos morros da Rocinha — comandada por Antônio Francisco Bonfim Lopes, o Nem — e com o Complexo de São Carlos, reduto de Rogério Rios Mosqueira, o Roupinol. O Inspetor Trovão era um desses "anjos da guarda". Nem e Roupinol tinham montado uma respeitável estrutura de propinas que durante anos lhes garantiu liberdade. Se, por um lado, as UPPs ajudavam a diminuir a exposição da população aos conflitos, por outro criavam novas oportunidades para extorsão, uma especialidade dos policiais.

A grande ficha, contudo, ainda demorou pelo menos dois anos para cair. As UPPs seguiram em expansão até 2014, somando 38 projetos, que atingiram 700 mil pessoas em 196 comunidades, segundo estimativas do governo. Os ecos da propalada vitória no Alemão continuaram reverberando. A UPP foi instalada ali em maio de 2012. Em setembro foi a vez da Vila Cruzeiro. Quinze dias depois, o projeto chegou à Rocinha, a maior favela brasileira, considerada o segundo teste da segurança pública pós-Alemão. Antes de receber a UPP, assim como havia acontecido no Alemão e na Vila Cruzeiro, a Rocinha também foi ocupada por outra operação cinematográfica.

Ocorrida em novembro de 2011, a ação ganhou o nome de Choque de Paz e envolveu 3 mil homens das polícias e das Forças Armadas, além de blindados, helicópteros e caveirões.

A estreita e histórica relação entre o tráfico da Rocinha e policiais mineiros, porém, deu margem a que negociações se desenrolassem nas sombras, mesmo depois do constrangimento causado pela operação Guilhotina. Informações sobre o dia do ingresso no morro chegaram aos traficantes. Às vésperas da operação Choque de Paz, iniciaram-se as artimanhas para a fuga, com a ajuda de alguns policiais. Nem, o chefe do tráfico na Rocinha, contudo, seria preso tentando fugir escondido no porta-malas de um Corolla preto, onde estavam seu advogado e um funcionário do consulado do Congo. O carro foi parado numa blitz no bairro da Lagoa. Os policiais pediram que o porta-malas fosse aberto, mas o funcionário do consulado alegou imunidade diplomática e disse que só abriria na delegacia. No caminho, segundo os policiais, os dois teriam oferecido 30 mil reais para liberarem o carro. Os policiais decidiram abrir o porta-malas e descobriram o traficante lá dentro, exibido como troféu para a imprensa.

Antes disso, de manhã, três policiais civis e dois ex-PMs tinham sido presos por fazerem a escolta de cinco traficantes em fuga. Entre eles estava Anderson Rosa Mendonça, o Coelho, chefe do tráfico no Complexo do São Carlos. Em fevereiro do mesmo ano, na véspera da ocupação do Morro de São Carlos, Coelho havia sido flagrado em escuta com um dos policiais presos, pedindo ajuda para transportar quinze fuzis, munição e drogas para a Rocinha. Indignado com a traição que o levou a ser descoberto no porta-malas, Nem, ao depor na Polícia Federal, afirmou que metade de seu faturamento milionário na venda de drogas era usado para pagar arregos.

Apesar dos diversos aspectos positivos das UPPs, os limites de sua política tornaram-se evidentes com o correr dos anos. As 700 mil pessoas contempladas com o projeto, afinal, representavam apenas 4% da população do estado e um terço dos moradores de favelas. Isso trouxe desequilíbrio ao submundo do crime, empurrando milícias e facções para territórios ainda não alcançados, como a Baixada Fluminense e outras cidades e bairros do Rio de Janeiro. O consumo e o lucro do tráfico de drogas seguiam altos. As armas pesadas permaneciam nas mãos dos que participavam desses negócios. Todos os vícios da estrutura policial se mantinham intactos.

A situação piorou com a falência fiscal do governo do Rio, momento em que a insustentabilidade do projeto das unidades pacificadoras se evidenciou. Havia investimentos desproporcionais em efetivos policiais nos territórios de UPPs, que contavam com 9 mil homens, ou 20% do efetivo, mesmo atendendo uma fatia bem menor da população. Como resultado, o Rio de Janeiro chegou a 2016 liderando os investimentos em segurança pública entre as 27 unidades da Federação, com 16% do orçamento investido na pasta em relação ao total (São Paulo, por exemplo, investiu 5,7% no mesmo ano) e gastando 525 reais por habitante (São Paulo gastou 253 reais por habitante).[11] O problema não eram os gastos elevados, mas o investimento em uma polícia sem controle, que continuava a protagonizar ações criminosas e a comandar quadrilhas. Em decorrência disso, a situação se inverteu a partir de 2013 e os homicídios voltaram a crescer depois de sete anos de queda — entre 2007 e 2012, as taxas no estado caíram de 49,7 homicídios por 100 mil habitantes para 28,7. A partir de 2013, subiram outra vez, com quarenta homicídios por 100 mil habitantes em 2017.[12]

Em junho de 2013, manifestações populares ganharam as ruas de diversas cidades brasileiras em protestos contra o aumento do valor da passagem de ônibus. No Rio de Janeiro, os protestos se avolumaram depois do desaparecimento do pedreiro Amarildo Dias de Souza, morador da Rocinha, quando a UPP não tinha ainda completado um ano na região. Na noite de

14 de julho, Amarildo havia chegado de uma pescaria e estava em casa limpando o peixe, quando precisou sair para comprar tempero no supermercado. No caminho, foi abordado por policiais. A ação foi filmada, assim como o embarque de Amarildo na viatura. Segundo a versão da polícia, o pedreiro foi levado até um contêiner da UPP para prestar esclarecimentos e depois liberado. Amarildo, contudo, desapareceu. Policiais que trabalhavam no local no dia da abordagem afirmaram, nas investigações sobre o caso, que ele tinha sido torturado e não resistido aos choques e afogamentos porque era epiléptico.

O nome do pedreiro ganhou o mundo com uma campanha nas redes sociais que lançava ao público a pergunta: "Onde está Amarildo?". O Rio não seria mais o mesmo com a entrada de novos personagens em cena. A popularização dos celulares e das redes sociais transformou a cobertura da violência e o papel dos moradores das comunidades do Rio de Janeiro, que se tornaram verdadeiros correspondentes em locais relegados a segundo plano pela imprensa. A corrente de publicações nas redes sociais, cobrando respostas sobre o paradeiro de Amarildo, mobilizou a sociedade civil, artistas e autoridades, produzindo uma pressão que levou à condenação de oito policiais envolvidos no desaparecimento do pedreiro. Outras vozes importantes emergiram nas comunidades, ajudando a furar a lei do silêncio imposta pelas tiranias armadas dentro das favelas.

O estudante Rene Silva, morador do Morro do Adeus, era uma voz potente desde 2010, depois da ocupação do Complexo do Alemão. Na época, ele tinha dezessete anos e postou em suas redes sociais imagens da entrada das tropas na comunidade. Sua conta no Twitter passou a ser seguida por celebridades e jornalistas. Rene se tornou uma fonte para quem não morava no morro averiguar informações inacessíveis. Durante a invasão policial de 2010, seus duzentos seguidores passaram em poucas horas a 15 mil. Em 2020 eram mais de 300 mil. Rene Silva ajudou a abrir portas para outras vozes, como a de

Raull Santiago, também do Alemão, e a de Edu Carvalho, da Rocinha. Os tuítes publicados de dentro dos territórios ajudaram a criar a plataforma Fogo Cruzado, que contabiliza, com a ajuda dos próprios moradores, os tiroteios por bairro e por cidades — tiroteios muitas vezes provocados por operações policiais. Os efeitos desses conflitos para a população ganharam uma nova perspectiva no debate público.

Essas novas vozes e ferramentas foram importantes para mostrar, por meio de fatos e dados objetivos, as fragilidades de uma política pública que em dado momento pareceu redentora. Lideranças vindas desses territórios ganharam representação política. A crítica à política de guerra às drogas contribuiu para a eleição, em 2016, da vereadora Marielle Franco, nascida e criada no Complexo da Maré. Quando Marielle concorreu, tinha a expectativa de obter 10 mil votos e ficar mais forte para a eleição seguinte. Mas conseguiu mais de 46 mil votos e se elegeu no topo da lista, com eleitores em todos os bairros do Rio. A força de sua peça de campanha, um vídeo simples produzido nas ruas da Maré, trazia uma mensagem poderosa. Sua imagem sorridente e firme de mulher, negra, mãe, favelada, lésbica, propondo ações coletivas, parecia desconstruir em poucos minutos o mundo da testosterona e de confrontos fatais entre homens.

Marielle morreu assassinada no dia 14 de março de 2018, junto com o motorista Anderson Gomes. O crime marcou a história do Rio de Janeiro e do Brasil. Na véspera de seu assassinato, Marielle tinha denunciado em sua conta do Twitter mais um caso de violência policial, cuja vítima era um agente de coleta seletiva e funcionário da Fiocruz, assassinado em Jacarezinho. Ela escreveu: "Mais um homicídio de um jovem negro que pode estar entrando para a conta da PM. Matheus Melo estava saindo da igreja". Encerrava a postagem com uma pergunta fundamental: "Quantos mais vão precisar morrer para que esta guerra acabe?".

6.
Marielle e Marcelo

Era uma noite quente na sala lotada de mulheres, que se abanavam com leques de papelão em frente às amplas janelas do segundo andar do sobrado centenário da Casa das Pretas, no bairro boêmio da Lapa. Cinco cadeiras haviam sido colocadas na frente da sala para que a vereadora Marielle Franco pudesse mediar uma roda de conversa chamada Mulheres Negras Movendo Estruturas. Era por volta das sete da noite de 14 de março de 2018. Vestida com uma camiseta azul-escura, calça florida e brincos azuis, com o cabelo descolorido e armado, Marielle estava radiante e recebia com entusiasmo quatro jovens cheias de carisma para falar sobre tecnologia, literatura, música, comunicação e ativismo, temas que depois derivaram para assuntos ligados a espiritualidade, amor, autoestima e poesia. No local havia um espaço infantil e recreativo, para que as mães pudessem levar seus filhos. A presença de mulheres e crianças juntas durante a roda de conversa fazia daquele evento uma ocasião especial, capaz de fortalecer as esperanças diante da crise política e econômica que se abatia sobre o Rio de Janeiro e o Brasil.

A lista de problemas era imensa. O ex-governador Sérgio Cabral Filho estava preso desde novembro de 2016 por envolvimento em escândalos de corrupção apontados pela operação Lava Jato. Três meses antes de sua prisão, em 31 de agosto, a presidente Dilma Rousseff havia deixado o cargo, depois de passar por um processo de impeachment. O novo governador do Rio, Luiz Fernando Pezão, tinha assumido um estado quebrado e suspendeu o pagamento do funcionalismo público. A situação parecia fugir ao controle, e o aumento das taxas de homicídio era o termômetro a mostrar a temperatura da crise. A volta da violência e do medo entre a população levou Pezão a pedir socorro ao governo federal, nas mãos do então presidente Michel Temer. A ajuda veio em 16 de fevereiro de 2018, sob a forma de uma intervenção militar, comandada por um general do Exército, que assumiu a responsabilidade sobre a segurança pública do estado. A presença das Forças Armadas no Rio de Janeiro, última cartada do governo Temer para se fortalecer antes das eleições daquele ano, tinha direcionado os holofotes da imprensa para o estado.

Na roda de conversa daquela noite na Casa das Pretas esses temas, contudo, ficaram de lado. A reunião trouxe pautas do movimento negro e feminista. Naquele 14 de março, a poeta Carolina de Jesus completaria 104 anos, o que abriu oportunidade para as mulheres falarem de suas bisavós, avós, mães, em reconhecimento à importância delas para a formação de suas identidades. Marielle citou a origem nordestina de sua bisavó, vinda de uma região quilombola entre Baía da Traição e Alagoa Grande, na Paraíba, e falou da chegada de seus avós ao Rio, que foram um dos primeiros moradores da Favela da Maré, ainda na época das palafitas. A luta das mulheres da família teve continuidade com sua mãe, Marinete, que a criou junto com o pai, Antônio Francisco, garantindo que as duas filhas, Marielle e Anielle, chegassem à faculdade. A filha de Marielle, Luyara, que estava com dezenove anos e acompanhava com interesse os debates da mãe, seguia com o legado de luta. Naquela noite, Luyara não tinha ido ao encontro de mulheres porque estava com conjuntivite.

Depois de uma hora e meia de conversa, Marielle encerrou o debate reproduzindo uma frase da poeta feminista norte-americana Audre Lorde: "Não sou livre enquanto outra mulher for prisioneira, mesmo que as correntes dela sejam diferentes das minhas". Agradeceu, citou o nome de dez mulheres que ajudaram a organizar o evento e se despediu. "Vamo que vamo. Vamos juntas ocupar tudo." Eram quase nove da noite. Ela ia direto para casa, onde Mônica Benício, sua companheira, a aguardava para jantar. Foi sua última aparição pública antes de ser assassinada. A morte de Marielle abalou as estruturas fluminenses com a força de um terremoto, tirando o chão dos ativistas que estavam no front da luta pelos direitos humanos e contra a violência policial.

Marielle saiu da Casa das Pretas acompanhada de sua assessora e amiga, Fernanda Chaves. As duas atravessaram a rua e entraram no carro que esperava por elas, um Agile estacionado em frente ao sobrado, com o motorista Anderson Gomes ao volante. As duas sentaram no banco de trás para conversar sobre a agenda do dia seguinte. No trajeto, passaram a ver e a responder as mensagens de WhatsApp que haviam sido enviadas enquanto participavam do encontro. Nenhum dos três percebeu que estavam sendo seguidos por um Cobalt prata. Perto das 21h10, cerca de dois quilômetros e meio depois, quando o carro da vereadora passava pelo cruzamento da rua Joaquim Palhares com a João Paulo I, no Estácio, o Cobalt emparelhou com o Agile e o atirador, que estava no banco de trás, com uma única rajada disparou quatro tiros na cabeça de Marielle e três na cabeça e nas costas de Anderson. Fernanda se abaixou e foi ferida pelos estilhaços do vidro do carro. Marielle morreu antes mesmo de ser levada ao hospital.

A dimensão política do assassinato se revelou já no dia seguinte, quando uma multidão se concentrou em frente às escadarias da Assembleia Legislativa do Rio para protestar, cobrando o esclarecimento do crime e a punição dos autores. No mesmo dia, ocorreram protestos em São Paulo, Salvador, Belo Horizonte e Brasília. A indignação se espalhou e Marielle se tornaria símbolo da resistência contra a violência policial, o machismo e o racismo. Para agravar a situação política, o assassinato ocorreu no primeiro mês da intervenção federal no Rio de Janeiro. Parecia lançar um desafio direto aos militares, ao governo federal, à imprensa. Como se os assassinos dissessem: "Não importa que a atenção de todo Brasil esteja voltada para o Rio. Quem manda neste estado somos nós". Num primeiro momento, foi impossível dissociar o duplo homicídio do contexto político da intervenção.

Marielle seria a relatora de uma comissão instalada na Câmara de Vereadores do Rio para acompanhar e fiscalizar a intervenção. Um dia antes de ser assassinada, ela tinha denunciado nas redes sociais a violência das operações policiais. Marielle ainda fazia parte da rede de comunicadores ativistas que acompanhavam o dia a dia dos morros e da cidade pelo Observatório da Intervenção. Por que milicianos matariam Marielle justamente num momento político de tamanha visibilidade? Desde o começo, mesmo com as investigações sobre o assassinato ainda em curso, os principais suspeitos eram integrantes das milícias. O uso da submetralhadora HK MP5 e de silenciadores, a rajada solitária acertando bem no alvo, a ausência de imagens de câmeras de rua para filmar o crime e os assassinos, entre outros indícios, apontavam para o trabalho de profissionais. A ação, porém, não parecia fazer sentido do ponto de vista estratégico dos milicianos. Em anos anteriores, desde a instalação da CPI das Milícias, os grupos paramilitares tinham aprendido a importância de se manter discretos para continuar faturando em liberdade, com a conivência das autoridades.[1] Até mesmo o tráfico de drogas sempre evitou confusões durante grandes eventos na cidade, como no Pan-Americano, na Copa do Mundo e nas Olimpíadas, para evitar prejuízos. Se fosse uma vingança política ou se Marielle ameaçasse negócios específicos, por que agir e chamar a atenção em plena intervenção federal? Seria algo que demandava ação tão urgente? Ou o duplo homicídio tinha justamente o objetivo de atrapalhar ou desmoralizar a intervenção?

Independentemente das motivações, não restava dúvida de que o crime havia lançado um desafio para as autoridades locais e para as Forças Armadas. Era urgente uma resposta à altura das instituições que haviam sido confrontadas. A procuradora-geral da República, Raquel Dodge, e o ministro da Segurança Pública, Raul Jungmann, sentiram o baque e tentaram entrar com um pedido de deslocamento de competência para federalizar as investigações, mas o Ministério Público Estadual bateu o pé dizendo que as autoridades estaduais iriam desvendar o crime. De forma ingênua, achei que haveria empenho e que o interventor federal, o general Walter Braga Netto, respeitado no Exército, ex-coordenador de segurança dos Jogos Olímpicos e Paralímpicos, ex-comandante Militar do Leste e do Estado-Maior, havia sido ferido em seus brios. Cheguei a acreditar que a resposta seria dura para as milícias. Não foi o que aconteceu.

Mesmo antes da afronta, na manhã do dia em que Marielle foi assassinada já havia sinais de que os milicianos não respeitavam o comando do Exército. O general Mauro Sinott, chefe de gabinete da intervenção, deu início, naquele 14 de março, a inspeções do Exército em batalhões da Polícia Militar. O escolhido foi o 14º Batalhão, em Bangu, que tinha um histórico de envolvimento com as milícias locais. Em 2014, o comandante do batalhão e 23 policiais foram presos sob a acusação de proteger paramilitares que cobravam propinas de empresas de ônibus, vans, mototaxistas e comerciantes do bairro. A sociedade civil pedia que a intervenção deixasse de lado o desgastado teatro de guerra contra comunidades pobres e se concentrasse nos comandos, nos departamentos e delegacias onde as milícias eram influentes. Quando o general Sinott chegou ao batalhão, acompanhado de oficiais do Exército para passar em revista a tropa, o comandante do 14º deu ordens para que os policiais batessem continência. Parte da tropa não se mexeu, criando constrangimento entre os oficiais presentes. O comandante precisou repetir a ordem com energia para ser obedecido.[2]

Nos primeiros meses depois do assassinato de Marielle, mesmo com a imensa repercussão, a Delegacia de Homicídios e o Ministério Público do Rio ainda não tinham nenhuma pista dos assassinos: as investigações pareciam andar em círculo, administrando a pressão em banho-maria, sem que os interventores se incomodassem com a falta de informações. Olhando para trás, a situação ganha gravidade. Passados dois anos do crime, os depoimentos e as informações que surgiram nas investigações mostram que os suspeitos eram conhecidos e já haviam matado outras pessoas de maneira parecida. Mesmo com o cuidado dos matadores e mandantes para não deixar rastros materiais da autoria, o duplo assassinato estava longe do que se costuma chamar de crime perfeito. O grande trunfo dos assassinos nesse e em outros homicídios cometidos há pelo menos uma década no Rio — segundo depoimentos obtidos pela investigação — era a relação estreita entre os integrantes dos grupos de assassinos com policiais civis do Rio, que negociavam arregos para manter impunes homicídios como os de Marielle e Anderson.

Policiais da Divisão de Homicídios, como revelaram testemunhos e vários inquéritos e processos sem solução, também tinham um modelo de negócios para faturar com o submundo do crime — mais precisamente, minerando a contravenção, bicheiros e donos de maquininhas de caça-níquel, associados a assassinos e milicianos. Os tiras ganhavam para passar informações aos criminosos sobre as operações em curso, o que ajudava os assassinos a destruir provas e fugir. Os policiais também faziam vista grossa aos assassinatos cometidos pelo grupo e "embuchavam" a autoria de homicídios não esclarecidos aos inimigos das quadrilhas que os pagavam. "Embuchar" é outra palavra do dia a dia do submundo policial carioca. Como a polícia científica e a perícia do Rio estão sucateadas, em vez de fundamentadas em testes de DNA e análise de digitais, boa parte das condenações baseiam-se em depoimentos e testemunhas de acusação, escutas telefônicas, registros de antenas de celular, imagens de câmeras. Esqueça as séries norte-americanas de investigação policial. Na vida real da investigação brasileira, basta arrumar uma testemunha convincente para embuchar um homicídio em um desafeto — mesmo quando ele é inocente do crime do qual é acusado.

Para faturar, esse modelo de negócios se aproveitou das fragilidades estruturais na investigação de homicídios. A sagacidade e a malícia da polícia do Rio para faturar com o crime sempre surpreendia. Em São Paulo, por exemplo, o Departamento de Homicídios sempre foi considerado um local para abnegados, apaixonados pela investigação, porque, segundo a máxima de lá, "morto não paga propina". Policiais paulistas mal-intencionados acabavam empurrados para as delegacias de bairro ou para as especializadas em drogas ou crimes patrimoniais. No Rio, porém, a impunidade homicida passou a ter um preço, assim como os assassinatos, que haviam se tornado um serviço bem pago, com a conivência dos policiais que deveriam investigá-los e que aproveitaram as oportunidades financeiras oferecidas neste mercado da morte.

Essa história da omissão da Divisão de Homicídios começou a emergir um mês e meio depois do assassinato de Marielle e Anderson. Naquele momento, as investigações ainda não tinham chegado a nada. A cobrança da sociedade civil por respostas das autoridades crescia. No manual dos investigadores de homicídios, é lugar-comum que as primeiras 48 horas após o crime são decisivas para colher indícios e testemunhos do que aconteceu. Abril já estava chegando ao fim, sem que houvesse avanço digno de nota. No dia 24 daquele mês, porém, começaram a aparecer os nomes dos primeiros suspeitos. Mas não passava de uma grande armação. O policial militar e miliciano Rodrigo Jorge Ferreira, o Ferreirinha, prestou um depoimento informal ao delegado federal Helio Khristian, em que relatou o envolvimento de Orlando Oliveira de Araújo, o Orlando Curicica, no assassinato de Marielle. O crime teria sido praticado sob as ordens do vereador Marcello Siciliano (PHS). Dias depois, Ferreirinha confirmou as acusações em três depoimentos feitos à Divisão de Homicídios.

A farsa foi bem montada. Siciliano tinha diversas transações imobiliárias em Vargem Grande, onde assessores de Marielle haviam estado para discutir regularização fundiária com associações locais, para evitar o apetite dos grileiros. Curicica, que estava preso, tinha uma longa ficha corrida e, caso negasse, era alguém a ser facilmente desacreditado. A testemunha também deu os nomes daqueles que teriam executado os disparos. Os assassinos seriam um policial do 16º Batalhão (área do Alemão) e Alan de Morais Nogueira, um ex-policial do 22º (área da Maré), que estariam no Cobalt prata junto com outros dois integrantes da quadrilha de Curicica. Este último também havia sido implicado num duplo homicídio ocorrido em fevereiro de 2017, que vitimou dois policiais. A motivação do assassinato de Marielle, segundo o depoimento de Ferreirinha, seriam as ações sociais da vereadora em áreas de milícias. As conversas entre Curicica e Siciliano, afirmou a testemunha, tinham começado em junho de 2017. Em outubro, Curicica foi preso com uma arma fria por suspeita de homicídio. Teria, assim, dado a ordem do assassinato de dentro da prisão. Até mesmo o fornecedor do celular Ferreirinha mencionou.

A acusação parecia redonda e ganhou ampla repercussão na imprensa, como era de esperar. Mas a tentativa de embuchar os dois homicídios que mais haviam mobilizado a opinião pública nos últimos tempos em figuras suspeitas desmoronou rapidamente, graças aos esforços de Curicica para se defender. E para isso resolveu delatar, pecado grave nesse submundo regido pela lei do silêncio. Mas Curicica não tinha nada a perder. Preso em Bangu 9, na ala reservada a milicianos, encurralado, percebeu que precisava reagir. Mesmo contra a sua vontade, era a única forma de sobreviver. Em 9 de maio, um dia depois de a acusação de Ferreirinha ter se tornado pública, Curicica conseguiu publicar uma carta no jornal *O Dia* alegando inocência e acusando Ferreirinha de não ter credibilidade e de chefiar as milícias do Morro do Banco em parceria com o tráfico de drogas. Também se colocou à disposição das autoridades para contribuir com a elucidação do caso Marielle e Anderson.

Em represália, no dia seguinte Curicica foi transferido para Bangu 1, a unidade de segurança máxima do sistema penitenciário do Rio. Em tese, havia motivos para esse rigor, pois Ferreirinha vinha dizendo ter medo de ser assassinado por ordens de Curicica. Em Bangu 1, isolado de todos, Curicica não se deu por vencido. Entrou em greve de fome para ser ouvido pelas autoridades do Rio. Segundo relato posterior de Curicica ao Ministério Público Federal, ele foi procurado pelo encarregado do caso na Divisão de Homicídios, o delegado Giniton Lajes, que foi firme em cobrar dele a confissão de haver matado Marielle e Anderson. Curicica continuou sustentando sua inocência e disse ter informações que ajudariam a chegar à autoria dos homicídios, citando a semelhança deles com outros três casos não esclarecidos cujas tramas ele conhecia de dentro.

Curicica disse que o delegado Giniton não quis tomar seu depoimento nem ouvir o que ele tinha a contar. Ainda ameaçou embuchar outros homicídios na conta dele e transferi-lo para um presídio federal. Curicica continuou em greve de fome e um dia recebeu a visita de um promotor do Ministério Público Estadual, que apenas revistou sua cela e foi embora. No período de um mês, foi implicado em outros três homicídios. Em 19 de junho, transferiram Curicica para a Penitenciária Federal de Mossoró, em regime de segurança máxima. No presídio no Rio Grande do Norte, distante dos chefes da segurança pública fluminense, achou que estava acabado. Mas foi ali, finalmente, que conseguiu ser ouvido.

Em setembro de 2018, a entrada da Polícia Federal, da Procuradoria-Geral da República (PGR) e do Grupo de Atuação

Especial de Combate ao Crime Organizado (Gaeco) do Ministério Público do Rio tirou as investigações da cômoda inércia em que se encontravam. A partir dos depoimentos de Curicica dados em Mossoró, começaram a aparecer histórias envolvendo suspeitos reais do crime, assim como ligações de alguns deles com integrantes da Segurança Pública do Rio e com a Divisão de Homicídios. Seis meses depois, em 12 de março de 2019, chegou-se a resultados concretos. Os ex-policiais militares Ronnie Lessa e Élcio de Queiroz foram presos, com indícios consistentes de participação no assassinato da vereadora Marielle e de seu motorista, Anderson. Antes da prisão de Lessa e de Élcio de Queiroz, em janeiro de 2019, a parceria entre os agentes federais e o Gaeco havia resultado na prisão de diversos milicianos ligados ao capitão Adriano Magalhães, um dos coordenadores do Escritório do Crime — grupo de assassinos com extensa ficha de cadáveres no portfólio, a maior parte das mortes ligada a disputas entre donos de máquinas de caça-níqueis.

Lessa foi acusado pela Divisão de Homicídios e denunciado pelo Ministério Público Estadual como autor dos disparos que mataram Marielle e Anderson. Élcio de Queiroz, compadre de Lessa e amigo de infância da mulher do matador, foi chamado para dirigir o Cobalt prata. Os tiras da Homicídios finalmente colhiam indícios que colocavam os dois suspeitos na cena do crime. O assassinato de Marielle e Anderson, como Curicica alertava, só poderia ser compreendido dentro de um contexto mais amplo. A história do submundo do crime do Rio e do envolvimento de seus personagens com as polícias ganhava novos capítulos e detalhes escandalosos.

No início de sua trajetória na Polícia Militar, o sargento Ronnie Lessa era um jovem disposto a arriscar a vida em nome de certos ideais, mas no fim foi acusado de se tornar um matador mercenário a serviço da contravenção. O mais interessante nesse percurso é que o desvio não pode ser considerado um desvirtuamento de suas crenças da juventude. Em 1988, com dezoito anos, ele serviu o Exército e, no ano seguinte, se filiou à Scuderie Le Cocq, o célebre grupo de policiais matadores criado para vingar a morte do detetive Milton Le Cocq. O grupo também cultuava o símbolo da caveira e pregava o extermínio de bandidos, agindo em sociedade com os bicheiros.

Até ser preso, em seus quase trinta anos de dupla jornada no crime Lessa preservou o prestígio entre seus pares e a fama de herói. Nunca havia sido indiciado pela polícia em casos ligados ao jogo do bicho, apesar de seus colegas saberem de suas histórias com a contravenção. Tornou-se um homem rico: morava numa mansão no mesmo condomínio do presidente da República Jair Bolsonaro, na Barra da Tijuca, andava de carro blindado e tinha uma lancha em sua casa de praia em Angra dos Reis. A pecha de policial assassino e mercenário nunca abalou sua imagem entre seus colegas, que o viam como um profissional disposto a atuar na linha de frente da guerra urbana e a matar em defesa dos valores de seus aliados. Lessa tinha três caveiras tatuadas no peito. A fama de matador implacável era motivo de orgulho, sentimento compartilhado com seus parceiros de trabalho e seus amigos.

O ingresso de Lessa na Polícia Militar ocorreu em novembro de 1991. No ano seguinte, entrou para o Batalhão de Choque. Entre 1993 e 1997, atuou no Bope mesmo sem ter feito o curso de operações táticas exigido para a função. Mostrava desprendimento e coragem nos tiroteios dos morros e sua habilidade com armamentos pesados lhe conferiu a fama de máquina fria e precisa de matar. Em 2003, Lessa se tornou adido da Polícia Civil na antiga Delegacia de Repressão a Armas e Explosivos, extinta em 2011 depois de escândalos envolvendo negociatas entre policiais e criminosos. O trabalho conjunto entre policiais civis e militares, criado para aproximar as duas corporações no combate a sequestros, foi replicado em outras delegacias especiais e tornou-se uma incubadora de talentos para a contravenção. Juntava na mesma unidade a disposição guerreira dos militares com as históricas conexões dos policiais civis com o jogo do bicho. O lugar ideal para os bicheiros recrutarem mão de obra. Foram formados nesses núcleos alguns dos personagens mais temidos do submundo do crime no Rio de Janeiro.

A vaga de Lessa na contravenção se abriu num momento tumultuado para os chefões do jogo. A geração dos patriarcas do bicho, que havia se organizado em torno de um conselho para dividir territórios e arbitrar conflitos — o Clube Barão de Drummond —, estava envelhecendo. Com a chegada das máquinas de caça-níquel, os negócios continuavam lucrativos, mas a nova geração parecia não se importar com a honra dos patriarcas e vivia se engalfinhando por dinheiro e poder. Alguns herdeiros desses espólios milionários travaram disputas sangrentas, desarticulando um equilíbrio de décadas. O crescimento desses confrontos abriu mercado para os matadores com treinamento de guerra, capazes de oferecer não apenas o homicídio de desafetos, mas também a impunidade, em razão da parceria com aqueles que deveriam investigar seus crimes.

Futuros milicianos e militares parceiros do bicho foram recrutados entre os adidos da Delegacia Antissequestro (DAS). De 1995 a 1997, na gestão do delegado Hélio Luz na Polícia Civil, a DAS havia sido referência na diminuição dos sequestros na cidade. Nos anos 2000, quando esse tipo de crime ficou sob controle, alguns policiais estreitaram a parceria com o bicho, junto com outras delegacias especiais. Entre os nomes saídos desses núcleos estava o sargento Marcos Vieira de Souza, o Falcon, assassinado em 2016 e que em 2010 havia hasteado as bandeiras do Brasil e do Rio no topo do Complexo do Alemão. Outro foi o sargento reformado Geraldo Antônio Pereira, assassinado no mesmo ano que Falcon, quando atuava como empresário de máquinas de caça-níquel e importante miliciano da zona oeste. E também foi o caso do próprio Orlando Curicica, que se tornou informante do grupo de policiais da DAS depois de expulso da PM. Esses policiais se aproximaram da contravenção e se aproveitaram das possibilidades da gestão miliciana, que juntava o interesse pelas receitas do jogo com o domínio territorial exercido pelos paramilitares. Além dos negócios tradicionais — taxa de segurança, venda de gás, gatonet —, essa colaboração garantia exclusividade para máquinas de caça-níquel dos grupos parceiros e também outras tarefas, conforme as habilidades de cada homem.

O assassinato era uma das mais valorizadas. A aproximação de Ronnie Lessa com a contravenção ocorreu em meados dos anos 2000, quando ele foi trabalhar na segurança de Rogério de Andrade, sobrinho do célebre bicheiro Castor de Andrade. As brigas pela herança do tio provocaram rachas e homicídios dentro da família. A confusão dos herdeiros começou logo depois da morte de Castor, em 1997. O mais ilustre bicheiro carioca morreu de enfarte aos 71 anos, jogando cartas. Dividiu a herança em três partes: para o sobrinho Rogério de Andrade; o filho Paulo Roberto de Andrade, o Paulinho; e a filha Carmem Lúcia. Em outubro de 1998, Paulinho foi assassinado junto com seu segurança. As investigações apontaram Rogério como suspeito do mando. Os anos seguintes foram marcados por uma sucessão de assassinatos, o que causou violentos conflitos entre as duas gangues da família e cerca de cinquenta mortes, segundo estimativas da polícia. Um mercado promissor para assassinos profissionais. Com sua grife de ex--caveira, Lessa soube aproveitar a oportunidade.

Em outubro de 2009, Lessa integrava o 9º Batalhão da Polícia Militar e fazia bico como segurança de Rogério de Andrade, quando um atentado a bomba o fez perder a perna esquerda. Ele tinha acabado de entrar em seu carro, uma Hilux, quando a bomba explodiu embaixo da picape. O carro andou cem metros e parou ao bater em um poste. Lessa tentou sair, mas ficou preso no cinto de segurança. O sargento implantou uma prótese na perna amputada e se aposentou da polícia. Mas seguiu no crime. Em abril de 2010, uma bomba com dispositivo semelhante à que mutilara Lessa explodiu no carro de Rogério de Andrade, um Toyota Corolla com blindagem para resistir a disparos de fuzil. A bomba também tinha sido colocada sob o veículo, no lado do banco do motorista. Naquele dia, quem dirigia o carro era o filho de Rogério, Diogo Andrade, de apenas dezessete anos. Ele morreu na hora. Rogério, que estava no banco de passageiro, saiu ferido.

Não restavam dúvidas de que o acordo entre os patriarcas do bicho estava estremecido. Os contraventores do Rio tinham expandido as fronteiras dos jogos, atuavam em cassinos da América do Sul e tinham estreitado contatos com máfias internacionais, como a Bratva (russa) e a Família Abergil (israelense). Em compensação, os herdeiros iniciavam uma nova fase de disputas e vinganças, que envolvia não apenas membros das famílias, mas também outros clãs e quadrilhas. As redes da contravenção haviam se diversificado, aliados e rivais tinham origens criminais diversas. Os grupos de policiais matadores, comprometidos com milícias em conflitos por territórios, ganhavam espaço na rede do bicho, no mercado das maquininhas de caça-níquel e do crime em geral.[3]

Ronnie Lessa, por exemplo, tinha frentes de negócios diversas, para aproveitar suas conexões com o bicho e habilidades de matador. Investigações apontaram ligações do ex-militar com as milícias de Rio das Pedras e de Gardênia Azul. Entre seus negócios legais, montou uma academia de ginástica na principal rua de comércio de Rio das Pedras e um estúdio de tatuagem. Mas ganhava dinheiro de verdade com atividades ilegais. Era apontado como sócio de um bingo clandestino na Barra, com mais de oitenta máquinas de caça-níquel. Em setembro de 2018, depois da morte de Marielle, investigações indicaram que ele chegou a reclamar com um dos chefes dos investigadores do 16º distrito policial, Jorge Luiz Camillo Alves, a liberação de máquinas apreendidas no bingo. O investigador Camillo Alves havia sido preso na fase dois da operação Intocáveis, por suas ligações com a quadrilha que coordenava as construções de apartamentos irregulares em Muzema, chefiada pelo capitão Adriano da Nóbrega. Os investigadores identificaram que Lessa havia assumido negócios do ex-vereador e bombeiro Cristiano Girão durante o período em que ele esteve preso, acusado de chefiar a milícia de Gardênia Azul. Como se não bastasse, o atirador estava sendo investigado pela intermediação no contrabando de armas. Quando foi preso pela morte de Marielle, a polícia encontrou peças para armar 117 fuzis calibre 5.56, que Lessa assumiu serem suas. A Justiça estimou seus bens em 7 milhões de reais e bloqueou parte desse montante.

Foi esse ambiente explosivo, repleto de criminosos bem armados, poderosos e ricos, imbricados havia décadas nas instituições estaduais de segurança, que Orlando Curicica se ofereceu para ajudar a desvendar. Curicica também conhecia bastante a vida do capitão Adriano Magalhães da Nóbrega, que havia atuado como segurança de familiares que disputavam o espólio do bicheiro Waldemir Garcia, o Miro. Segundo Curicica, o capitão funcionava como um *headhunter* de matadores, profissionalizando a morte por encomenda e criando oportunidades rentáveis para pistoleiros urbanos. Todo esse cenário de disputas e assassinatos era conhecido de perto por policiais civis e investigadores da Divisão de Homicídios e havia produzido uma longa lista de cadáveres, entre os quais muitos eram seus próprios pares. Várias mortes de figuras importantes, contudo, continuavam sem autoria definida.

Havia um modus operandi nesses grupos de matadores, quase uma assinatura: uso de submetralhadora, carro clonado, ausência de vestígios, assassinatos precisos com uma rajada. Muitos participantes eram conhecidos. Mesmo com tantos sinais, a suspeita de envolvimento de integrantes desse consórcio de matadores no assassinato de Marielle e Anderson só começou a ser levada a sério pelas investigações a partir de agosto de 2018, cinco meses depois do crime, com a entrada de agentes federais e do Gaeco no caso. Curicica, que imaginava ser "enterrado vivo" no presídio federal de Mossoró, depois de muito insistir conseguiu falar com o corregedor dos presídios e com o diretor da penitenciária, e enfim ser ouvido pelo Ministério Público Federal.

No dia 22 de agosto, dois procuradores federais foram tomar o depoimento de Curicica. Ele contou sobre as tentativas fracassadas para esclarecer sua inocência no caso Marielle, disse que ele e sua família, no Rio, estavam em risco, que tinha muitas informações e que estava preocupado. Não queria ser embuchado com diversos outros casos de homicídios. As histórias que ele contou, se verdadeiras, tinham potencial para encaixar muitas peças daquele quebra-cabeça. Os procuradores que o ouviram, contudo, possuíam pouca familiaridade com o cenário do crime no Rio. Uma semana depois, no dia 1º de setembro, o Gaeco finalmente foi designado pelo Ministério Público do Rio para acompanhar as investigações do crime, a pedido da nova promotora do caso, Letícia Emile. Ato contínuo, Letícia e a chefe do Gaeco, Simone Sibílio, começaram a articular a viagem para Mossoró.

As duas ouviram Curicica no dia 25 de setembro e saíram de lá com novas frentes para investigar o submundo do Rio. O papel do Escritório do Crime, os homicídios ocorridos no passado, a ligação com o jogo do bicho, as propinas pagas à Divisão de Homicídios, essas informações davam nova perspectiva à investigação do percurso trilhado pelas milícias. Naquele dia, o nome de Ronnie Lessa surgiu pela primeira vez no radar das autoridades. Curicica, contudo, acreditava que seu esforço seria em vão. "Só que a DH [Divisão de Homicídios] tem o seguinte pensamento. Só temos tempo para acusar o Orlando e outros acusados eles não querem, por quê? Porque eles vão se acusar", Curicica tentou explicar às duas, como consta no depoimento dele, a que tive acesso. "Entendeu? Dissolver o Escritório do Crime... Eu tenho elementos que botam todos eles na cadeia."

A promotora Letícia perguntou o que ele sabia sobre a morte de Marielle. Curicica afirmou que o ideal era "começar ao contrário", desvendando primeiro outras mortes semelhantes à dela. Depois, discorreu sobre os territórios de atuação dos grupos de matadores. "Toda a área do 18º, Rio das Pedras, Curicica, Gardênia. Toda aquela área, porque tem a Gardênia, né? Tem o Lessa, Vocês sabem do Lessa?", perguntou às promotoras. "Não", respondeu Simone. "Do sem perna?", insistiu Curicica, referindo-se à prótese na perna esquerda de Lessa. "O que a bomba explodiu dentro do carro dele e perdeu a perna, o policial militar?" Simone voltou a dizer que não o conhecia. Curicica continuou: "Foi baleado na UPP tem dois meses, quatro meses, cinco meses", mencionando uma tentativa de assalto em 27 de abril quando ele levara um tiro no pescoço um mês e meio depois da morte de Marielle e Anderson. "Não, se sei não estou me recordando agora, honestamente não estou me recordando agora", disse Letícia. Curicica falou sobre os potenciais envolvidos: "Então o leque é muito grande, entendeu? Que eu até queira ajudar vocês eu até quero, mas é... um monte de coisa envolvida nisso, principalmente [proteção] à minha família".

De início, Curicica desconfiou das promotoras, por elas terem vindo do MP do Rio. Mas as duas conquistaram a sua confiança. Desde que Curicica tinha começado a falar com as autoridades federais, passou a sofrer retaliações, como previu que aconteceria. Ele soube, pelas promotoras, que o caminhão de água que pertencia a Thaís, sua mulher, tinha sido incendiado no dia anterior. O incêndio havia ocorrido no Terreirão, área onde Curicica tinha influência antes de ser preso. Depois de ser envolvido no caso Marielle, foi acusado de outros homicídios, que ele alegou serem casos embuchados. Desde que se mostrou disposto a colaborar nas investigações do assassinato de Marielle e Anderson, ele disse às promotoras, tinha sido acusado de seis novos homicídios. Contar o que sabia era a única forma de se proteger dessa avalanche.

Ele contou sobre três homicídios, o que ajudou a apontar os suspeitos da morte de Marielle e Anderson. O primeiro foi o assassinato de Haylton Escafura, em junho de 2017, cinco meses depois de deixar a prisão, quando tentava se reerguer no comércio de máquinas de caça-níquel. Haylton estava hospedado no Hotel Transamérica, na Barra, com a namorada, a policial militar Franciene de Souza, que também morreu. Três homens encapuzados, armados com pistolas e fuzis, entraram pela garagem do hotel e subiram oito andares de escada até o quarto do casal. Arrombaram a porta a tiros e executaram Haylton e Franciene, que haviam se trancado no banheiro. Os disparos de fuzil atravessaram a porta e os dois morreram ao lado do vaso sanitário. Apesar das circunstâncias escandalosas, o crime não foi esclarecido pela Divisão de Homicídios.

O segundo homicídio relatado por Curicica foi o do subtenente Marcos Falcon, o policial que hasteara as bandeiras no Alemão. Em setembro de 2016, homens encapuzados invadiram seu comitê de campanha, em Madureira, uma semana antes da eleição em que concorreria a vereador. Em abril daquele ano, ele havia sido eleito presidente da Portela. Dois atiradores entraram no comitê, um ficou no carro e outro fez a guarda do lado de fora. Falcon levou quatro tiros de fuzil no peito e na cabeça. Apesar da visibilidade política da vítima, os assassinos não se intimidaram e o mataram diante de diversas testemunhas. A confiança na impunidade se confirmou. Quatro anos depois, os autores não tinham sido descobertos.

Em maio do mesmo ano de 2016, quatro meses antes da morte de Falcon, três encapuzados mataram o sargento reformado Geraldo Antônio Pereira, quando ele saía de uma academia. Estava acompanhado de um segurança e do ex-inspetor Hélio Machado da Conceição, o Helinho, que ficou ferido. Pereira era apontado como um dos principais milicianos da zona oeste. Além de extorsão, cobranças de taxa e venda de gás, atuava no ramo das maquininhas de caça-níquel. Era da escola dos policiais mineiros do 18º Batalhão e chegou a ser expulso da polícia em 1997, quando veio a público um vídeo em que ele torturava jovens na Cidade de Deus. O escândalo eclodiu na mesma época do rumoroso caso da Favela Naval, em São Paulo, em que policiais militares foram filmados torturando jovens do bairro.

Passada a comoção, Pereira conseguiu na Justiça reverter a expulsão e voltou a trabalhar na PM. Nos anos 2000, tornou-se adido da Divisão Antissequestro com Falcon. Helinho, que estava ao lado da vítima e sobreviveu, tinha ficha corrida como integrante da turma do delegado Álvaro Lins, chefe de polícia dos governos Anthony e Rosinha Garotinho. Formado por inspetores conhecidos como os "inhos" — o grupo era composto de Helinho, Jorginho, Fabinho, Marinho e Paulinho —, o bando organizava, sob a supervisão de Lins, o aluguel de delegacias para delegados e políticos interessados nos arregos de criminosos.[4]

Curicica tornou-se funcionário dos negócios criminosos de Pereira em 2007, quando foi chamado para trabalhar como segurança do miliciano. Em seguida, assumiu o comando das seguranças da milícia em bairros da zona oeste. Logo depois do assassinato do chefe, Curicica disse que foi à academia onde o crime ocorreu e assistiu às imagens da execução. Conseguiu reconhecer um dos atiradores, apesar da balaclava que ele vestia. Segundo disse às promotoras, era o ex-policial militar Antônio Eugênio de Souza Freitas, o Batoré, um dos principais matadores do Escritório do Crime. Ele fazia parte do grupo do capitão Adriano da Nóbrega desde a época dos conflitos pelo espólio do bicheiro Maninho, em 2005. De acordo com

Curicica, Batoré assumiu a coordenação dos assassinatos depois que Adriano passou a gerir milícias e máquinas de caça-níquel na zona oeste. Batoré era suspeito de participação nos assassinatos de Haylton e Falcon, mas morreu antes que pudesse prestar esclarecimentos. Em junho de 2019, foi atingido por disparos numa operação policial com mais de cem homens no Morro do Dendê, na Ilha do Governador, para prender o traficante Fernando Gomes de Freitas, o Fernandinho Guarabu, um dos donos de morro mais longevos do Rio. Batoré era apontado como sócio e sucessor de Guarabu no novo modelo que aproximava as milícias e o tráfico. Muitos especulavam que a morte de Batoré foi queima de arquivo.

O esquema que juntava milícias, caça-níqueis e assassinos profissionais dependia da omissão de investigadores no desvendamento de assassinatos, mesmo os mais gritantes, como os casos de Escafura, Falcon e do próprio Pereira. Entender a configuração dessas alianças, argumentou Curicica em seu depoimento às promotoras, as ajudaria a conhecer o ambiente de impunidade em que fora gestado o assassinato de Marielle e Anderson, em plena vigência da intervenção federal no estado. A força dessa rede era grande porque envolvia contatos em diversas instituições. Esse era o segredo de sua longevidade. Os indivíduos podiam ser presos, mortos e trocados, mas a estrutura se mantinha intacta e permitia ao crime seguir faturando. Não seriam as Forças Armadas, comandadas por um presidente frágil como Michel Temer, que iriam intimidá-los.

Curicica falou ainda sobre a desastrada tentativa de embucharem o duplo homicídio em suas costas. A forma como a trama foi montada e os personagens envolvidos ajudaram a dar consistência a seus relatos. Ele contou que os problemas começaram quando Pereira, seu antigo patrão, sentiu-se ameaçado por Jorge Luiz Fernandes, o Jorginho, outro dos "inhos" da turma de Álvaro Lins. Jorginho, além de alugar delegacias, era sócio de Pereira no arrendamento de máquinas de caça-níquel de Rogério de Andrade em Jacarepaguá — eles pagavam o aluguel e ficavam com o dinheiro das apostas. Jorginho e Pereira se estranharam primeiro por questões financeiras. A Polícia Federal vinha fazendo batidas nos bingos de Jacarepaguá, Barra e Recreio, o que causava prejuízo ao miliciano. Para diminuir as perdas, Pereira descontava o valor do aluguel das máquinas apreendidas na hora de pagar a Andrade, que não gostou da ousadia. Jorginho interveio em favor do capo. Para azedar a relação entre os dois, Jorginho, segundo Curicica, mandou matar o braço direito de Pereira, o cabo Ronis José do Couto Júnior, que atuava nas milícias. A partir daí, surgiram boatos de que Pereira atacaria Rogério de Andrade e de que Rogério acionaria o Escritório do Crime para matar Pereira. Curicica, como segurança, dizia ao chefe para tomar cuidado. Ele sabia que o conflito entre os dois podia sugá-lo para a confusão.

Foi o que ocorreu. Depois do assassinato de Pereira, Curicica disse ter sido procurado por Jorginho para fazer as pazes e estancar o ciclo de vinganças. Foi proposto um acordo. Curicica herdaria a parte que era da segurança privada da milícia em Jacarepaguá, Barra e Recreio, enquanto Jorginho ficaria com as máquinas de caça-níquel. Para convencer Curicica, Jorginho teria pagado propina para os delegados da Divisão de Homicídios não investigarem a morte de seu chefe. Curicica teria presenciado a entrega da mala. Jorginho queria mostrar que a polícia estava sob controle. Curicica sabia que não tinha alternativa e engoliu o armistício. Mas o clima de desconfiança continuava. A testemunha contou às promotoras que passou a sofrer represálias e que escapou da morte por pouco. O assassinato, segundo ele, deveria ter ocorrido quando o Core — grupo de operação policial da Polícia Civil — foi a sua casa forjar um auto de resistência e matá-lo. Como o dia seguinte era a festa de aniversário do filho dele, a casa estava cheia de familiares vindos de outras cidades. Quando os policiais chegaram, sua mulher, Thaís, entrou na frente para que os policiais não o assassinassem. Acabou preso por causa do flagrante de uma arma fria em casa. Era outubro de 2017 e ele foi levado para Bangu 9, ala reservada a milicianos.

Jorginho, segundo Curicica, teria herdado seus negócios na zona oeste depois de sua prisão. Por isso o rival queria mantê--lo afastado pelo maior tempo possível. Como matá-lo havia ficado difícil — mas não impossível; eles tentaram mandar comida com veneno para Curicica em Bangu 9 —, a estratégia era mantê-lo na prisão. Foi aí que surgiu a armação para incriminá-lo pela morte de Marielle e Anderson. Apesar de a DH ter engolido a farsa e pressionado Curicica a confessar, deu tudo errado. Curicica resolveu contar os podres do submundo criminal, chacoalhando a investigação do caso Marielle, que caminhava a passos de tartaruga.

Vinte dias depois do depoimento de Curicica às promotoras, as coisas começaram a andar na Divisão de Homicídios. Os policiais civis, contudo, tentaram ganhar os méritos pelas novas descobertas. O chefe da investigação, Giniton Lages, disse que a participação de Ronnie Lessa tinha sido revelada por denúncia anônima no dia 15 de outubro, informando que o "ex-policial conhecido como Lessa, apelidado de Perneta", era o autor do duplo homicídio. Segundo a testemunha anônima, ele teria saído do restaurante Tamborill, no Quebra-Mar, para praticar o crime, e recebido 200 mil reais. A partir dessas pistas frágeis, teve início a coleta de provas para confirmar as suspeitas sobre a presença de Lessa no carro e a participação de Élcio de Queiroz como motorista. Os dois foram presos no dia 12 de março do ano seguinte, 2019.

O chefe da Polícia Civil, Rivaldo Barbosa, acusado por Curicica de organizar o pagamento de propinas para que homicídios não fossem investigados, sempre negou as acusações. Giniton Lages também era enfático em garantir o compromisso de Barbosa com a elucidação do caso. Os dois alegavam que Curicica tinha interesse em prejudicá-los para desqualificar as acusações de que ele próprio era alvo. Mesmo assim, logo depois de apontados os nomes dos executores, Lages foi removido do caso. Sob nova direção, do delegado Daniel Rosa, os investigadores teriam que ir para as ruas e recuperar o tempo perdido, correr atrás de provas que pudessem condenar os dois que participaram da execução de Marielle e Anderson no Tribunal do Júri.

Seria preciso identificar a posição dos celulares captada pelas antenas no dia do crime, conferir a pesquisa de Lessa sobre a agenda de Marielle nos dias anteriores ao crime, comparar a tatuagem do atirador capturada por uma das câmeras de rua com a do acusado, saber mais sobre o carro clonado e suas rotas, localizar as armas do crime jogadas no mar. No Presídio Federal de Porto Velho, os acusados Ronnie Lessa e Élcio de Queiroz negavam com veemência sua participação no crime, apresentando álibis e justificativas para as pesquisas que fizeram na agenda de Marielle e para outras acusações. A polícia e os promotores, no entanto, acumulavam indícios contundentes contra eles.

Ainda faltava, porém, encarar o principal desafio da investigação. Mais de dois anos depois do crime, duas grandes perguntas sobre o caso permaneciam em aberto: quem havia mandado matar Marielle? E por quê? Dado o quadro de degradação moral dos possíveis envolvidos e a dimensão da rede em que atuavam, o rol de perfis suspeitos era imenso. O primeiro nome foi apontado pela Procuradoria-Geral da República, em setembro de 2019, um dia antes de Raquel Dodge deixar a chefia da instituição. Era Domingos Brazão, ex-vereador, ex-deputado estadual e conselheiro afastado do Tribunal de Contas do Estado (TCE). O nome de Brazão havia aparecido no inquérito em que a PF investigara por quase um ano a armação contra Curicica e o vereador Marcello Siciliano. Mesmo fora do caso Marielle, a PF investigou a farsa, apostando que através dela poderia chegar ao mandante.

De acordo com a Polícia Federal, o conselheiro Domingos Brazão teria ajudado a denunciar os falsos autores para que pudesse permanecer impune da autoria dos assassinatos de Marielle e Anderson. A armação teria começado com um funcionário de seu gabinete no TCE, o policial federal aposentado Gilberto Ribeiro da Costa. Costa teria apresentado o miliciano Rodrigo Ferreira, o Ferreirinha, ao delegado federal Hélio Khristian, que tomou o depoimento mentiroso. A advogada de Ferreirinha, Camila Nogueira, teria ajudado o grupo. Brazão e os quatro foram denunciados pela Procuradoria-Geral da República ao Superior Tribunal de Justiça (STJ). Raquel Dodge pediu a federalização da investigação que apontava Brazão como mandante do crime, porém o pedido foi negado pelo STJ em maio de 2020.

A prova mais importante de que Brazão era o mentor da trama do duplo homicídio foi a gravação de uma conversa entre Siciliano e o presidente da associação de moradores de Rio das Pedras, Jorge Alberto Moreth, o Beto Bomba. No áudio, eles falaram sobre os supostos responsáveis pelo crime. Os diálogos, registrados em 8 de fevereiro de 2019, onze meses depois do assassinato de Marielle e Anderson, estavam gravados no celular de Siciliano, apreendido pelos policiais federais. Na época, Siciliano e Curicica eram considerados os principais suspeitos do crime. Durante a conversa, Siciliano perguntou a Beto Bomba quem tinha mandado matar Marielle e recebeu a resposta de bate-pronto, com detalhes. De repente, a história, que até então era um segredo inacessível, escondido por quase um ano, começou a ser contada sem constrangimento em um telefone suspeito de estar grampeado por aqueles que sabem como funciona uma investigação. Ou então começou a ser construída a versão que ambos desejavam levar às autoridades e ao público.

No telefonema, Bomba disse: "Lembra os caras que pegaram o Pereira [sargento miliciano Geraldo Antônio Pereira], o Nadinho [Josinaldo Francisco da Cruz]? É o mesmo grupo.

Sabe disso, né?". Siciliano se mostrou por dentro dos boatos: "É o que falam, né? É o Escritório do Crime, né?". Na época desse diálogo, a operação Os Intocáveis, contra o grupo de matadores, já havia se tornado pública. Beto Bomba confirmou a participação do Escritório. "[...] É verdade, pô. Agora, essa parada de Marielle aqui, nós, ninguém, papo de homem, conhece nem conhece, não sabia nem que essa mulher existia na vida." Bomba seguiu com a história que tentava inocentar a si e parte de seus amigos. "Só que o sr. Brazão veio aqui fazer um pedido para um dos nossos aqui, que fez contato com o pessoal do Escritório do Crime, fora do [capitão] Adriano, sem consentimento do Adriano. Os moleques foram lá, montaram uma cabrazinha, fizeram o trabalho de casa, tudo bonitinho, bá-bá-bá, escoltaram, esperaram, pá-pá-pá, pá-pá-pá pum. Foram lá e tacaram fogo nela [Marielle]. Depois do trabalho de casa sendo feito, o seu Brazão fez o outro trabalho, que é o Disque-Denúncia e plantar um cara para jogar nas suas costas."

Siciliano questionou o interlocutor. "É, mas se prenderem o Adriano, o Adriano vai falar, né, irmão? Você acha que o Adriano vai..." Antes de acabar a frase, ele foi cortado pelo miliciano de Rio das Pedras: "O Adriano não tem nada a ver com isso. O Adriano morre e não fala, chefe. E não acham o Adriano, se sair um mandado de prisão pro Adriano, eles não acham nunca". Beto Bomba, então, falou do valor que Brazão teria pagado aos assassinos: "Aí o que acontece? Saiu essa parada. Ele [Brazão] foi e fez esse contato. O bagulhinho foi quinhentos contos, irmão. Quinhentos cruzeiros". Siciliano perguntou: "Mas qual motivo, irmão?". A resposta de Beto Bomba foi: "Ô chefe, aí eu não sei qual o motivo do sr. Brazão com ela, não sei mesmo, de coração. Mas algum problema eles tinham, entre eles dois". Siciliano, como quem não queria nada, levantou uma hipótese que vinha sendo discutida entre os investigadores da Homicídios. "Eles chegaram a falar que foi por causa do MDB, né, cara? Que foi por causa do [Jorge] Picciani,

Paulo Melo, [Edson] Albertassi, que ele teria contratado." Beto Bomba confirmou e implicou um nome que ainda não tinha entrado na história: "Então. Picciani, o papo veio que foi a pedido de Picciani, pra Brazão, e Brazão chegou em quem de direito e aí foram fazendo o cerco, cê entendeu?".

Beto Bomba seguiu sem freios na língua e disse a Siciliano que sabia o nome dos "três moleques" que tinham feito o serviço. "Vou te falar aqui pra gente aqui, hein?, chefe, morre aqui, hein? Mad, Macaquinho, que está foragido, e Leleo. E tinha uma guarida do... e tinha uma guarida do... tinham uma guarida de um oficial dando suporte para eles, se eles tomassem um bote no meio do caminho, que é o Ronald, que ia soltar, salvar os moleques, mas isso é a pedido do malandragem, do sr. Brazão, tudo isso saiu do sr. Brazão..." Depois, Bomba citou também o nome de Fininho (Marcus Vinícius Reis dos Santos) como responsável por colocar Brazão em contato com o Escritório do Crime.

Apesar das frases assertivas de Bomba, havia razões para pôr em dúvida os fatos relatados na conversa. Siciliano era suspeito de ter mandado matar Marielle e precisava desviar o foco de si; Beto Bomba estava foragido da Justiça havia duas semanas, por ser alvo da operação Os Intocáveis, que em 22 de janeiro de 2019 atingira o coração da milícia de Rio das Pedras. Ele era uma figura suspeita, já havia manipulado investigações, como em 2008 e 2009, na tentativa de assassinato de duas pessoas: Maria do Socorro, mulher do miliciano Félix Tostes; e Nadinho, cujo assassinato foi consumado pouco tempo depois do atentado. A investigação dessas duas ocorrências não deu em nada, apesar de indícios apontarem para Bomba e seus colegas milicianos. Os ataques a Maria do Socorro e a Nadinho marcaram a ascensão da organização comandada pelo capitão Adriano; com a participação de Bomba, o grupo passou a apostar na grilagem e na verticalização de imóveis em Rio das Pedras e Muzema.

No diálogo gravado com Siciliano, Beto Bomba se esforçou para inocentar o capitão Adriano. Bomba foi preso em maio de

2019, quatro meses depois da operação Os Intocáveis. Adriano permaneceu mais de um ano foragido, até ser morto, em fevereiro de 2020, numa controversa operação policial na Bahia. Já o major Ronald, segundo na hierarquia de Rio das Pedras e que, pelo diálogo, teria dado cobertura aos assassinos no dia da execução, foi preso no dia da operação. Em maio foi preso Fininho, apontado por Bomba, na conversa interceptada, como o intermediário entre Brazão e os assassinos.

Os três supostos autores mencionados por Bomba também eram ligados ao Escritório do Crime. Macaquinho (Edmilson Gomes Menezes) e Leleo (Leonardo Luccas Pereira) foram apontados, em denúncias do Ministério Público, como integrantes das milícias do Morro do Fubá. Mad (Leonardo Gouveia da Silva) foi preso em junho de 2020, junto com seu irmão, Leandro Gouvêa da Silva, o Tonhão, acusado de ter assumido a chefia do Escritório do Crime por indicação do capitão Adriano. De acordo com as investigações, Mad estava envolvido em pelo menos mais três homicídios, entre os quais o do empresário Marcelo Diotti da Mata, miliciano que também atuava na exploração de máquinas de caça-níquel em Gardênia Azul. Diotti foi assassinado num restaurante na Barra da Tijuca na mesma noite da morte de Marielle. Ele era marido de MC Samantha, ex-mulher de Cristiano Girão, miliciano que depois seria apontado como suspeito de ser um dos mentores da morte de Marielle. A investigação implicou o capitão Adriano como mandante da morte de Diotti. Mad também participou do assassinato de Haylton Escafura, em junho de 2017, e de Alcebíades Paes Garcia, o Bid, irmão do bicheiro Maninho, em fevereiro de 2020.

O mandante do crime de Marielle, contudo, seguia desconhecido. A acusação contra Brazão e o diálogo gravado entre Beto Bomba e Siciliano pareciam armados para acobertar os reais autores e despistar a opinião pública ou empurrar para as costas de outros as suspeitas que pairavam sobre eles. A frequência com que esse teatro de versões ocorria tornava o caso mais escandaloso.

Foi o que disse Brazão quando interrogado por jornalistas sobre sua participação na morte de Marielle e sobre as acusações contra ele extraídas da conversa entre Bomba e Siciliano. Em *Marielle, o documentário*, produzido pela equipe de jornalismo da TV Globo, depois de negar o assassinato, Brazão fala sobre o áudio: "O pessoal vem conversar no telefone sobre um assunto desses… São bem inocentezinhos, não são? São meninos do jardim da infância. […] Depois disso tudo, das várias buscas e apreensão, o outro também, e resolvem conversar sobre o ocorrido, tirando das costas desses caras e colocando nas costas do outro? Os malandros do [Morro do] Fubá, da Praça Seca? É um teatrinho. Eu que sou mais bobo não posso acreditar nesse teatrinho. Imagina se os delegados da Homicídios e os procuradores vão acreditar… A quem interessa, eu não sei. […] É um teatrinho montado. Se eles quisessem conversar, certamente eles não iam buscar o telefone celular. Foi a tentativa de tentar, entre aspas, fazer a transferência da pica para alguém".

Nascido em Jacarepaguá, Brazão fincou raízes na zona oeste da cidade. Tinha uma carreira longeva no Parlamento do Rio e viu crescer sua influência à medida que as milícias se fortaleciam. Foi eleito pela primeira vez em 1996, para o cargo de vereador. Dois anos depois, elegeu-se deputado estadual e ingressou numa Assembleia Legislativa em que Sérgio Cabral, Jorge Picciani e Paulo Melo se articulavam havia oito anos para receber propinas pela concessão de obras públicas. A força eleitoral de Brazão vinha de sua relação assistencialista com os moradores das comunidades, onde obtinha votos em troca de cestas básicas, cursos e remédios.

Seu poder nos bairros onde atuava era fortalecido por suas ligações com o submundo do crime, mais antigas do que sua amizade com políticos. Em 1987, aos 22 anos, foi preso por homicídio, mas absolvido pela Justiça sob a alegação de legítima defesa. Brazão havia começado no ramo de ferro-velho e de receptação de carros roubados, segundo relato de Ferreirinha aos agentes federais. Sempre teve influência em Rio das Pedras, onde ele, o irmão Chiquinho e o cunhado Pedro conseguiam parte dos votos que garantiam as eleições dos membros de seu clã. Brazão chegou a ter seu mandato de deputado cassado em 2011, por acusações de compra de votos através de seu centro social, mas o retomou na Justiça. De acordo com Curicica, Brazão tinha relacionamento com Jorginho e laços antigos com o Escritório do Crime.

Embora possuísse essa longa ficha corrida, ainda havia dúvidas sobre sua participação no assassinato de Marielle e Anderson. E lacunas a ser preenchidas. Por que matar Marielle justamente quando as Forças Armadas e a imprensa faziam do Rio de Janeiro o centro das atenções do país? Brazão se arriscaria naquele momento? Quem teria tamanho atrevimento? As ligações de Lessa com o bicho e caça-níquel poderiam apontar novos suspeitos? Os negócios de Lessa com Cristiano Girão colocavam o ex-vereador no rol de suspeitos como mandante do crime, motivado pelo desejo de se vingar dos participantes da CPI das Milícias, cujas investigações ajudaram a mandá-lo para a prisão. Os promotores apontariam ainda suspeitas da ligação entre Girão e Lessa em um caso de duplo homicídio ocorrido em junho de 2014, envolvendo disputas na região de Gardênia Azul. As mortes de Marielle e de Diotti, ocorridas no mesmo dia, poderiam ter sido articuladas por grupos que tinham interesses em comum? Mad, do escritório do crime, e Lessa poderiam ter combinado uma operação casada? Capitão Adriano, Girão e Lessa poderiam ter agido em parceria nessa empreitada? Apesar das dúvidas e dos muitos assassinos possíveis e esquemas imagináveis, havia um contraponto nessa história, um político que comprava essa briga havia mais de uma década, com um alvo imaginário desenhado no peito: Marcelo Freixo. Desde que entrou na política e presidira a CPI das Milícias em 2008, causa da prisão de centenas de milicianos, o deputado havia se tornado o antípoda dos adoradores de caveiras.

Enquanto os paramilitares e seus aliados viam na violência um mal necessário para estabelecer a ordem no Rio, Freixo arriscava a vida na defesa de princípios abstratos, como estado de direito, direitos humanos e democracia. O assassinato de Marielle Franco poderia ter sido uma forma de atingi-lo?

No início dos anos 1990, Marcelo Freixo era professor de história e integrava a diretoria do Sindicato dos Professores. Começou a frequentar o sistema penitenciário para coordenar projetos de educação popular para detentos. O contato próximo com a população carcerária fez com que fosse chamado para mediar as rebeliões que começaram a eclodir nos anos 2000. Cabia a Freixo fazer a ponte entre presos rebelados e os policiais do Bope, para evitar tragédias como a do Carandiru, em São Paulo, que, em 1992, terminou com a morte de 111 presos. A presença do ativista nas mediações tornou-se intensa depois de abril de 2002, quando a transferência de Fernandinho Beira-Mar da carceragem da Polícia Federal, em Brasília, para Bangu 1, no Rio, produziu consequências explosivas.

O destino do principal matuto do Comando Vermelho, capturado nas selvas colombianas no ano anterior, havia se tornado pauta central do debate público. No mês seguinte à chegada de Beira-Mar a Bangu 1, em maio de 2002, as paredes do prédio da Secretaria de Direitos Humanos, no centro do Rio, foram alvejadas por dezenas de tiros de fuzil. Dois cartazes com assinatura do CV e ameaças ao governo foram afixados em frente ao prédio. As suspeitas sempre se voltavam para Bangu 1. Ainda naquele mês, escutas do Ministério Público Estadual indicaram que Beira-Mar tinha comprado um míssil Stinger e negociado drogas de dentro do presídio, considerado a principal unidade de segurança máxima do Rio de Janeiro.

No começo da tarde do dia 12 de setembro de 2002, Marcelo Freixo foi chamado para mediar a rebelião deflagrada por uma das maiores inimizades do submundo do crime do Rio.

De um lado, Uê, o assassino de Orlando Jogador e líder da Amigos dos Amigos; de outro, os antigos parceiros de Jogador, Marcinho VP e Fernandinho Beira-Mar, sequiosos de vingança para lavar a honra do CV. O rastilho foi aceso quando Marcinho VP recebeu a informação de que Uê tinha subornado um carcereiro para conseguir as chaves de Bangu 1 e exterminar os integrantes do CV — os presos de facções rivais ficavam em alas diferentes. Marcinho VP ofereceu um valor maior para o mesmo funcionário e ganhou o leilão. Essa foi uma das versões contadas pelos presos. A ideia do grupo era fugir do presídio de segurança máxima, mas quando os rebelados estavam no pátio, indo em direção à porta, foram flagrados por agentes do Serviço de Operações Externas. Diante da impossibilidade de fuga, os presos do CV voltaram ao prédio e partiram com armas e bombas para cima dos detentos da facção rival. Uê, o inimigo de Marcinho e de Beira-Mar, morreu a tiros e depois teve o corpo queimado por um colchão em chamas. Outros três detentos da mesma facção foram mortos pelos rebelados. Conversei com um preso que presenciou o evento e disse que Beira-Mar não participou do ataque. Para evitar o ingresso da Tropa de Choque, os presos fizeram oito reféns. Marcelo Freixo, que passava o dia de folga com a família, foi acionado: policiais do Bope foram buscá-lo em casa para ele fazer a mediação.

A negociação durou cerca de dezoito horas. O ativista dispensou o colete à prova de balas não só para conquistar a confiança dos presos, mas também para evitar ações afoitas do Choque. Ao entrar, logo avistou entre os reféns um carcereiro amarrado a um botijão de gás. Era um funcionário que costumava receber o professor de história com provocações sobre a defesa dos "direitos de bandidos" e considerado truculento pelos presos. Enquanto as negociações se desenrolavam, conversando com os presos pelas grades, Freixo exigiu que o carcereiro fosse o primeiro refém a ser libertado. Em caso de confusão, o mediador avaliou, aquela seria a vítima preferencial dos detentos. Os presos se recusaram a soltá-lo e ofereceram outros nomes, mas Freixo ameaçou deixar a negociação. Os rebelados cederam e libertaram o refém antes dos outros. A rebelião acabou sem que nenhum refém morresse.

A abertura e a flexibilidade de Freixo para dialogar com os diversos lados o levou para a política. Em 2006, ele se candidatou, pelo PSOL, à Assembleia Legislativa do Rio, num movimento raro no campo da esquerda, em geral esquivo à bandeira da segurança pública. Em julho de 2006, quando Freixo começava a buscar votos, seu irmão mais novo, Renato, foi assassinado. Renato era síndico de um condomínio em Niterói e tinha recebido ameaças por ter substituído um grupo de policiais militares que faziam a segurança no local. Na noite do crime, dois homens em uma moto interceptaram o carro de Renato na entrada do condomínio e o executaram. Sua mulher recebeu um tiro no ombro, mas sobreviveu. A Polícia Civil do Rio demorou catorze anos para concluir o inquérito e chegar aos suspeitos: um ex-policial e dois policiais militares que tinham sido demitidos da empresa de segurança do condomínio. Freixo quase desistiu de concorrer depois da morte do irmão, mas foi convencido a continuar. Passou raspando e conquistou a última vaga entre as setenta cadeiras da Assembleia.

Em seu terceiro dia como deputado, Freixo apresentou o pedido de CPI das Milícias, para deboche dos colegas — alguns deles milicianos —, que se sentiam intocáveis e se divertiram com a ingenuidade do novato. Quando a CPI foi aprovada um ano e meio depois, Freixo deixou de fora o caso do assassinato de seu irmão, para que ninguém o acusasse de agir por motivações pessoais. Apesar da revolta, avaliou que era fundamental não misturar o público com o privado.

Ainda em 2006, o candidato ganhou o apoio de um núcleo de jovens ativistas do Complexo da Maré e, uma vez eleito deputado, ofereceu ao grupo duas vagas de assessor em seu gabinete. A primeira indicada pelos jovens foi uma jornalista e comunicadora popular de 24 anos chamada Renata Souza, que em 2018 se elegeria deputada estadual e, dois anos depois, seria a candidata do PSOL à prefeitura do Rio. A segunda, uma socióloga chamada Marielle Franco. Ela tinha apenas 27 anos, mas acumulava experiências nos campos pessoal e profissional. Trabalhou como camelô, pertenceu a pastorais da Igreja católica e foi dançarina da equipe de funk Furacão 2000. Estudou em cursinhos populares, entrou na faculdade de ciências sociais da PUC-Rio, com bolsa do Prouni, e depois partiu para o mestrado em administração pública na Universidade Federal Fluminense. Aos dezenove anos, tornou-se mãe de uma menina, Luyara. Em 2000, passou a militar pelos direitos humanos depois de perder uma amiga assassinada em um tiroteio entre traficantes e policiais. Em 2002, separou-se do marido, levantou a bandeira LGBT e se apaixonou por sua futura companheira, Mônica Benício. Marielle trabalhou por dez anos no gabinete de Freixo, ajudando familiares de vítimas de violência, desde moradores de favelas até familiares de trabalhadores da polícia. Deixou o posto em 2016, ano em que se elegeu vereadora pelo PSOL.

Com uma competente equipe de assessores e a visibilidade da CPI das Milícias, Freixo ganhou protagonismo entre as lideranças de esquerda do Rio. Se em 2007 ele tinha conseguido pouco mais de 13 mil votos, quatro anos depois sua base de eleitores cresceu de forma exponencial. Em 2010, foi o segundo deputado estadual mais votado, com o apoio de mais de 177 mil eleitores, fama que se ampliou com o sucesso, naquele ano, do filme *Tropa de Elite 2*, de José Padilha. O personagem Diogo Fraga, um professor de história que se torna deputado e preside uma CPI contra as milícias, foi inspirado em Freixo. A cena que abre o filme se baseia em sua experiência como mediador na rebelião de Bangu 1 em 2002. O herói da saga, no entanto, é o carismático Capitão Nascimento, policial violento e incorruptível cujos métodos truculentos levaram plateias ao delírio.

Uma década depois da CPI das Milícias, além das inúmeras prisões, pelo menos 53 milicianos citados no relatório final tinham sido assassinados.[5] Uma das vítimas, o vereador Josinaldo Francisco da Cruz, o Nadinho de Rio das Pedras, foi executado por três encapuzados quando saía de sua casa em um condomínio de luxo em Jacarepaguá. Ele estava marcado para morrer. Seis meses antes, já tinha sido vítima de um atentado. Durante um depoimento secreto na CPI, Nadinho chegou a se despedir do deputado Marcelo Freixo, porque sabia que seria morto. "Essa é nossa despedida, porque serei assassinado", disse. Freixo lhe ofereceu proteção policial, mas Nadinho recusou. Mesmo premeditado, o assassinato do vereador caiu no limbo da Divisão de Homicídios do Rio.

A situação do estado do Rio, que já era ruim, piorou com a prisão do governador Sérgio Cabral Filho e as sucessivas crises políticas e econômicas que se abateram sobre o Rio de Janeiro e o Brasil. Facções de diferentes bandeiras e milicianos de diversos territórios se agitaram diante do vácuo de poder. As confusões tiveram início com a sucessão de escândalos revelados na esteira da operação Lava Jato. Em março de 2017, a operação Quinto do Ouro, realizada com base em delações de executivos da Andrade Gutierrez, prendeu temporariamente cinco dos sete conselheiros do Tribunal de Contas do Estado, entre eles o presidente, Aloysio Neves; o filho do ex-governador Marcello Alencar, Marco Antônio Alencar; e Domingos Brazão.

O primeiro a ser acusado pelos empresários na delação foi um sexto conselheiro, Jonas Lopes, apontado como o organizador da caixinha de propinas no Tribunal que dava o aval a obras públicas superfaturadas. Lopes, no entanto, fez acordo de delação premiada e se licenciou do cargo para entregar os colegas.

Segundo afirmou, os conselheiros cobravam propinas de até 20% nos contratos públicos — mesmo percentual que a Coroa Portuguesa cobrava pela extração de ouro no Brasil no século XVIII, o que inspirou o nome da operação Quinto do Ouro. Depois de soltos, a Justiça determinou que os cinco conselheiros deveriam seguir afastados dos cargos até o julgamento da ação. Temendo represálias, Jonas Lopes deixou o país com a família, se aposentou e cumpriu prisão domiciliar. Restou apenas uma conselheira no TCE, a corregedora Marianna Montebello Willeman, que não tinha como votar e tomar decisões sozinha, atravancando, desse modo, a administração do órgão.

Diante da situação inusitada, era preciso indicar pelo menos três novos conselheiros para que houvesse quórum e legalidade nas decisões. Como o escândalo da Quinto do Ouro tinha apontado os vícios das indicações políticas no Tribunal, era preciso escolher técnicos de carreira como conselheiros. Três nomes foram indicados. Nos dias que antecederam a escolha, eles foram vistos andando pelos corredores do Parlamento estadual, em conversa com deputados. Passado algum tempo, os três desistiram de concorrer ao cargo vitalício, com salário elevado e diversas mordomias. Para substituí-los, sem nenhum constrangimento o então governador Luiz Fernando Pezão indicou o líder do governo na Casa, o deputado Edson Albertassi. Freixo pediu para subir à tribuna do Parlamento e protestar contra a indicação política. "Eu era como o time do América. Todo mundo apoiava, dizia 'muito bem, belo discurso', porque sabiam que eu não ia ganhar."

No caso de Albertassi, contudo, foi diferente. Ele se aproximou de Freixo e pediu que ele não se manifestasse na tribuna. "Eu falei em todos os casos. Vou falar agora também", Freixo respondeu. "Posso pedir um favor?", disse Albertassi. "O senhor marca uma reunião na semana que vem para que eu possa explicar para a bancada do PSOL os motivos da minha indicação?" Mas não houve tempo para que a reunião fosse marcada.

Depois do discurso, Freixo recebeu o telefonema de um procurador federal da Lava Jato. "A gente precisa falar com o senhor. Podemos nos encontrar?" No encontro, ocorrido naquela mesma noite, os procuradores mostraram preocupação com a possibilidade de Albertassi assumir o cargo. "Quando ele vai tomar posse? Pode ser que seja agora? Vai ser no fim de semana?" A ansiedade dos procuradores tinha explicação: uma grande operação estava para ser deflagrada. Se Albertassi assumisse a vaga no TCE, ganharia foro privilegiado e a operação teria que ser abortada. No dia 14 de novembro de 2017, foi desencadeada a operação Cadeia Velha, com dez mandados de prisão, conduções coercitivas, buscas e apreensões que atingiram em cheio um esquema de propina da Assembleia: a "caixinha da Fetranspor". Segundo a denúncia, empresários ligados à Federação de Transporte de Passageiros compravam deputados para obter votos favoráveis na Assembleia aos projetos que beneficiavam o setor.

O esquema teria começado em 1991, com um trio de deputados eleitos naquele ano: Sérgio Cabral, Jorge Picciani e Paulo Melo. Cabral foi presidente da Casa até a eleição para o Senado em 2002, quando passou o trono para o parceiro Picciani. Depois de 2007, Paulo Melo foi o líder do governo Cabral na Assembleia. Além de Melo e Picciani, a operação Cadeia Velha prendeu Edson Albertassi, três empresários do setor de transporte e sete supostos operadores do esquema, entre eles Felipe Picciani, filho do presidente da Assembleia. A revelação desse e de outros desmandos ajudou a entender melhor o processo de fortalecimento dos milicianos e suas interconexões com outros esquemas criminosos.

O trio de deputados articulava as indicações do TCE, que aprovava os contratos superfaturados. O conselheiro Brazão, por exemplo, tinha sido indicado em 2015 por Paulo Melo. A falta de fiscalização produzia serviços públicos de péssima qualidade. As mesadas pagas por empresários de ônibus, por exemplo, faziam com que a população dos subúrbios ficasse desassistida e sem transporte público, abrindo caminho para as empresas de vans ganharem mercado, em sociedade com paramilitares. Era apenas uma das pernas dessas quadrilhas, cujos interesses se interligavam. A dilapidação do Estado, ao mesmo tempo que enriquecia os políticos, incentivava a prestação de serviços alternativos por quadrilhas criminosas, que substituíam um Estado corrupto e em bancarrota.

A hipótese de que o assassinato de Marielle pudesse ser uma retaliação contra Marcelo Freixo, planejada pelos envolvidos nas operações Quinto de Ouro e Cadeia Velha, era uma das possibilidades consideradas pelos investigadores. A conversa suspeita entre Siciliano e Beto Bomba citava um suposto pedido feito por Picciani a Domingos Brazão para contratar o Escritório do Crime. Os acusados negavam. Muitas acusações de fato podiam ser injustas. Picciani, por exemplo, que havia se envolvido em esquemas de desvios, nunca tinha sido acusado de assassinato. Mas a lentidão na descoberta do mandante da morte de Marielle abria espaço para teses diversionistas. Ao mesmo tempo, tamanha era a promiscuidade na relação entre assassinos, paramilitares e parte da elite política que nenhuma suspeita devia ser deixada de lado.

Perguntei à promotora Simone Sibílio, do Gaeco, qual o principal desafio na investigação do caso Marielle. A grande dificuldade, segundo ela, era o fato de os envolvidos estarem ligados à polícia e conhecerem por dentro os atalhos para atrapalhar ou despistar uma apuração. Além de evitarem celulares, imagens de vídeo, testemunhas, as quadrilhas trabalhavam com contrainformação, plantando pistas falsas para implicar rivais. O próprio Curicica, que dera um testemunho importante, também mentiu, tentando incriminar os inimigos. Jorginho e Brazão, por exemplo, eram dois rivais seus. Todo cuidado era pouco.

O promotor Luiz Antônio Ayres me disse a mesma coisa. Por serem policiais, eles pensam com a cabeça dos investigadores e conseguem evitar rastros. Ele citou um exemplo da criatividade dos paramilitares de Campo Grande e Santa Cruz para impedir a formação de provas. Depois que os promotores começaram a encontrar covas clandestinas com os corpos de vítimas, os milicianos passaram a enterrar os cadáveres em cemitérios públicos, ao lado de outros mortos. Optaram por essa tática por saberem que as autoridades dificilmente concederiam permissão para uma grande escavação que causasse transtornos a tantas famílias.

No decorrer da apuração, montei minha lista de suspeitos. O principal caminho, conforme a investigação se afunilava, era partir das conexões de Ronnie Lessa e Élcio de Queiroz para tentar chegar aos mandantes ou parceiros. Lessa era um nome importante no crime, e a decisão de matar Marielle poderia ter partido de um contratante ou da rede da qual ele fazia parte. As conexões do sargento, contudo, eram diversas. Mesmo sendo um matador avulso, mantinha contatos com o Escritório do Crime e com milicianos de Muzema, ligados ao capitão Adriano. Lessa também se relacionava ou tinha bons contatos com figurões, como Rogério de Andrade e Domingos Brazão. Para complicar, tinha convicções políticas firmes e um ódio visceral à esquerda. Em geral, suas amizades pareciam ter origem nas mais obscuras profundezas da *deep web*. Essa turma, no entanto, longe de se manter invisível atrás de um computador, era ativa no mundo do crime fluminense: dominava territórios, comprava carros importados, mansões, lanchas, geria casas de jogos clandestinas, bebia Chandon na praia e se achava dona do Rio. Para chegar à autoria, também era importante entender as motivações. Seriam políticas, para atrapalhar a intervenção? Seriam uma tentativa de tumultuar o ambiente e provocar uma ação militar mais ampla e rigorosa? Estariam vinculadas a grupos poderosos que mandam no estado há anos? Ou estariam ligadas apenas às questões práticas das quadrilhas paramilitares, como lucro e risco de prisão?

Apesar de muitas perguntas permanecerem no ar, o caso Marielle evidenciou uma realidade incômoda: a omissão da Divisão de Homicídios na elucidação de diversos assassinatos, ao longo de pelo menos uma década, foi fundamental para que os criminosos pudessem agir sem medo, com a certeza de permanecerem impunes.

No meio desse turbilhão, no fim de 2018 o deputado Marcelo Freixo se elegeu deputado federal, o que o levou a deixar o Rio e a Assembleia Legislativa. Era necessário respirar outros ares e debater assuntos nacionais. Mas não havia motivos para celebrar, nem mesmo pelos 342 mil votos conquistados, a segunda maior votação do estado. Junto com Freixo, mudava-se para Brasília, mais especificamente para o Palácio do Planalto, um aliado do chefe do principal grupo de assassinos em atividade no Rio de Janeiro.

Jair Bolsonaro, que durante anos tinha apoiado o capitão Adriano Magalhães da Nóbrega (em discursos e com cargos a seus familiares), tornou-se presidente da República. Seu filho Flávio Bolsonaro, que garantiu emprego para a mãe e a ex-mulher de Adriano em seu gabinete, foi eleito senador. Freixo ainda teria que compartilhar as cadeiras do Congresso Nacional com Chiquinho Brazão, irmão de Domingos, apontado pela PGR como suspeito de matar Marielle. Outros simpatizantes das milícias foram eleitos, como o deputado Daniel Silveira, que ganhou notoriedade ao quebrar uma placa com o nome de Marielle Franco durante a campanha. Wilson Witzel se elegeu governador do Rio com a mesma plataforma em defesa da violência policial e da guerra ao crime. Havia algo errado com boa parte dos brasileiros. A esperança de um projeto coletivo parecia ter desaparecido e a população começava a apostar em defensores do extermínio como solução para o Brasil.

7.
As milícias 5G e o novo inimigo em comum

O capitão Adriano da Nóbrega tinha boas conexões dentro e fora do crime. Um desses elos era Antônio Eugênio de Souza Freitas, o Batoré. Matador e narcomiliciano, Batoré cultivava diversos contatos, como a parceria com o traficante Fernando Gomes de Freitas, o Fernandinho Guarabu, do Terceiro Comando Puro (TCP), chefe no Morro do Dendê. Guarabu sustentava com arregos os policiais do batalhão que deveriam vigiá-lo. O traficante era evangélico fervoroso. A trajetória dessas figuras, com suas conexões variadas, ajuda a enxergar como foram costuradas as diversas pontas de uma rede proeminente no submundo criminal do Rio de Janeiro. Estabelecer alianças capazes de direcionar os negócios, mediar o convívio entre concorrentes e forjar um ideal comum são pressupostos para sobreviver na rica e conflagrada economia criminal fluminense. A missão não é simples, considerando as décadas de disputas entre facções e organizações de diferentes bandeiras e cores. Esse objetivo começou a se solidificar quando paramilitares, policiais, governantes e traficantes uniram-se contra um mesmo inimigo, o Comando Vermelho.

A cena criminosa se profissionaliza e prospera quando seus atores conseguem reduzir os custos dos negócios pela redução da violência. A ausência de conflitos e o respeito a normas de relacionamento garantem previsibilidade e capacidade de planejamento. Para alcançar esse estágio, o mercado ilegal precisa ser mediado por um ou vários grupos capazes de criar e controlar as regras.

No mundo do crime paulista, o PCC conseguiu exercer esse papel de agência reguladora, fazendo a mediação de conflitos entre os participantes, criando protocolos comerciais, regras de convívio e punição para aqueles que as desrespeitassem. A regulação permitiu aos integrantes do grupo ampliar seus negócios e lucros, alcançando o mercado atacadista de drogas e armas nas fronteiras do continente, para assim poderem distribuir mercadorias para varejistas em diversos estados brasileiros. O PCC, em vez de controlar os territórios das periferias paulistas para ali exercer seu poder, impôs seu domínio ao cotidiano de mais de 150 presídios, por onde mais de 1 milhão de criminosos já passaram ao longo de 25 anos. Com o domínio do sistema prisional, quem desrespeitasse interesses criminosos coletivos teria que prestar contas quando fosse preso — com punições que implicavam penas em piores condições nas celas e prisões reservadas aos inimigos.

No Rio de Janeiro, os patriarcas do jogo do bicho se articularam no Clube Barão de Drummond, dividindo os mercados do jogo e caça-níquel, com a participação e a conivência dos policiais. Um movimento como esse era mais complicado no mercado das drogas, fortemente vinculado a territórios. A partir dos anos 2000, os donos de morros, armados com fuzis e munições de grosso calibre, distribuídos entre facções, viveram competição acirrada com a chegada das milícias, mais uma facção a disputar terreno. Como organizar esse caos entre centenas de reinos em disputa? Muito sangue seria derramado até que começasse a surgir uma solução para governar o mundo do crime fluminense.

Os conflitos fratricidas fragilizavam a todos. Alianças improváveis se tornavam cada vez mais comuns, lideradas por paramilitares e policiais, que definiram os rumos desse mercado criminal. O capitão Adriano da Nóbrega, por exemplo, depois de se tornar pistoleiro de luxo do jogo do bicho em 2004 e 2005, se aproximou das milícias de Rio das Pedras, onde coordenava grilagens e construção de edifícios ilegais, negócios que resultariam em desabamentos e mortes em Muzema. Segundo Orlando Curicica, Adriano também passou a atuar em jogos de azar depois que recebeu de Luizinho Drummond áreas para administrar na zona norte da cidade. A manutenção do poder em ramos criminais variados se apoiava em serviços de um grupo de matadores especializados, atividade que o capitão aprimorou graças a técnicas aprendidas no Bope.

Um dos companheiros de Adriano nesse núcleo especializado era João André Martins, que agia com o capitão desde os tempos dos conflitos do bicho. Adriano e João foram expulsos da Polícia Militar em 2014 por ligações com a contravenção. O terceiro componente da gangue de matadores era Batoré, que formava o núcleo inicial dos assassinos que integravam o Escritório do Crime. Quando policial, antes de se bandear de vez para o crime, Batoré se envolvia em contravenções na PM, como desvio de armas adquiridas nas operações de morro. Em 2005, foi expulso ao ser flagrado tentando vender três fuzis para o traficante Fernandinho Guarabu. Fora da corporação, Batoré passou a atuar com milicianos da Liga da Justiça em Campo Grande e Santa Cruz, na zona oeste. Foi chamado para reorganizar os grupos, fragilizados com as prisões e mortes decorrentes da CPI das Milícias. Na outra frente de atuação, o Escritório do Crime, Batoré foi apontado como suspeito, por exemplo, da morte dos milicianos Geraldo Antônio Pereira e Marcos Falcon, e do bicheiro Haylton Escafura.

Havia outros matadores no grupo, como Leonardo Gouveia da Silva, o Mad; Leonardo Luccas Pereira, o Leleo; Diego Luccas Pereira, o Playboy; e Edmilson Gomes Menezes, o Macaquinho, que atuavam por empreitada. Mad foi preso em junho de 2020, acusado de ser o novo chefe do grupo de matadores, depois da morte de Adriano. Os três últimos também eram apontados como chefes da milícia que controlava as comunidades do Morro da Barão, Chacrinha, Fubá, Jordão e Campinho, na região da Praça Seca, na zona oeste. Desde seu surgimento, as milícias criaram grupos de matadores para atuar na linha de frente dos conflitos. O núcleo do capitão Adriano, no entanto, havia elevado os assassinatos a um novo patamar, graças à técnica apurada de seus integrantes e à influência que exerciam no setor de investigação da Divisão de Homicídios, facilitada pela boa relação dos matadores com os bicheiros.

De olho nos lucros criminais, a extensão dos negócios da rede não tinha preconceitos, chegando ao superlucrativo mercado de drogas. Batoré, que já tinha vínculos com milicianos e matadores de Rio das Pedras e da Praça Seca, passou a ganhar dinheiro, sobretudo, por meio de sua parceria com o tráfico no Morro do Dendê, na Ilha do Governador. Tornou-se um dos parceiros mais próximos de Guarabu, chegando ao posto de número dois. Na narcomilícia do Dendê, cabia a Batoré coordenar as linhas de cerca de trezentas vans que circulavam na Ilha do Governador e cobrar as taxas dos motoristas. Policiais militares ainda pagavam pedágio ao grupo pela exclusividade da venda de gás na comunidade. Segundo investigações, Guarabu e Batoré também financiavam os arregos dos policiais do 17º Batalhão. Em decorrência das investigações sobre o esquema de vans e propinas em 2017, Batoré ficou preso por um mês, mas foi solto. Teve prisão novamente decretada, porém já havia sumido e se tornado foragido.

O Morro do Dendê era considerado estratégico para o mercado de drogas e de armas por seu acesso privilegiado à Baía de Guanabara e aos carregamentos vindos de barcos e navios. Fernandinho Guarabu, o sócio de Batoré, era o chefe do morro desde 2004, quando tomou a comunidade do traficante Marcelo Soares de Medeiros, o Marcelo PQD. O apelido PQD fazia referência à passagem do traficante pela divisão de paraquedistas do Exército. Foi dispensado das Forças Armadas em 1997, quando se aproximou do tráfico na condição de fornecedor de armamentos, forma recorrente de parceria nas trajetórias criminais do Rio. Preso em 2000 por porte de armas de uso restrito das Forças Armadas, PQD ficou em Bangu 1, mas foi poupado da rebelião de 2002 liderada por Marcinho VP e Beira--Mar. Deixou o TCP para se aliar ao Comando Vermelho.

Por causa da mudança de facção, Guarabu, antigo aliado de PQD, decidiu dar o golpe e assumir o comando do morro sob a bandeira do TCP. Guarabu precisava de capacidade de articulação para manter o território sob controle, considerando as habilidades técnicas do inimigo deposto. Em 2007, PQD tentou retomar o Dendê com a ajuda de ex-paraquedistas que treinavam traficantes do CV no Complexo do Alemão, mas foi preso antes do confronto. A proximidade de Guarabu com policiais e milicianos garantia a estabilidade do grupo na região. Diplomático, ele sabia que a violência não bastava. Apesar de diversos mandados de prisão, o novo chefe do Dendê não foi incomodado durante quinze anos e se tornou um dos principais nomes do tráfico no Rio.

Guarabu foi precursor de um modelo que se espalhou por outros bairros — a União 5.3 (referência à sigla das milícias 5M e do Terceiro Comando Puro), entre tráfico e milícia. Guarabu prezava o assistencialismo e a boa relação com a comunidade. Dava um sentido metafísico à sua luta. Era um "bandido de Cristo". Evangélico desde 2006, frequentava a Assembleia de Deus Ministério Monte Sinai, colecionava Bíblias, mandava pintar muros com frases religiosas e tinha o nome de Jesus Cristo tatuado no antebraço direito. Também impedia a exibição de conteúdos pornográficos no gatonet local. Expulsou da favela fiéis de religiões de matrizes africanas e fechou dez terreiros na região. Procedimento semelhante era seguido por outros chefes do tráfico do Rio, principalmente do TCP.

A religiosidade ajudava alguns criminosos a justificar atos de violência como um mal necessário. A guerra era moralmente justificada, feita em nome de algo que eles acreditavam representar o bem. Esse tipo de moralismo aproximou os traficantes de Cristo dos milicianos. Ambos defendiam ordem no território que governavam, separando o certo do errado e legitimando-se pela punição aos desviantes, mesmo que para isso fossem necessários assassinatos, torturas e desaparecimento de corpos. A principal afinidade, no entanto, era a existência de um inimigo comum: o Comando Vermelho, considerado a representação do mal.

A construção da figura do inimigo oferecia sentido às guerras. Entre os traficantes religiosos, o salmo 91 sempre foi popular. O texto fala de um Deus que funciona como escudo protetor na luta pelo que enxergam como verdade. "Ele te cobrirá com suas penas, e debaixo das suas asas te confiarás; a sua verdade será o teu escudo e broquel. Não terás medo do terror de noite nem da seta que voa de dia; nem da peste que anda na escuridão, nem da mortalidade que assola ao meio-dia. Mil cairão ao teu lado, e dez mil à tua direita, mas não chegará a ti", diz um trecho.

O "Bonde de Jesus", por exemplo, apelido conferido pela imprensa ao grupo de Álvaro Malaquias Santa Rosa, o Peixão, comandava a venda de drogas em Parada de Lucas, Cidade Alta, Vigário Geral e Baixada Fluminense. O grupo reunia bandidos cristãos mergulhados nessa cruzada moralizante de territórios para a venda de drogas. A polícia dizia que Peixão não apenas havia se convertido como tinha se tornado pastor de uma igreja evangélica. Peixão era liderança do TCP e tinha levado o grupo a se expandir para comunidades historicamente ligadas ao CV, como Vigário Geral e Cidade Alta. Nos ataques a terreiros, seu bonde quebrava imagens de orixás, agredia mães e pais de santo e aterrorizava seguidores de religiões de matriz africana.

A religiosidade dos traficantes não era atenuante para a crueldade contra os inimigos. Em maio de 2019, o bonde de Peixão foi acusado de matar sete jovens da comunidade Cinco Bocas, em Brás de Pina, que eles tentaram tomar dos rivais. Na invasão, os agressores usavam roupas pretas e toucas ninja, como nas operações policiais. Durante o ataque, segundo testemunhos, eles gritavam "Polícia!" e "Bonde do Peixão!". Moradores ainda disseram que os corpos dos jovens foram triturados e dados de alimento aos porcos.

A união contra o CV colocou do mesmo lado milicianos, policiais, bicheiros e traficantes. Essa aliança ajudou as forças de segurança a controlar o crime sem prejudicar os negócios da milícia e do tráfico de drogas. Apenas o CV — principal rede de traficantes do Rio — e os moradores dos bairros controlados pela facção saíram perdendo. A estrutura dessa rede era mais importante do que os nomes por trás dos grupos. Alguns podiam ser mortos e presos desde que a aliança continuasse. As aparências deviam ser preservadas e os limites, respeitados. No Morro do Dendê, por exemplo, a condescendência das autoridades com os integrantes do grupo de Guarabu chegou ao fim quando os cabeças da facção ultrapassaram uma dessas fronteiras. Eles mataram o major Alan de Luna Freire, que atuava no setor de Inteligência do 17º Batalhão e investigava o grupo.

O major havia instalado uma câmera na casa onde Guarabu, Batoré e outros integrantes da quadrilha se encontravam, gravando imagens importantes para a investigação sobre drogas e corrupção policial. O oficial foi executado em novembro de 2018, com mais de vinte tiros de fuzil, quando chegava em sua casa em Nova Iguaçu, na Baixada Fluminense. Batoré, o miliciano pistoleiro, foi apontado como suspeito. A polícia perdera o controle do grupo. Não havia mais clima para a relação entre o grupo de Guarabu e os policiais.

Perto das 5h30 de uma manhã de junho de 2019, cerca de cem homens, entre policiais do Bope e do 17º Batalhão, fizeram uma operação no Morro do Dendê para cumprir três dezenas de mandados de prisão. Guarabu e Batoré, que acumulavam anos de informações valiosas sobre a promiscuidade entre o crime e o Estado, foram mortos junto com seus comparsas mais próximos. Segundo a polícia, eles reagiram para não ser presos. O susto foi grande, Marcelo PQD ameaçou invadir o Morro do Dendê, mas o plano foi descoberto pela polícia e abortado. O TCP seguiu no comando nos meses seguintes. O morro continuou reduto de um grupo armado e poderoso, com cerca de duzentos fuzis. Preservar a força desse grupo era importante para evitar o crescimento do CV, presente na comunidade vizinha, a do Barbante, a cerca de sete quilômetros de distância.

A aproximação entre as milícias e o Terceiro Comando Puro começou depois da CPI das Milícias e do avanço das UPPs. A CPI desestruturou os grupos de Rio das Pedras e da Liga da Justiça, porém a chegada de novos aliados vitaminou o poder da rede — o capitão Adriano, com suas conexões no bicho e na polícia, foi uma adesão de peso. As UPPs também desempenharam papel decisivo. Como foram implantadas sobretudo nos territórios do Comando Vermelho, a facção sofreu um baque e precisou se reorganizar. Com a perda de armas e drogas no Alemão, o grupo contraiu dívidas com fornecedores — entre eles, o PCC. Mudanças foram necessárias. O quartel-general da facção teve que deixar o Alemão e migrar para o Complexo do Chapadão, também na zona norte. A dívida elevada se somou à queda nas vendas da droga. Era a oportunidade ideal para os rivais ocuparem espaços de poder.

Tanto para as milícias como para o TCP, havia muito a ganhar com a União 5.3. Agora havia um propósito capaz de organizar os diversos grupos envolvidos no mercado ilegal e informal do Rio, uma economia cada vez mais relevante no estado. A construção da hegemonia de um grupo sobre os demais — nos moldes do que o PCC tinha conseguido em São Paulo — seria o salto necessário para a construção da nova rede 5G, com mais conexões e eficiência. Para os milicianos, seria preciso abandonar a resistência ao comércio de entorpecentes. O tráfico, poderoso e rentável, não podia ser o antagonista do grupo e precisava ser cooptado, desde que as vendas nos territórios fossem regulamentadas. Para a Segurança Pública, esse movimento também ajudava, porque reduzia os conflitos e as taxas de homicídios sem que fosse preciso acabar com antigos negócios. Os arregos continuariam a ser cobrados, mas de criminosos de confiança, que lucrariam mais com o fim dos conflitos. A guerra e seu espólio rentável durariam por um bom tempo, enquanto o CV conseguisse resistir. Mesmo sem um acordo verbal, alianças foram naturalmente se formando entre as partes.

A parceria ampliou a capacidade tática e operacional para invasões de territórios. Drones, coletes à prova de balas, uniformes militares e rádios de comunicação se tornaram artefatos comuns no planejamento desses conflitos, assim como o aprendizado de décadas em operações policiais nas incursões em comunidades, compartilhado com criminosos aliados. Até o aluguel do caveirão — o veículo blindado usado em invasões — para integrantes do TCP invadirem comunidades ligadas ao CV se tornou recorrente.

Investigações apontaram que a invasão da Cidade Alta, por exemplo, realizada por Peixão e seu bando em dezembro de 2016, ocorreu com ajuda de um blindado que teria sido alugado por 1 milhão de reais.[1] Antes da invasão, uma grande operação policial prendeu 45 traficantes do CV e apreendeu 32 fuzis, entre eles modelos potentes e modernos, como AR-10, AR-15, AK-47 e Sig Sauer. A Cidade Alta, considerada um reduto tradicional do CV, caiu sem grande resistência. Em São Gonçalo, numa operação policial feita com o caveirão, imagens registraram um traficante do TCP, Michael Zeferino da Silva, o Jogador, tirando a touca ninja e olhando para a câmera ao lado dos policiais. No mesmo ano, outro escândalo envolveu traficantes do TCP, que posaram para fotos, armados e sem camisa, dentro de um blindado policial.

Também era possível realizar ações casadas. Em abril de 2019, os traficantes da Serrinha invadiram comunidades do

Cajueiro, na zona norte. Na mesma hora, milicianos da região do Fubá atacavam um dos últimos redutos do CV na Praça Seca, a comunidade de Bateau Mouche. O grupo a que pertenciam esses milicianos era liderado por Macaquinho, Leleo e Playboy, comparsas do capitão Adriano da Nóbrega no Escritório do Crime. Para tomar o território, eles receberam ainda o apoio de cinquenta homens de outro grupo, vindo da região de Campo Grande e Santa Cruz, comandado por Wellington da Silva Braga, o Ecko.

Ecko e seus bondes se tornaram a principal frente de expansão das milícias para outros territórios. Ele também inovou nas estratégias de crescimento, fazendo parcerias na Baixada Fluminense e no interior do estado, com negócios semelhantes a franquias, nos quais ele oferecia apoio, segurança armada e contatos políticos aos pequenos, em troca de uma parcela dos lucros.

A CPI das Milícias não acabou com os grupos. Como costumava repetir Marcelo Freixo, os negócios persistiriam se os mercados e as condições que promoviam o lucro dos milicianos continuassem a existir. Foi o que aconteceu. A Liga da Justiça, por exemplo, ganhou novos chefes e mudou a forma de atuar. Houve muitas baixas. Os irmãos Jerominho e Natalino Guimarães foram presos. Em seguida, os ex-policiais militares Ricardo Teixeira da Cruz, o Batman, e Toni Ângelo de Souza assumiram a liderança do grupo. Ambos também acabaram presos e delegaram a chefia da milícia a seus homens de confiança. Mas estes entraram em choque e racharam o grupo. Ricardo Gildes, conhecido por Dentuço e aliado de Batman, foi assassinado por Carlos Alexandre Braga, o Carlinhos Três Pontes, escolhido por Toni, que passou a comandar o grupo.

Três Pontes tinha um perfil diferente de seus antecessores. Era um "pé inchado", termo usado para milicianos que não tinham origem nos quadros policiais. Ele começou como traficante do CV na comunidade Três Pontes, em Santa Cruz, de onde veio seu apelido. Acabou aliciado pelos paramilitares e ajudou seus novos patrões a tomar áreas que pertenciam a antigos colegas do tráfico, ganhando a confiança de Toni Ângelo para se tornar chefe do grupo. Três Pontes tinha amizade com uma liderança do TCP, Carlos José da Silva Fernandes, o Arafat, do Complexo da Pedreira, na zona norte. Nessa sociedade, cargas roubadas pelo tráfico podiam ser guardadas e vendidas nas áreas de milícias. Vans milicianas eram autorizadas a circular no território do tráfico, que também passou a aceitar a venda do gás e do gatonet. O novo modelo se expandiu para comunidades da Baixada Fluminense, como Itaguaí, Seropédica e Nova Iguaçu, levando violência e conflito para fora da capital.

Em Seropédica, em 2015, Três Pontes foi acusado de envolvimento na morte do vereador Luciano Nascimento Batista (PCdoB), conhecido como Luciano DJ, assassinado quando saía de uma casa noturna. No ano seguinte, foi a vez do policial e pré-candidato a vereador Julio Reis ser assassinado na cidade. Ainda em 2016, o grupo foi envolvido na morte do subtenente da polícia militar Manoel Primo Lisboa, apontado como líder da milícia de Cabuçu, em Nova Iguaçu. Entre novembro de 2015 e agosto de 2016, treze candidatos, vereadores e lideranças comunitárias foram assassinados.

O reinado de Três Pontes não durou muito. Ele foi morto em abril de 2017, numa operação da Polícia Civil, que o encontrou na casa da namorada, único local em que ele dispensava seguranças. Mas o novo modelo de negócios teve continuidade pelas mãos de seus dois irmãos: Ecko, que viraria o chefe, e Luís Antonio da Silva Braga, o Zinho, que cuidaria das finanças. A aposta nas parcerias horizontais favoreceu a expansão através do modelo semelhante às franquias, o que rendeu ao grupo de Ecko o apelido de "Firma". As decisões eram descentralizadas, a não ser as mais relevantes, como assassinatos e novas cobranças de taxas, sobre as quais o chefe devia ser consultado. No caso de conflitos, a depender do armamento do opositor, Ecko poderia oferecer homens e armas para proteger aliados. Em outras palavras, a Firma funcionava como uma milícia guarda-chuva, cobrando taxas de proteção dos pequenos milicianos.

A divisão de tarefas também era mais clara, com pessoas encarregadas de cobrança de taxas, instalações piratas de TV, coleta de informações para a quadrilha — dentro da polícia ou nos territórios — e para as áreas financeira e imobiliária. Outros mercados criminais rentáveis ganharam espaço. Um setor que cresceu foi a venda ilegal de cigarros, contrabandeados do Paraguai ou os chamados "piratas dos piratas", que imitavam as marcas paraguaias. Um mercado altamente lucrativo. Estimativas feitas pelo Ibope a pedido da indústria nacional de cigarros calculou que o consumo dos ilegais no Rio de Janeiro em 2019 foi de 41% de todo mercado, o que correspondeu a uma receita estimada em 764 milhões de reais. Caso tivessem sido taxados pelo Estado, esses produtos teriam gerado 307 milhões de reais em Imposto sobre Circulação e Mercadorias e Serviços (ICMS).

Em janeiro de 2018, o Ministério Público do Rio denunciou integrantes da quadrilha de Ecko que impunham a venda de cigarros piratas da marca Gift em Campo Grande, Santa Cruz e em outros mercados do grupo, distribuindo a mercadoria daquele que era apontado como o principal contrabandista de cigarros do Rio de Janeiro, o ex-policial militar Ronaldo Santana da Silva. Essa capacidade de articulação fez com que o mercado de cigarros ilegais alcançasse 89% dos estabelecimentos comerciais na zona oeste, contrastando com os 20% da região central.[2]

As marcas mais consumidas no Rio de Janeiro não eram as tradicionais. No primeiro lugar do ranking estava a Gift, vinda do Paraguai, alcançando 28% do consumo. A cópia brasileira, também chamada Gift e produzida por uma empresa em Duque de Caxias, correspondia a 8% do total e ocupava a quinta posição entre os cigarros mais vendidos. O preço final do produto não passava de quatro reais o maço, menos da metade das marcas mais famosas. Outro setor que contou com a ajuda da milícia de Ecko foi o de extração de areia em área de proteção ambiental, como ocorria nas zonas rurais de Seropédica. Areia, pedra, saibro, eram retirados dessas áreas para ser fornecidos a outro braço dos paramilitares, que investiam em imóveis ilegais de áreas griladas.

O preconceito contra a venda de drogas ficou no passado, afinal Carlinhos Três Pontes tinha ingressado nas milícias pelo tráfico. As afinidades entre traficantes e milicianos eram bem maiores do que suas diferenças. Ecko passou a aproveitar a mão de obra dos funcionários das bocas de comunidades invadidas, oferecendo salários e tarefas na nova gestão. A medida tentava se valer dos "crias" para lidar com o estranhamento dos moradores com o novo comando, tentando com isso reduzir ameaças de denúncias e traições. Para os traficantes convertidos, o novo plano de carreira representava menos risco, pois não era preciso trocar tiros com a polícia nem enfrentar sucessivas operações. O pacto de não agressão com o TCP flexibilizou também falsos moralismos, e a venda de drogas e os bailes funk ganharam mais espaço no novo modelo.

Territórios importantes do CV começaram a cair. As comunidades do Rola, no Complexo do Rodo, e Antares, em Santa Cruz, foram tomadas depois das eleições de 2018. A invasão das comunidades do Rodo teve como origem a traição do chefe do tráfico local, Eduardo José dos Santos, o Sonic, que pertencia ao CV, mas trocou de lado, levando fuzis e dinheiro para seus novos parceiros milicianos. A mudança de lado foi cantada em um vídeo "proibidão", intitulado *Recado do Rodo pro Sonic*, visto mais de 350 mil vezes no YouTube: "Puta que o pariu, pelo amor de Deus, não acreditei no que aconteceu. Tava no meu plantão e veio essa triste notícia. O cuzão do

Sonic pulou para a milícia. Eu vou te dar uma ideia, puta que o pariu. Não pulou sozinho, levou cinco fuzil. Bagulho maneiro, olha só essa palhaçada, ainda por cima dos fuzil, levou dez Glock Rajada. Eu tô cheio de ódio, não tô de fofoca, quem mandou lançar essa foi a tropa da Marcola [outra comunidade comandada pelo CV]". O refrão era uma sentença de morte: "bala no cuzão do Sonic".

Alguns traficantes do Rodo aderiram ao bonde de Ecko, enquanto outros fugiram, principalmente para as comunidades de Angra dos Reis. Um novo conflito se estabeleceu na região de Costa Verde. O Comando Vermelho reagiu à ofensiva do TCP em Angra. Um dos homens fortes de Guarabu, Tiago Farias Costa, o Logan, apoiou a invasão do TCP nas comunidades. Os tiroteios interditaram a BR-101. O governador Wilson Witzel, no cargo havia quatro meses, viu no conflito uma oportunidade para demonstrar sua disposição para a guerra. Num sábado, ele embarcou em um helicóptero da Polícia Civil, que, do alto, efetuou disparos de fuzil em direção ao chão. O governador gravou um vídeo e postou a cena em suas redes. No dia seguinte, soube que os tiros acertaram o teto de uma barraca onde evangélicos costumavam orar no fim de semana.

A expansão do bonde de Ecko tornou a zona oeste do Rio um reduto miliciano. Um dos poucos territórios geridos pelo CV na região era a Cidade de Deus, que passou a receber visitas de milicianos e constantes operações policiais. O mesmo ocorreu com a Vila Kennedy, localizada às margens da avenida Brasil. Milicianos e traficantes do TCP, ligados ao tráfico em Senador Camará, se juntaram em tentativas recorrentes de tomar de assalto a vizinha comandada pelo grupo inimigo.

Também na zona oeste está um dos últimos redutos da Amigos dos Amigos, a ADA, na Vila Vintém, em Padre Miguel. A comunidade é chefiada por uma figura longeva da cena criminal carioca, Celso Luís Rodrigues, o Celsinho da Vila Vintém. Traficante à moda antiga, quase na terceira idade (nasceu em 1961), Celsinho começou nos anos 1990 como assaltante de caminhões na avenida Brasil. Diz a lenda que a carga roubada era repartida com a população. A mística de Robin Hood ajudou a mantê-lo por longo tempo no controle do tráfico no bairro, apesar de estar preso há duas décadas. O traficante mantinha diálogo aberto com os rivais — chegou a fornecer drogas aos concorrentes em épocas de desabastecimento de comunidades do CV — e foi poupado na chacina de Bangu 1, onde morreram quatro parceiros do Terceiro Comando. O fato de ele não ter sido atacado e a desconfiança que isso gerou contribuíram para o racha do TCA, que resultou na criação do Terceiro Comando Puro.

A ADA sofreu um grande abalo em 2017, com a perda da comunidade mais rentável do Rio de Janeiro, a Favela da Rocinha. Na linguagem do crime do Rio, essas alternâncias de poder em que o dono do morro é derrubado com o uso da força são chamadas de golpe de Estado. A mudança da bandeira ocorreu depois dos conflitos entre Antônio Francisco Bonfim Lopes, o Nem, preso desde 2011, e Rogério Avelino da Silva, o Rogério 157, seu braço direito. Rogério 157 assumiu o comando da comunidade durante a prisão de Nem. Anos depois, os dois romperam porque 157 começou a cobrar taxas de comerciantes, mototaxistas, entre outros serviços. Nem ordenou a expulsão de Rogério 157 da Rocinha. Em resposta, o traficante matou três aliados de Nem, desencadeando inúmeros conflitos, em que pelo menos vinte pessoas morreram. Escolas e hospitais foram fechados na comunidade. Para resistir, 157 aliou-se ao Comando Vermelho, recebendo o reforço de homens e armas para o combate. Com a perda da Rocinha, isolado na Vila Vintém, cercado na zona oeste por milicianos e traficantes do TCP, Celsinho precisava se mexer. Aproximou-se dos rivais do CV e os grupos fizeram um pacto de não agressão para ganhar fôlego e voltar a crescer. O CV estava longe de jogar a toalha. O grupo havia conseguido se reerguer do prejuízo e da perda de drogas e armas no Complexo do Alemão em 2010. O traficante Pezão, que havia conseguido fugir na véspera da ocupação do morro pelas Forças Armadas, tornou-se o principal matuto a vender drogas do Paraguai e da Bolívia no atacado para as quadrilhas das comunidades do comando.

Para mim, que praticamente caía de paraquedas numa realidade tão complexa, todas as articulações entre essas elites armadas, tirânicas e criminosas, com seus reinos e bandeiras imaginários, surgiam como um mundo novo, quase inacreditável. Um cenário bem diferente do paulista. As instituições e as leis em São Paulo serviam como referência de autoridade. O PCC e seus integrantes diziam atuar "do lado certo de uma vida errada", assumindo uma condição marginal. No Rio de Janeiro, a referência são os próprios criminosos, confiantes o suficiente para mandar e desmandar, como se representassem o estilo de vida correto, como se os argumentos das narrativas milicianas tivessem vencido os dos defensores do estado de direito.

Depois da CPI das Milícias, os grupos criminosos formaram dois grandes conjuntos. Um deles, mais inovador, composto de grupos paramilitares associados ao bicho e a uma parte do tráfico — mais precisamente ao TCP. Outro, ligado ao CV, com apoio da ADA, seguiu o tradicional modelo do tráfico de drogas. O grupo das milícias, contudo, teria duas subdivisões. No eixo da Barra da Tijuca, Recreio e Jacarepaguá, a partir de Rio das Pedras, Muzema e adjacências, as milícias seguiram com seus negócios tradicionais, como cobranças de taxa de proteção, gatonet, vendas de gás, água, internet, agiotagem, grilagem em zonas protegidas por leis ambientais, venda de apartamentos ilegais. Seguiram vinculadas a uma narrativa moralista, herdada dos vigilantes nordestinos e policiais, que associavam o grupo ao modelo de autodefesa territorial. A parceria com o TCP foi liberada. Depois da CPI, cresceu o protagonismo dos empresários dos jogos de azar, com suas máquinas de caça-níquel e conexões internacionais, que depois de meados dos anos 2000 se fortaleceram com a associação com grupos de assassinos profissionais. A histórica relação da contravenção com o poder e com as polícias garantia impunidade aos assassinos. Em compensação, essas milícias também herdaram as rixas dos bicheiros e passaram a enfrentar intensos conflitos fratricidas. Vieram desse núcleo os autores e os prováveis mandantes do assassinato de Marielle.

O outro modelo, menos tradicionalista, partiu das milícias de Campo Grande e Santa Cruz, com sua estrutura mais flexível e expansionista, lideradas pelos bondes de Ecko. Os pés inchados tinham grande protagonismo nesses grupos, incluindo ex-traficantes convertidos em paramilitares. Nesse cenário, diante da pergunta "tráfico ou milícia?", cada lado tem sua lista de argumentos. Os paramilitares se dirão defensores da ordem e da tradição, contra a imprevisibilidade proporcionada pela venda de drogas. Já os traficantes se dirão contrários à cobrança de taxas a moradores e comerciantes, além de se colocarem como resistência a uma polícia opressiva e corrupta. Na prática, contudo, o que move ambos os lados é a busca por mais dinheiro e poder.

Os integrantes dos dois blocos milicianos viviam uma relação atribulada, mas eram forçados a se tolerar. Um retrato dessa tensão foi revelado por operações deflagradas pelo Gaeco entre 2017 e 2019, batizadas de Quarto Elemento. Os promotores denunciaram uma quadrilha com mais de cinquenta policiais e informantes que atuava em Santa Cruz, Bangu e Nova Iguaçu extorquindo criminosos, inclusive integrantes da milícia de Ecko. Em janeiro de 2017, por exemplo, um grupo de policiais de Bangu passava pelo bairro de Paciência quando viu um Porsche Cayenne ao lado de máquinas de terraplanagem. O dono do carro, presente no local, era Zinho, irmão de Ecko. Segundo a denúncia, ele pagou 20 mil reais para não ser preso em flagrante por crime ambiental. Zinho, que na época já tinha um mandado de prisão, coordenava uma empresa de extração de areia para construir prédios irregulares em áreas protegidas pela legislação ambiental.

O bando de Ecko, apesar das propinas pagas a diversos policiais, não conseguia cooptar a todos e continuava sendo extorquido. O grupo de policiais mineiros era poderoso. Além dos tiras da 36ª e da 34ª DP em Bangu, integrava o bando o policial civil Rafael Luz Souza, o Pulgão, apontado como chefe de uma milícia na Favela da Carobinha, uma das principais rivais do bando de Ecko. Em seu depoimento prestado no presídio federal de Mossoró, Orlando Curicica apontou Pulgão como um dos matadores que atuavam para o bicheiro Rogério de Andrade. Pulgão foi preso pela operação Quarto Elemento quando estava em uma boate com dois carros roubados, cinco fuzis e uma metralhadora antiaérea .50, capaz de derrubar aeronaves. Nessa operação, também foram denunciados os irmãos gêmeos Alan e Alex Rodrigues de Oliveira, seguranças da campanha de Flávio Bolsonaro ao Senado em 2018. A irmã dos gêmeos, Valdenice, trabalhava no gabinete de Flávio e ficou encarregada de administrar os gastos da campanha de Flávio ao Senado. Alan e Alex eram sócios de um loteamento irregular e pagavam propinas aos policiais.

Outro policial civil preso na operação Quarto Elemento foi Flavio Pacca Castello Branco, consultor de segurança do candidato Wilson Witzel e que havia se candidatado a deputado federal pelo Partido Social Cristão (PSC), o mesmo do governador. Flávio e Witzel alegaram que não podiam ser acusados de crimes cometidos por pessoas ligadas a eles. Do ponto de vista processual, de fato não podiam, mas é inegável que ambos compartilhavam valores morais com os criminosos. Em entrevista ao *Estadão*, logo depois de sua eleição, Witzel afirmou: "O correto é matar o bandido que está de fuzil. A polícia vai fazer o correto: vai mirar na cabecinha e... fogo! Para não ter erro".[3] Witzel afirmou ainda que a polícia do Rio matava pouco. Antes da posse, Jair Bolsonaro brincou com o governador. Num almoço com professores da Fundação Getulio Vargas, Witzel contou aos convivas, entre risadas, o que o presidente tinha dito a ele: "Naval [apelido que fazia referência a Witzel ter sido fuzileiro naval], eu tenho um parafuso a menos. Mas em você faltam dois parafusos".[4]

Witzel assumiu o governo tendo à disposição 1,2 bilhão de reais para investir nas corporações policiais do Rio de Janeiro, dinheiro herdado da intervenção federal. Foram comprados 3 mil fuzis, 1,2 milhão de cartuchos de munição, vinte submetralhadoras, cinco caveirões, 4 mil carros de patrulhamento. É certo que uma polícia bem equipada trabalha melhor. Mas não quando suas estruturas estão comprometidas e associadas com o crime. Os novos equipamentos serviram, mesmo que indiretamente, para vitaminar projetos dos milicianos, como ataques ao Comando Vermelho. Recordes de letalidade policial foram quebrados, com operações direcionadas a áreas ligadas ao tráfico e ao CV. No primeiro semestre de 2019, de acordo com um levantamento feito pelo site de notícias UOL, nenhuma das 881 mortes cometidas pela polícia havia ocorrido em áreas dominadas por milícia.[5] Outro levantamento, realizado pelo Observatório de Segurança a pedido da revista *piauí*, identificou que 71% das 777 operações ocorridas em 2019 tinham sido feitas em áreas do CV.

O bairro da Cidade de Deus, na zona oeste, foi especialmente visado, com dezesseis homicídios resultantes de dezoito operações policiais. Os moradores viram-se obrigados a conviver com sobrevoos diários de helicópteros e incursões policiais. As operações se davam de manhã, na hora em que a maioria dos moradores saía para o trabalho ou levava os filhos à escola — não raro fechadas por causa dos confrontos. Em junho, durante um evento em Nova Iguaçu, Witzel fez apologia ao genocídio, mencionando os confrontos na Cidade de Deus: "O vagabundo bandido quer atalhos e aí nós, cidadãos, não vamos aceitar isso. A nossa polícia, ela não quer matar. Mas nós não queremos ver cenas como na Cidade de Deus [tiroteios que ocorreram no local]. Se fosse com autorização da ONU, em outros lugares do mundo, nós tínhamos autorização para mandar um míssil naquele local e explodir aquelas pessoas".[6] Depois, para se justificar, afirmou que, ao dizer "aquelas pessoas", quis se referir "aos bandidos" que enfrentaram os policiais.

No ano de 2019, ocorreram 1810 mortes em supostos confrontos com policiais no estado do Rio de Janeiro, o maior número da história fluminense e o equivalente a cerca de um terço das mortes cometidas pela polícia no Brasil.[7] A taxa oficial de homicídios da polícia do Rio — não contabilizadas as mortes cometidas por paramilitares — foi de 10,5 mortos por 100 mil habitantes. Os representantes do Estado, sozinhos, mataram, proporcionalmente, mais do que todos os criminosos de São Paulo, que no mesmo período registraram a taxa de nove homicídios por 100 mil habitantes (considerando homicídio doloso, latrocínio, lesão corporal seguida de morte e letalidade policial).

O governador Witzel criou as condições para a construção de uma hegemonia miliciana nos territórios pobres do Rio — não se sabe se deliberadamente ou por ignorância. De um lado, trouxe uma falsa sensação de ordem. A região de Santa Cruz, por exemplo, nas mãos do bonde de Ecko e dos parceiros do TCP, registrou as maiores quedas de homicídio no estado, pois eles não tinham mais rivais à altura. De outro lado, essa ofensiva desencadeou uma sucessão de tragédias. Ao longo de 2019, num período de dez meses, seis crianças morreram por balas perdidas, quase todas vítimas de operações policiais.

Em fevereiro, Jenifer Silene Gomes, de onze anos, foi atingida no peito quando estava na calçada junto com a mãe no bairro de Triagem, na zona norte. Em março, Kauan Peixoto, de doze anos, morreu com tiros no pescoço e abdômen depois de tiroteio entre policiais e criminosos na comunidade de Chatuba, na Baixada Fluminense. Em maio, Kauã Rozário, de onze anos, foi atingido na Vila Aliança, em Bangu. Em setembro, Kauê dos Santos, de doze anos, morreu com um tiro na cabeça na comunidade Chica, no Complexo do Chapadão. Também em setembro, Ágatha Vitória Sales Félix, de oito anos, foi morta com um tiro quando voltava para casa com a mãe, na Comunidade da Fazendinha, no Complexo do Alemão. Em novembro, Ketellen Umbelino de Oliveira Gomes, de cinco anos, foi atingida por disparos feitos por um suspeito de integrar uma milícia em Realengo. Todas as crianças mortas eram negras e moradoras de comunidades pobres.

O drama continuou em 2020. Durante a pandemia da Covid-19, enquanto a sociedade civil se esforçava para cumprir o isolamento social, com os hospitais públicos lotados, distribuição de máscaras, kits de higiene e alimentos para as populações carentes, enquanto se conscientizavam as pessoas sobre a necessidade de ficar em casa, o Bope invadiu o Complexo do Alemão, numa chacina que matou pelo menos dez pessoas, segundo a imprensa — outras fontes noticiosas mencionaram doze e treze vítimas nos dias que se seguiram. A polícia disse que cinco pessoas tinham morrido no confronto. As autoridades não pareciam sequer chegar a um número oficial de mortos. A operação ocorreu em 15 de maio, quando o Rio seguia acelerado rumo ao pico da doença. Os policiais entraram por diversos pontos do Complexo, com caveirões, helicópteros e carros. A justificativa foi uma denúncia anônima sobre a existência de fuzis e a presença de um chefe do tráfico no local. Houve relatos de saques, granadas que explodiram, além de muitos disparos e corpos expostos nas ruas da comunidade.

Apesar da gravidade do ataque, as mortes repercutiram pouco. Todos estavam assustados demais com a pandemia para prestar atenção na chacina. Nos primeiros meses da crise sanitária, a polícia aproveitou para acirrar as operações sem os holofotes da imprensa. Entre 15 de março e 19 de maio, a polícia matou 69 pessoas em operações monitoradas pelo coletivo Observatório da Segurança. A sucessão de mortes violentas em plena pandemia mostrou a polícia como um instrumento de matança, em vez de fiadora da segurança da população num momento de crise. Dados oficiais de abril indicaram mais um recorde, com a polícia matando, em supostos confrontos, 43% de vítimas a mais do que no mesmo período do ano anterior, que já havia sido um recorde.

Coube aos comunicadores das comunidades descrever o horror daqueles que conviviam com a pandemia e ao mesmo tempo com as chacinas nas favelas, e mobilizar a opinião pública. No dia 18 de maio, Raull Santiago, do Coletivo Papo Reto, escreveu em sua conta no Twitter uma série de mensagens. "É importante todo mundo saber que o Bope invadiu o Complexo do Alemão no momento em que foi feito o maior processo de isolamento social. As pessoas estavam em casa, o tráfico nitidamente recolhido. Usaram as dicas de cuidados da pandemia para atacar e fazer uma chacina." Outras operações foram realizadas em comunidades como Manguinhos e Jacarezinho, interrompendo a distribuição de cestas básicas. Duas semanas antes, cinco pessoas haviam morrido em uma operação policial na Vila Kennedy, na zona oeste. "Pior ainda é a polícia usar como estratégia a invasão das favelas pelo fato das ruas estarem vazias por conta do isolamento social. Usar a pandemia como parte da estratégia de ação que pode virar grave confronto é absurdo imensurável. E as pessoas ESTÃO EM CASA, gente!"

Três dias depois da chacina do Alemão, mais uma morte, e dessa vez ela despertaria o interesse dos jornais. João Pedro Mattos, de catorze anos, foi morto por policiais federais e civis quando brincava com os primos no quintal da casa de seu tio. Os policiais invadiram a casa atirando e depois se justificaram dizendo que corriam atrás de suspeitos. Um dos primos tentou alertar, em vão: "Aqui só tem crianças". A história de João Pedro foi contada no *Jornal Nacional* e chamou a atenção para a violência policial durante a quarentena. O governador recebeu um grupo de ativistas e professores, que cobraram mudanças. Em junho, uma liminar do Supremo Tribunal Federal proibiu operações da polícia durante a pandemia. A sentença citava as denúncias feitas por Raull Santiago e Rene Silva. A comoção, como de costume, teria tempo limitado, até que a próxima batalha fizesse uma nova vítima. A sensação de impotência foi resumida no tuíte de Raull Santiago: "Até quando continuaremos tendo que perguntar até quando?".

Com a democratização do Brasil a partir dos anos 1980, se esperava que a ação militarizada das polícias fosse controlada e que o desrespeito aos direitos humanos diminuísse. Não foi o que aconteceu. No Rio de Janeiro em especial, mas também em outros estados, os problemas aumentaram. Os governadores eleitos pelo voto popular a partir de 1982 precisaram lidar com dois enormes desafios: as consequências do processo de urbanização acelerado e o fortalecimento de uma economia criminal lucrativa, em torno principalmente da venda de drogas.

O gaúcho Leonel Brizola (PDT) foi o primeiro governador eleito do Rio de Janeiro depois da abertura política em 1982, vencendo o candidato dos militares, Moreira Franco (PDS). O passado revolucionário e esquerdista de Brizola, a resistência armada que organizou como governador do Rio Grande do Sul, em defesa da posse do presidente João Goulart, na mesma época em que estatizou empresas estrangeiras e promoveu a reforma agrária no estado, assustava as Forças Armadas. Para evitar a eleição do candidato no Rio, o presidente João Baptista Figueiredo acionou colegas bicheiros como Anísio Abraão David, da Beija-Flor, e Castor de Andrade, da Mocidade, para animar comícios com samba e passistas das escolas. Não deu certo.

Brizola ganhou por uma margem apertada de votos e assumiu apostando na educação. Construiu os Centros Integrados de Educação Pública (Cieps), escolas com refeitório, cozinhas, quadras esportivas, atendimento médico e odontológico, que ficavam abertas o dia inteiro, oferecendo alimentação, atividades recreativas e cursos profissionalizantes. O antropólogo e educador Darcy Ribeiro, vice-governador, foi um dos criadores do projeto e apontava o caminho das políticas para as comunidades pobres do Rio de Janeiro. A favela não devia ser vista como problema, mas como parte da solução. Era preciso tornar seus habitantes cidadãos, com acesso a direitos, em vez de inimigos. O governo devia regularizar as propriedades e investir na infraestrutura das casas e dos bairros pobres, com medidas de saneamento, iluminação e saúde.

A Polícia Militar, comandada então pelo coronel Carlos Magno Nazareth Cerqueira, concebeu projetos de policiamento comunitário para aproximar os agentes dos moradores, determinando que as forças policiais deveriam cumprir as leis e não entrar nas residências pobres sem mandado judicial. Brizola, ao defender a legalidade no cotidiano da atividade policial, ganhou a pecha de cúmplice dos criminosos, num momento em que políticos e parte da sociedade defendiam o confronto aberto com os moradores das favelas. O governo brizolista também coincidiu com o momento em que a produção de cocaína crescia na América Latina, incentivando o mercado do produto em diversos países do mundo. O rótulo de defensor de bandidos colou. Brizola virou gíria para cocaína.

As críticas ao governador, no entanto, não identificaram o problema real que iria contaminar as polícias do estado nos sucessivos governos que viriam. Brizola evitou brigar com os donos do dinheiro no estado e se aproximou dos bicheiros. Em 1984, os contraventores criariam a Liga Independente das Escolas de Samba (Liesa), aumentando o poder do bicho sobre os desfiles do Rio. As dez maiores escolas, boa parte controlada pelo jogo, se desmembrou das outras 34 agremiações menores, assumindo o controle das verbas do Carnaval, antes administradas pela RioTur. Castor de Andrade, Anísio e o capitão Guimarães foram os três primeiros presidentes da entidade. O governador sempre negou ter feito qualquer acordo, mas na eleição seguinte recebeu o apoio entusiasmado dos contraventores.

Durante a campanha de 1986 ao governo, o candidato brizolista Darcy Ribeiro participou, constrangido, de um evento em uma churrascaria em Botafogo junto com a cúpula do bicho: capitão Guimarães, Anísio, Miro, Maninho, entre outros. "Brizola deu a maior tranquilidade de todos os tempos ao jogo do bicho e nunca nos pediu dinheiro por isso. Agora chegou a hora de retribuir e eleger Darcy Ribeiro governador, além de votar em Marcello Alencar e (José) Frejat para o Senado. Nós temos de apoiar esses homens. Se votarmos neles, estaremos pagando cinco por cento da dívida, mas nós vamos pagar até o último tostão", discursou o capitão Guimarães.[8]

Mais uma vez, o apoio do jogo não reverteu em eleição. O eleito foi Moreira Franco, que havia migrado do PDS para o PMDB. O candidato ganhou a eleição prometendo durante a campanha acabar com o crime no Rio em seis meses. Quando assumiu, Franco manteve a relação de boa vizinhança com a contravenção, mas perdeu o controle da segurança pública no estado. As taxas de homicídios explodiram em seu mandato, passando de 20,2 casos por 100 mil habitantes em 1986 para 56 por 100 mil. A ação de grupos de extermínio na Baixada Fluminense ajudou a multiplicar esses índices. Os sequestros também surgiram com força, organizados com o apoio de policiais — como denunciaria anos depois o delegado Hélio Luz. O empresário Roberto Medina, idealizador do festival Rock in Rio e encarregado do marketing da campanha de Franco em 1986, foi sequestrado em junho de 1990, numa onda que aterrorizou os endinheirados da cidade.

As relações perigosas entre autoridades e o submundo do crime seguiram firmes. No último mês da gestão de Moreira Franco, em fevereiro de 1991, o governador recebeu no Salão

Verde do Palácio da Guanabara os bicheiros capitão Guimarães, Anísio, Luizinho Drumond e Carlinhos Maracanã, para formalizar a cessão de um terreno em que seria erguido o Museu do Samba.[9] A fachada cultural da contravenção mais uma vez justificava a condescendência das autoridades.

A leniência dos governadores com o jogo do bicho nos anos 1980 delineou os confrontos que se iniciariam na década seguinte. Os bicheiros tentaram se associar aos policiais para manter os traficantes sob controle e, enquanto Toninho Turco foi o principal atacadista dos morros, o esquema funcionou. Depois de sua morte, em 1988, a tentativa de controlar os traficantes passou a ser feita através de operações policiais e arregos. A estratégia, porém, não conseguiu evitar o fortalecimento armado e financeiro do tráfico, o que provocou a série de conflitos que marcaria os governos seguintes.

Entre o final dos anos 1980 e começo dos 1990, o mundo do crime e as políticas de segurança repetiram erros que iriam minar de modo crescente a credibilidade das instituições locais. De 1990 a 2019, mais de 200 mil pessoas foram assassinadas no Rio de Janeiro — a maioria negros, homens, com menos de trinta anos, moradores de bairros pobres. Com a instalação das UPPs, houve um breve hiato entre 2008 e 2014. A redução das operações e da violência policiais nas comunidades levou à queda de homicídios, mas, com a falência desse modelo e com a crise fiscal e política do Rio, a escalada de mortes reacendeu.

Brizola voltou a disputar o governo do Rio em 1990 e venceu no primeiro turno. Assumiu o estado em uma situação adversa em março de 1991. O país enfrentava uma crise econômica severa com o fracasso do governo Collor, deposto em 1992 por impeachment. No Rio, o comércio de drogas prosperava, gerando uma corrida armamentista entre as quadrilhas de traficantes. Para manter o controle, as autoridades apostaram em estimular a divisão dos traficantes. Enquanto as facções estivessem concentradas em disputas entre si, dificilmente teriam forças para afrontar os poderosos. Na eleição de 1994, Marcello Alencar se elegeu governador e, via decreto, criou o "pagamento por mérito", ou a "gratificação faroeste", como ficou conhecida na imprensa. A medida premiava com 50% a 150% do valor do salário os policiais que participassem de operações nas comunidades. O que já era ruim ficou pior. Operações improvisadas, sem planejamento e traumáticas passaram a ditar o rumo da segurança pública no estado. A política foi abandonada três anos depois.

O entusiasmo que tinha vindo com a Nova República, com a adoção de políticas educacionais, a formação de cidadãos nas favelas e de uma polícia legalista, perdeu espaço para outro paradigma, o da guerra ao crime. Os dois lados do conflito se desprenderam da legalidade democrática e formaram grupos autônomos. Os traficantes, com armas e munições, passaram a ser donos de morros, enquanto os policiais, associados aos bicheiros, aprenderam a governar a cena criminal e a ganhar dinheiro tirando proveito do caos. O modelo se aperfeiçoava num movimento inercial. Parecia não haver político disposto a reverter esse quadro.

Anthony e Rosinha Garotinho, os governadores que sucederam Marcello Alencar, fecharam os olhos para o avanço da banda podre que envolvia a estrutura que sustentava as instituições. Quando assumiu, em 1999, Garotinho mostrou disposição para enfrentar os problemas de segurança. Chamou para a Subsecretaria de Segurança, Justiça e Cidadania o antropólogo Luiz Eduardo Soares, que levou para a pasta um grupo comprometido com reformas estruturais na polícia. Soares teve a liberdade de indicar os chefes da Polícia Militar e da Polícia Civil, escolhidos com a missão de reduzir a violência e a corrupção nas suas corporações. Medidas foram tomadas, como o fortalecimento da ouvidoria da polícia; a criação do Instituto de Segurança Pública, responsável pelo levantamento de dados sobre crime no estado; a formação das Áreas Integradas de Segurança, para que a administração tivesse mais informação e capacidade de gestão sobre os territórios; os mutirões pela paz, que propunham um policiamento mais próximo da vizinhança dessas áreas e que seria um dos embriões das UPPs; e as delegacias legais, que buscavam informatizar e modernizar os processos de investigação para tornar os resultados transparentes e minar os esquemas viciados de delegados e investigadores.

A pressão política dos policiais que tiveram seus interesses atingidos — alguns deles atuavam dentro da própria Secretaria de Segurança — levou o governador a interromper as reformas e a demitir Luiz Eduardo Soares um ano e três meses depois da posse. Com a mudança, o delegado Álvaro Lins, que mais tarde seria acusado de proteger empresários da contravenção e de se juntar a outros policiais para lotear as delegacias em troca de propinas, ganhou espaço no governo. Ao ser demitido, Soares avisou que o governador tinha se aliado à banda podre da polícia. Passou a sofrer diversas ameaças de morte e precisou deixar o Brasil com a família, quando escreveu o livro *Meu casaco de general: Quinhentos dias no front da Segurança Pública do Rio de Janeiro*, em que conta sua experiência. No governo de Rosinha Garotinho, a banda podre continuou empoderada. O delegado Álvaro Lins se tornou chefe da Polícia Civil e o modelo de negócio miliciano viveria seu momento inicial de expansão.

Na CPI das Milícias, o ex-secretário de Segurança de Rosinha Garotinho, Marcelo Itagiba, foi acusado de fazer campanha com o apoio dos paramilitares de Rio das Pedras — ele se elegeu deputado federal pelo PMDB em 2006. Cristiano Girão, que na CPI das Milícias foi apontado como um dos chefes da comunidade da Gardênia Azul, trabalhou como assessor especial de Rosinha Garotinho e levava parceiros do governo para buscar votos na comunidade.

Esse processo descontrolado se agravou no fim do segundo mandato do governo de Sérgio Cabral Filho. O novo governador assumiu num momento econômico favorável, beneficiado pelo alto valor das commodities no mundo, em especial do petróleo, que tinha se tornado o carro-chefe da economia fluminense. Em 2008, o preço do barril estava acima de cem dólares e os royalties adquiridos com a venda do produto correspondiam a 16% de toda a receita do governo. Para ajudar, as UPPs saíram do papel, com bons resultados iniciais. A situação política também favorecia o governador, graças à proximidade com o presidente Luiz Inácio Lula da Silva, que fortalecia a liderança de Cabral. Tudo parecia dar certo. Vieram os anúncios da escolha do Brasil como sede da Copa do Mundo e das Olimpíadas, os investimentos do Programa de Aceleração do Crescimento (PAC) do Governo Federal, a construção do teleférico no Complexo do Alemão, notícias grandiosas que passaram a ideia de um futuro promissor para o Rio de Janeiro.

O governador gastava como um novo-rico deslumbrado, mas a cobrança da conta ainda demoraria a aparecer. Por algum tempo, Cabral desfrutou a fama de estadista; em 2009, a revista inglesa *The Economist* estampou na capa um Cristo Redentor com jatos propulsores sob os pés, decolando como um foguete no Corcovado. Essa imagem de prosperidade começou a ruir quatro anos depois, em junho de 2013, quando milhões de brasileiros foram às ruas protestar contra o aumento das passagens de ônibus. Os limites da bonança carioca tornavam-se claros. Naquele ano, a revista inglesa dedicou outra capa ao Rio de Janeiro, então com o Cristo Redentor se descontrolando logo depois da decolagem e descendo em queda livre. Em abril de 2014, diante da pressão popular que cresceu depois do assassinato do pedreiro Amarildo na UPP da Rocinha e com a expectativa de se candidatar ao Senado, Cabral renunciou ao cargo de governador, cedendo a cadeira ao vice, Luiz Fernando Pezão. A crise econômica e política do Rio de Janeiro, no entanto, avançava com velocidade.

O crescimento do PIB brasileiro, que em 2010 tinha alcançado 7,5%, praticamente estagnou em 2014. Nos dois anos seguintes, registrou quedas de 3,8% e 3,3%. O Rio de Janeiro foi particularmente atingido. O preço do barril de petróleo caiu de 132 dólares em 2008 para 31 dólares em 2016, reduzindo as receitas do governo com royalties. Desde 2014, o Rio vinha recebendo 20 bilhões de reais a menos em receitas, sendo 4,8 bilhões de reais apenas com redução de royalties. Um estudo feito por auditores fiscais nas contas do governo fluminense calculou que, entre 2007 e 2015, pelo menos 47 bilhões de reais tinham deixado de entrar no caixa em virtude de renúncias fiscais. Nesse período, as isenções de Imposto sobre Circulação de Mercadorias e Serviços (ICMS) cresceram de 13% para 29%.[10] Algumas empresas beneficiadas com a concessão desses benefícios depois seriam apontadas como pagadoras de propinas a autoridades estaduais. Diante desse quadro de insolvência, o Rio decretou estado de calamidade pública dois meses antes da abertura das Olimpíadas no Maracanã em agosto de 2016. O salário de outubro e o décimo terceiro do funcionalismo teve que ser parcelado.

Sérgio Cabral Filho foi preso em novembro de 2016. Até 2020, teve treze condenações na Justiça, somando penas acumuladas de 282 anos. Seu sucessor, Luiz Fernando Pezão, foi preso pela operação Lava Jato em 2018, ainda no cargo de governador, acusado de receber propinas e acobertar casos de corrupção. Passou mais de um ano na cadeia e saiu com tornozeleira eletrônica, impedido de se candidatar a qualquer cargo político. Antes disso, o ex-governador Moreira Franco, 27 anos depois de deixar o governo do Rio, fora o principal articulador da intervenção federal no estado, na condição de ministro da Secretaria Geral do presidente Michel Temer. Foi nesse cenário desalentador que o governador Wilson Witzel surgiu como a grande surpresa das eleições de 2018, fazendo campanha colado a Flávio Bolsonaro, que concorria ao Senado, e ao candidato a presidente Jair Bolsonaro.

O Rio de Janeiro se defrontava com um quadro político inusitado. As duas principais lideranças do estado, Witzel, no governo, e Marcelo Crivella, na prefeitura, eleito dois anos antes, tinham vínculos com igrejas evangélicas neopentecostais.

Crivella era bispo licenciado da Igreja Universal do Reino de Deus, fundada pelo seu tio Edir Macedo. Já Witzel havia sido lançado pelo pastor Everaldo Dias, da Igreja Assembleia de Deus, que depois da eleição de Witzel indicou nomes para compor a burocracia estadual, inclusive o de seu filho. O pastor tinha estreitas ligações com o deputado Eduardo Cunha, também evangélico, preso em 2016 na operação Lava Jato.

Tais escolhas pareciam dizer que o Rio estava farto da modernidade urbana e laica da Nova República. Como se trinta anos depois, seus eleitores tivessem abandonado a lógica para escolher governantes capazes de produzir milagres. As instituições democráticas, quebradas e desacreditadas, haviam perdido o controle da situação. Caberia ao governo Witzel apostar no combate ao Comando Vermelho e torcer para que a hegemonia dos comandos formados por milicianos, bicheiros e traficantes do TCP estabelecessem a ordem perdida. Menos de dois anos depois de assumir o governo, contudo, o governador seria acusado de corrupção e enfrentaria um processo de impeachment. A desmoralização das instituições democráticas do Rio fortaleceria ainda mais o poder dos grupos criminosos, sempre prontos para ocupar o vácuo deixado pelos políticos. A construção de um pacto civilizatório garantidor de leis e direitos que vigorassem em todo o território fluminense tinha naufragado.

Os cidadãos, no entanto, não se esqueciam de que havia um projeto a ser restaurado. Era preciso livrar os territórios pobres das tiranias armadas e criar uma democracia verdadeira no Rio de Janeiro. Era urgente tirar os mais de 3500 fuzis de circulação e controlar as munições, para que as instituições democráticas restabelecessem o monopólio legítimo do uso da força. Os policiais precisavam agir em defesa da lei, em vez de lutar pelos próprios interesses. Algumas dessas bandeiras foram levantadas pela vereadora Marielle Franco. Ao ser assassinada, em março de 2018, tornou-se mártir de uma ideia a ser reconstruída coletivamente pelas forças do campo democrático.

8.
Cruz, Ustra, Olavo e a ascensão do capitão

O presidente Jair Bolsonaro já havia entrado em seu segundo ano de governo, quando se viu diante da epidemia da Covid-19. Naquele março de 2020, a velocidade de propagação da doença e os efeitos do vírus já eram conhecidos em todo o mundo e ameaçavam levar ao colapso os sistemas de saúde públicos e privados. Na quinta-feira, 26 de março, ele chegou ao Palácio da Alvorada, residência oficial da presidência, em Brasília, para falar sobre a crise de saúde. Quando lhe perguntaram se o Brasil corria o risco de viver uma situação parecida com a dos Estados Unidos — que naquele mês já era o país com mais mortes por Covid-19 —, Bolsonaro respondeu: "Eu acho que não vai chegar a esse ponto. Até porque o brasileiro tem que ser estudado. Ele não pega nada. Você vê o cara pulando em esgoto ali, sai, mergulha, tá certo? E não acontece nada com ele".

A metáfora do brasileiro resistente ao esgoto sintetizava à perfeição o que havia representado sua chegada ao poder. O novo mandatário, durante sua carreira militar (curta e banal) e política (inexpressiva), assumiu ideais herdados dos subterrâneos do regime militar, nos quais autoridades planejavam conflitos em segredo, compartilhados apenas entre os integrantes de uma espécie de irmandade que acreditava agir em nome da salvação do Brasil. Essa cultura de heróis invisíveis, guerreiros de uma batalha inglória, surgiu nos anos 1960 e 1970 nos porões da ditadura, nas batalhas das polícias e das Forças Armadas contra a guerrilha urbana e os opositores do regime.

Durante o processo de redemocratização, muitos militares que participaram dos confrontos se ressentiram com as críticas de que foram alvo. Entendiam a volta da democracia como um retrocesso, como um espaço para que esquerdistas tomassem o poder, justamente o grupo que militares e policiais haviam se dedicado tanto a combater. Bolsonaro tirou do armário esse ressentimento e faria dele o mote de sua carreira política, como se fosse um infiltrado com a missão de sabotar o sistema que se formava na Nova República. Seu incômodo começou a se manifestar ainda no Exército, quando ele era um oficial, em meados dos anos 1980.

Bolsonaro ingressou na Academia Militar das Agulhas Negras em 1973. Nessa primeira fase, foi um cadete com iniciativa e boas notas, que se destacou pelo voluntarismo e pela força física — veio daí o apelido de Cavalão —, representando o Exército em competições esportivas de atletismo. Ainda nos anos 1970, saiu do Rio para servir em Nioaque, no Mato Grosso do Sul, e depois voltou para atuar no Grupo de Artilharia de Campanha Paraquedista. Tinha elogios em sua ficha, mas também puxões de orelha, dada a dificuldade em lidar com as normas rígidas do Exército e com os vencimentos limitados no final do mês. Em 1983, durante férias no interior da Bahia, ele se embrenhou em um garimpo atrás de ouro, o que lhe valeu advertência de seu superior. Também vendeu bolsas com tecido usado em paraquedas para complementar a renda.

O perfil de agitador fardado, contudo, veio durante a redemocratização, no segundo ano da presidência de José Sarney. Em 1986, Bolsonaro tornou público seu descontentamento com os vencimentos dos militares num artigo publicado na revista *Veja* com o título "O salário está baixo". A manifestação foi considerada um ato de indisciplina entre militares. Bolsonaro foi preso por quinze dias, mas ganhou apoio de muitos colegas — inclusive superiores — por defender o interesse coletivo. Os confetes cessaram no ano seguinte, quando a mesma revista revelou os planos do capitão Bolsonaro para explodir bombas em alguns pontos da Academia das Agulhas Negras, para demonstrar insatisfação com os reajustes salariais.

O atentado não pretendia deixar vítimas, segundo o capitão explicou à repórter Cassia Maria Rodrigues antes da publicação, mas demonstrar a fragilidade do ministro do Exército, Leônidas Pires Gonçalves, e da autoridade do presidente Sarney. "Seriam apenas algumas espoletas", Bolsonaro disse à jornalista. A revista decidiu "quebrar o off" — tornar público o que o capitão havia dito em segredo — por entender que havia riscos públicos envolvidos no ato terrorista. A revelação agitou o comando dos quartéis, com provas, desmentidos e um longo processo, descrito em detalhes no livro *O cadete e o capitão*, do jornalista Luiz Maklouf Carvalho. No final do processo, Bolsonaro foi absolvido pelo Superior Tribunal Militar, mas a versão da revista era tão consistente que não houve como o capitão seguir no Exército da democracia.

Reformado pelo Exército após o julgamento, Bolsonaro se candidatou a vereador pelo Rio de Janeiro em 1988. Eleito, disputou, dois anos depois, o cargo de deputado federal, para o qual também se elegeu. Em Brasília, atuou como parlamentar por 28 anos antes de se tonar presidente. Entre as pessoas que serviram de inspiração para a base ideológica de seu mandato está o general Newton Cruz. Chefe da Agência Central do Serviço Nacional de Informações (SNI), Cruz foi um dos representantes da linha-dura na presidência de João Baptista Figueiredo. Ele foi um símbolo da resistência contra a abertura política que ganhava força durante o governo Figueiredo. A distensão do regime começara em 1979, depois que o governo Figueiredo sancionou a Lei da Anistia, perdoando os crimes políticos praticados por militares e pelos grupos de resistência à ditadura. Em 1980, foi aprovada a eleição direta para governadores, abrindo espaço para novas lideranças. No Rio de Janeiro, Leonel Brizola, de volta ao Brasil, entrou na disputa.

Em São Paulo, começou a ganhar destaque o líder do Sindicato dos Metalúrgicos do ABC, Luiz Inácio Lula da Silva.

Diante dessa efervescência democrática, crescia o descontentamento de um grupo de ultradireita, que deu início a uma onda de atentados no país. A intenção era provocar medo de bombas e de desordem a fim de justificar novas medidas de endurecimento. Newton Cruz era suspeito de planejar ações que tentavam brecar o processo de abertura política. Entre 1979 e 1981, pelo menos quarenta bombas explodiram no Rio de Janeiro e em outros estados do Brasil: no andar de um hotel onde Brizola se hospedava, no Rio; no aeroporto Guararapes, em Recife; na redação do jornal *Em Tempo*, em Belo Horizonte; no Tuca, em São Paulo; no Colégio Social da Bahia, em Salvador. Sem contar as explosões ocorridas em quase uma centena de bancas de jornal que vendiam publicações da imprensa alternativa. A maioria eram apenas "espoletas", não havia vítimas, mas uma pessoa morreu e seis ficaram feridas em um atentado no Rio de Janeiro contra a sede da OAB e a Câmara dos Vereadores.

A onda de atentados culminou na explosão da bomba no Riocentro, na Barra da Tijuca, na noite de 30 de abril de 1981, durante um show de MPB em celebração ao Dia do Trabalho, com cerca de 20 mil pessoas. O artefato estourou no estacionamento do Riocentro, dentro de um carro onde estavam dois militares, matando o sargento que carregava o explosivo e ferindo um capitão que o acompanhava. Os militares tentaram atribuir a responsabilidade do atentado a militantes de esquerda; fora encontrada perto dali uma placa de sinalização pichada com a sigla VPR (Vanguarda Popular Revolucionária). Dias depois, um relatório interno produzido pelo Exército apontou dois culpados: a esquerda e a imprensa, que teria criado o clima de tensões e mentiras.[1] A farsa seria exposta anos depois pelo próprio general Newton Cruz, que assumiu ter tido conhecimento dos planos dos militares incendiários antes do crime, quando os autores estavam prestes a acionar o artefato. Não agiu para impedir, segundo ele, porque não havia tempo hábil. Nada fez, porém, para evitar a armação e a farsa para responsabilizar a esquerda.

Em 1999, quando um novo Inquérito Policial Militar foi aberto sobre o caso, o coronel Freddie Perdigão — que encerraria sua carreira nas fileiras do jogo do bicho — foi acusado de ter planejado o atentado do Riocentro e o general Newton Cruz de prevaricação por não ter impedido o crime. Dois anos depois Cruz se envolveu em um novo escândalo, ao ser apontado como suspeito de ter mandado matar o jornalista Alexandre von Baumgarten, a mulher dele e um pescador, em decorrência de rusgas envolvendo a venda da revista *O Cruzeiro*.

O general Newton Cruz deixou o SNI em agosto de 1983 para assumir o Comando Militar do Planalto no governo Figueiredo. A figura que transitava invisível pelos subterrâneos subiria à ribalta, revelando uma personalidade histriônica e truculenta, emblema da decadência e da impopularidade da ditadura brasileira. Durante seu comando, em Brasília, foram decretadas medidas para restringir filmagens e o trânsito de pessoas nos meses que antecediam a votação da emenda das eleições diretas. O general também articulou a eleição de Paulo Maluf no Congresso, como candidato da continuidade em oposição a Tancredo Neves. Pouco acostumado a prestar contas, teve problemas com jornalistas no período. Durante uma entrevista coletiva, Cruz se irritou com as perguntas do repórter Honório Dantas e o mandou calar a boca e desligar o gravador. O jornalista se retirou do "quebra-queixo" — a rodinha formada por repórteres, com câmeras e microfones em volta do entrevistado — e reclamou de ter sido empurrado pelo militar. Irritado, o general partiu para cima do jornalista, torceu seu braço, o levou para a frente das câmeras e exigiu desculpas. No ano seguinte, em abril de 1984, flagrado por um fotógrafo em atrito com um estudante, Cruz sacou um revólver e encostou a arma na barriga do fotógrafo.

O esforço para a continuidade do regime obscurantista fracassou com a derrota de Maluf para Tancredo Neves em votação indireta. Tancredo morreu antes de sua posse e, em março de 1985, seu vice-presidente, José Sarney, assumiu o posto. No novo governo, o nome de Newton Cruz foi retirado da lista de candidatos à promoção de general de divisão para general de exército, que correspondia ao topo da carreira. Cruz entrou para a reserva e tentou sem sucesso a carreira política. Jair Bolsonaro tomou as dores do general e passou a ventilar o ódio contra a Nova República que caracterizaria seu percurso político. Na biografia de Jair Bolsonaro escrita por seu filho Flávio, o autor menciona a frustração do pai ao veto à promoção do general: "Tal fato marcou a carreira de Newton Cruz e também os militares de uma forma geral, pois era visto como uma referência para todos e o encerramento de sua carreira na ativa, naquelas circunstâncias, reforçou essa imagem de líder — em especial para os jovens oficiais, como Bolsonaro".

Cruz e Bolsonaro se conheceram depois do artigo do capitão publicado na revista *Veja* em 1986, quando, então, o general enviou um telegrama felicitando-o pela iniciativa. "Expresso meu acordo e minha tristeza com os fatos relatados em seu artigo", escreveu o general.[2] Em 1987, Bolsonaro e Cruz se encontraram três vezes, uma delas em Brasília, em outubro, pouco antes de o plano do capitão de explodir bombas ser revelado pela *Veja*. Bolsonaro e outros oficiais foram jantar com o general em sua casa, e o *Correio Braziliense* publicou uma nota maldosa sobre o encontro: "Não está nascendo grama na entrada da casa do general Newton Cruz". Também naquela época já despontava a raiva de Bolsonaro contra a imprensa, sempre disposta a "constranger todos os militares".[3]

Depois de publicada a matéria sobre seus planos de um atentado, Bolsonaro viajou a Brasília sem permissão superior, em busca do apoio do general da reserva. Só tinha dinheiro para a passagem de ida e precisou pedir carona aos pilotos do avião na volta para o Rio. Cruz foi arrolado como testemunha de defesa de Bolsonaro. Em maio de 2020, em plena crise da pandemia, o presidente Bolsonaro saiu a cavalo em Brasília, durante uma manifestação que o apoiava. Comentaristas identificaram no gesto uma alusão às cavalgadas de Newton Cruz mais de trinta anos antes, em que, de seu cavalo branco, distribuía chicotadas nos carros de manifestantes que defendiam eleições diretas.

Outra referência decisiva na trajetória política e intelectual de Bolsonaro foi o coronel Carlos Brilhante Ustra, chefe do Destacamento de Operações de Informações (DOI-Codi) do II Exército em São Paulo entre 1970 e 1974. Ustra se tornou, para militares que atuavam na área de informação, um símbolo da vitória da ditadura sobre os grupos armados de esquerda que lutaram naquele período. Na visão desses militares, Ustra era um valoroso representante dos oficiais que sujaram a mão na guerra, enquanto militares burocratas articulavam, em seus gabinetes com ar-condicionado, a entrega do poder aos comunistas. No período em que Ustra esteve à frente do DOI paulista, pelo menos 45 pessoas morreram ou sumiram depois de passar pelas dependências do órgão.[4] Dos 876 casos de tortura catalogados no livro *Brasil nunca mais*, cerca de quatrocentos ocorriam no centro comandado por Ustra.

Uma dessas vítimas foi Ivan Seixas, que na época tinha dezesseis anos e militava no Movimento Revolucionário Tiradentes. Ele ficou preso no DOI junto com o pai, Joaquim Alencar de Seixas, também militante. Durante dois dias, ambos foram torturados lado a lado. O filho, pendurado no pau de arara, e o pai levando choques na cadeira do dragão. Sofreram espancamentos e afogamentos sucessivos. A mãe de Ivan, Fanny, e suas duas irmãs, Ieda e Iara, acompanharam as torturas e ouviram quando o pai foi morto nas dependências do DOI. Ieda sofreu violência sexual de três torturadores. Os agentes, segundo Ivan, conversavam com Ustra sobre o andamento dos interrogatórios. Ivan permaneceu preso até os 22 anos e depois se tornou militante de direitos humanos.

Anticomunista visceral, Ustra foi um dos formuladores dos métodos de investigação usados no DOI, que combinavam estratégias militares com táticas policiais. Criou protocolos para chegar aos principais nomes da guerrilha urbana, principalmente aqueles treinados em Cuba e na União Soviética. Identificava suas redes de contato para descobrir e estourar seus aparelhos (locais clandestinos usados pelos grupos políticos na época da luta contra a ditadura), interrogando, torturando e matando quando achasse necessário. Também foi no DOI que surgiu o método conhecido como teatro, que consistia em encenar tiroteios na rua para justificar a morte de presos. Esse tipo de encenação continua sendo usado pelas polícias militares na democracia. "Não existe guerra sem sangue" era uma das máximas de Ustra.

Ele não agia por impulso nem era meramente um sádico; seguia ordens como um oficial disciplinado, religioso, respeitador da hierarquia e da equipe do DOI. Gostava de citar que havia recebido a Medalha do Pacificador, a mais alta comenda do Exército. Levava com frequência a mulher e as duas filhas com ele para o trabalho e passou algumas noites de Natal com a família nas dependências do DOI. Essa mistura de médico e monstro tinha lugar em sua personalidade porque Ustra acreditava ser o responsável por salvar o Brasil do comunismo, uma guerra além de tiros e canhões. Na visão dele e de parte da comunidade de informação, esse tipo de conflito era mais desafiador, por envolver o fanatismo ideológico dos comunistas que atuavam do outro lado. Não se tratava somente de vencer no campo de batalha, mas de ganhar a mente das massas. Essa leitura que ele tinha da realidade vinha da doutrina da guerra revolucionária, desenvolvida nos anos 1950 pelo Exército francês nas lutas coloniais na Indochina e na Argélia, que norteou as ações das Forças Armadas brasileiras depois de 1964. Era essa guerra ideológica contra o marxismo que um grupo de militares, entre os quais Ustra, acreditava estar perdendo durante a abertura política e depois que a democracia foi estabelecida.⁵

Interligado com uma rede de integrantes da comunidade de informação, Ustra tentou articular a disputa de narrativas contra os ex-guerrilheiros que passariam a mandar no país. Os militares queriam convencer as massas de que representavam a ordem, a tradição e o progresso, enquanto os esquerdistas da democracia submetiam os brasileiros à ideologia subversiva e revolucionária criada pelo marxismo. O outro lado era numeroso e se tornaria cada vez mais influente, assumindo cargos em escolas, universidades, jornais, na cultura e na política. Muitos dos que formariam essa nova elite tinham vindo da luta contra a ditadura e carregavam as marcas da tortura. De acordo com o livro *Brasil: nunca mais*, pelo menos 1800 pessoas foram vítimas de tortura durante o regime militar.⁶ Na Nova República, muitas seriam alçadas à elite política e cultural brasileira. Entre elas a futura presidente Dilma Rousseff, presa pela operação Bandeirante — que se transformaria nos DOIs — em 1970, em Minas Gerais, quando integrava a VAR-Palmares. Dilma foi pendurada no pau de arara, levou choques, apanhou com palmatória, perdeu um dente, sofreu hemorragia no útero. Em 2011, foi a primeira mulher a assumir a presidência do Brasil, sucedendo Luiz Inácio Lula da Silva, preso pela ditadura em 1980 por comandar as greves do ABC. Lula, por sua vez, havia sido eleito presidente em 2002, no lugar de Fernando Henrique Cardoso, que se exilara no Chile em 1964 para não ser preso. Regressou ao Brasil quatro anos depois para lecionar da Universidade de São Paulo, mas foi aposentado compulsoriamente com a instituição do AI-5 em dezembro daquele ano, 1968.

De FHC, em 1995, ao impeachment de Dilma, em 2016, os militares tiveram que aturar 21 anos de governos de ex-subversivos. Ustra, mesmo depois de aposentado, seguiu nas trincheiras, travando uma guerra ideológica para salvar as massas da "doutrinação esquerdista". Sua atuação se deu em duas frentes. Na sociedade civil, colaborou em 1998 com a criação do grupo Terrorismo Nunca Mais, contraponto à ONG Tortura Nunca Mais, criada pela Comissão Justiça e Paz da Arquidiocese de São Paulo. No grupo conhecido como Ternuma, Ustra era o encarregado de fazer a conexão entre membros da rede, ou seja, pessoas da comunidade de informações, militares, familiares e viúvas da ditadura.

Na segunda frente, o ex-chefe do DOI coordenava e escrevia livros. Seu primeiro projeto recebeu o nome de Orvil ("livro" escrito ao contrário), que pretendeu ser uma resposta ao *Brasil: nunca mais*. O Orvil foi um produto coletivo feito pelos integrantes da seção de informações do Exército, iniciado em 1985 a pedido do ministro do Exército, Leônidas Pires Gonçalves. Os autores narravam as ofensivas dos comunistas para tomar o poder no Brasil, desde a criação do Partido Comunista no país, em 1922, passando pela Intentona, em 1935, até a luta armada pós-1964. A quarta e mais recente tentativa, dizia o livro, estava em pleno vigor na Nova República. E seria a mais perigosa, porque não ocorreria pela força, e sim pelo controle das instituições culturais, com os comunistas assumindo postos em escolas, universidades, jornais, nas burocracias do governo. O livro foi finalizado em 1987 com quase mil páginas, mas teve sua publicação vetada por Leônidas. Cópias do original passaram a circular de mão em mão entre a irmandade de militares inconformados, com toda a fleuma das teorias da conspiração compreendidas apenas por alguns poucos iluminados.

Ustra ainda escreveu dois livros, dessa vez assinados por ele. Um deles, *Rompendo o silêncio*, publicado em 1987, foi escrito depois que a deputada Bete Mendes, que pertencia ao Partido dos Trabalhadores, o reconheceu como um de seus torturadores. Os dois se encontraram durante uma viagem da deputada com o presidente Sarney ao Uruguai, em agosto de 1985. Ustra era adido militar da embaixada brasileira em Montevidéu. O livro negava essa e outras denúncias de tortura praticada por militares. O segundo livro, lançado em 2006 e intitulado *A verdade sufocada: A história que a esquerda não quer que o Brasil conheça*, retomava a narrativa histórica do Orvil. "[...] procuro desfazer mitos, farsas e mentiras divulgadas para manipular a opinião pública e para desacreditar e desmoralizar aqueles que venceram", escreveu o autor na quarta capa. Foi esta obra que Bolsonaro disse ser seu livro de cabeceira durante a campanha presidencial. As publicações de Ustra permitem compreender a narrativa que alimenta a agressividade do capitão reformado contra a esquerda.

A versão da história contada por Ustra ajudou a transformar um versículo bíblico do Evangelho de João em um mantra entoado pelo futuro presidente: "E conhecereis a verdade, e a verdade vos libertará". De acordo com Ustra, a verdade sufocada que devia ser reconhecida e que libertaria aqueles que a enxergassem pregava que o Brasil continuava em guerra e que os inimigos eram ainda mais ardilosos que os guerrilheiros de antigamente, porque se fingiam de democratas. Em 2016, na votação do impeachment da presidente Dilma Rousseff, como se um ciclo histórico se fechasse, o deputado Jair Bolsonaro votou a favor do impedimento e se lembrou do torturador Ustra: "Perderam em 1964. Perderam agora em 2016. Pela família e pela inocência das crianças em sala de aula, que o PT nunca teve. Contra o comunismo, pela nossa liberdade, contra o foro de São Paulo, pela memória do coronel Carlos Aberto Brilhante Ustra, o pavor de Dilma Rousseff. Pelo exército de Caxias. Pelas nossas Forças Armadas. Pelo Brasil acima de tudo. Por Deus acima de todos. O meu voto é sim".

Bolsonaro sempre desprezou partidos políticos, com os quais se relacionava apenas para transformá-los em instrumentos de seus objetivos e de suas estratégias pessoais. Filiou-se a sete partidos, quase todos do centrão — PDC, PPR, PPB, PTB, PFL, PP, PSC —, antes de ingressar no PSL, em 2018, para concorrer à presidência. Nunca se incomodou de estar filiado a agremiações envolvidas em escândalos de corrupção, porque atuava como um político solo. Não se enturmava, não buscava alianças nem mesmo com seus correligionários, diversas vezes votou em desacordo com a indicação da liderança de seu partido. Essa insociabilidade política o deixou de fora dos esquemas de financiamento ilegal de campanha, via caixa dois, que marcariam as eleições na Nova República. Bolsonaro agia como um franco-atirador, sempre disposto a adotar um comportamento agressivo contra seus pares à esquerda. Era uma peça que não se encaixava. Sempre preferiu a violência — mesmo que simbólica — à política.

Como parlamentar, foi um representante dos militares e dos policiais. Atuava como um sindicalista que não se importava em usar armas sujas. Em 1994, durante o governo Itamar Franco, na aprovação da Unidade Real de Valor, que daria as bases econômicas ao Plano Real, Bolsonaro aprovou uma emenda de autoria dele que garantia benefícios ao salário de praças especiais, mais do que dobrando os vencimentos da categoria. Antes da sessão, pediu a um assessor que enchesse um saco com estrume mole de vaca, que ele levou ao Congresso. A ideia era lançar os dejetos contra seus colegas em caso de derrota. Só não fez isso porque a emenda foi aprovada.[7] Bolsonaro, contudo, tinha uma qualidade que não herdou nem de Ustra nem de Newton Cruz. Falava tudo às claras, seu ódio era transparente, nunca dissimulou sua visão bélica, seu desprezo pelas leis e pelo estado de direito. Depois do Massacre do Carandiru, em que 111 presos foram mortos por policiais em São Paulo, episódio ocorrido em 1992, Bolsonaro afirmou: "Morreram poucos, a PM tinha que ter matado mil". Repetia que os direitos humanos serviam apenas para defender marginais e, em sua obsessão por imagens escatológicas, para a divulgação de seu site fez uma camiseta com a frase: "Direitos humanos: esterco da vagabundagem".

Em 1999, quando exercia seu terceiro mandato como deputado federal, deu um depoimento revelador ao programa

Câmera Aberta, da TV Bandeirantes do Rio, apresentado por Jair Marchesini. Numa longa entrevista, ele defendeu a tortura e sugeriu aplicá-la no ex-presidente do Banco Central, Chico Lopes, na época investigado por uma Comissão Parlamentar de Inquérito. "Dar porrada no Chico Lopes. Eu sou favorável à CPI, no caso do Chico Lopes, que tivesse pau de arara lá, ele merecia isso, pau de arara, funciona. Eu sou favorável à tortura, tu sabe disso. E o povo é favorável a isso também." Depois confessou que sonegava impostos e aconselhou a população a fazer o mesmo. "Inclusive, xará, conselho meu e eu falo. Eu sonego tudo que for possível. Se eu puder não pagar nota fiscal, eu não pago. O dinheiro só vai pro ralo."

O apresentador perguntou se ele fecharia o Congresso Nacional caso fosse presidente do Brasil. "Não há a menor dúvida. Daria o golpe no mesmo dia. [...] [O Congresso] não funciona e tenho certeza que 90% da população ia fazer festa e bater palma. O Congresso hoje em dia não serve pra nada, xará, só vota o que o presidente quer. Se ele é a pessoa que decide, que manda, que tripudia em cima do Congresso, então dê logo o golpe, parte logo pra ditadura. Agora, não vai falar em ditadura militar aqui. Só desapareceram 282, a maioria marginais, assaltantes de banco, sequestradores. Em vinte anos. Só no último Carnaval de São Paulo morreram mais de trezentos." O apresentador fez uma breve intervenção e disse que não era essa imagem que a população tinha da democracia. "Mas pra elite o que interessa é essa democracia que está aí, eles estão se dando bem. Eles estão deitando e rolando", respondeu o deputado Bolsonaro. O entrevistador perguntou o lógico: "Se o Congresso não serve pra nada, por que o senhor está no Congresso?". Bolsonaro respondeu: "Pra não chegar um mau-caráter no meu lugar".

No final do programa, o apresentador perguntou: "O senhor tem esperança, o senhor vê o Brasil num lugar melhor? O senhor acredita nisso?". Bolsonaro, mais uma vez, não perdeu a chance: "Só com uma crise seríssima, me desculpe. Através do voto você não vai mudar nada nesse país, nada, absolutamente nada. Só vai mudar quando infelizmente nós fizermos uma guerra civil aqui dentro, e fazendo o trabalho que o regime militar não fez, matando uns 30 mil, começando com o FHC, não deixar ele pra fora não, matando. Se vai morrer alguns inocentes [sic], tudo bem, na guerra sempre morre inocente, até fico feliz se eu morrer, mas desde que vai 30 mil [sic], outros marginais junto comigo. Fora isso, fica nesse nhé-nhé--nhé-nhé-nhé-nhé, não vamos chegar a lugar nenhum".

O apresentador queria encerrar o programa com uma mensagem otimista e tentou outra vez: "Qual a mensagem o senhor daria para um jovem de dezesseis, dezessete anos, que tem a idade dos seus filhos?". Bolsonaro: "Acreditar em Deus, não ser ateu como o governo que está aí, vamos combater o bom combate, não aquilo que os estudantes fizeram no passado combatendo o regime militar, aqueles que empurraram os estudantes para combater o regime militar estão todos em Brasília, todo mundo lá, se dando bem, ou no Congresso, no Judiciário, no Executivo. Eles falam em repartir riqueza, tá todos eles muito mais ricos [sic] do que os que comandavam Brasília antigamente". E para encerrar: "Vocês podem não gostar de mim, mas eu sou uma pessoa sincera".

Essa figura controversa, transparente e cheia de convicções, que menosprezava as instituições democráticas e o estado de direito, se manteve coerente. Bolsonaro defendia uma violência purificadora contra um sistema bandido. Daí seu envolvimento com o capitão Adriano da Nóbrega, um herói na guerra contra os bandidos que aterrorizavam o Rio de Janeiro. Os novos inimigos urbanos, em vez de subversivos e comunistas, passaram a ser os negros, os pobres, os jovens, os moradores de favelas e os suspeitos de vender drogas. Nessa guerra, a morte do oponente não era problema, mas caminho para a vitória. A guerra continuava. Os inimigos deveriam ser eliminados pelos verdadeiros patriotas, dispostos a matar em defesa do Brasil, contra o comunismo e contra os bandidos comuns.

Essa crença está na base da disposição homicida da rede de policiais, militares e paramilitares que matam em nome de causas que consideram justificáveis. A operação Bandeirante e os DOIs trabalharam com homens vindos dos grupos de extermínio dos anos 1960, como os esquadrões da morte, a Invernada de Olaria, os Homens de Ouro e integrantes da Scuderie Le Cocq, peças-chave na tortura e na luta contra a guerrilha. Em São Paulo, o recrutamento do Exército seguiu a mesma linha: Sérgio Paranhos Fleury, o fundador do Esquadrão da Morte paulista, replicou na polícia de São Paulo o modelo carioca. Os conhecimentos de Fleury sobre tortura em presos comuns — do pau de arara à cadeira do dragão —, assim como a cooptação de informantes, ajudaram a definir os métodos depois aplicados nos DOIs.

Bolsonaro, no entanto, estava longe da linha de frente dos conflitos. Durante a Nova República, como deputado em Brasília, dizia representar os que matavam em nome do Estado. A ideia de que o homicídio podia ser um meio para alcançar um fim o aproximava da moral dos inimigos. Na biografia que Flávio Bolsonaro escreveu do pai, consta a participação de Bolsonaro em uma audiência de uma CPI no Congresso Nacional, ocorrida em 2001, sobre tráfico de drogas. Fernandinho Beira-Mar iria prestar depoimento, ele havia sido preso em território das Forças Armadas Revolucionárias da Colômbia, as Farc. Numa das salas da CPI, estava Jair Bolsonaro. Diz Flávio em seu livro: "Quando Bolsonaro assume a palavra, se dirige a Beira-Mar na CPI: Senhor Fernando, é muito dinheiro para estar na mão de um bandido em cima do morro. Temos que parar de hipocrisia aqui nessa audiência, como se tudo que acontece de errado no país fosse culpa de Fernandinho Beira-Mar. Se eu pudesse fazer algo contra você, seria para matar ou morrer, não podemos ficar na demagogia aqui".

O então deputado Bolsonaro quis insinuar que havia pessoas acima de Beira-Mar na organização, quando de fato se sabia que ele era o principal matuto do tráfico na época. Flávio conta qual foi a resposta de Beira-Mar, carregada de sua admiração pelo parlamentar: "Eu sei que o senhor é um deputado que, inclusive, defende a pena de morte, eu sei tudo do senhor. O que falou foi a pura verdade, não tem que ser hipócrita e ficar fazendo campanha política aqui. [...] Eu conheço a sua história muito mais do que o senhor crê ou imagina. [...] É uma pessoa que prega a pena de morte, mas que também não tem rabo preso com ninguém não". Flávio comenta no livro: "É evidente que atestado de idoneidade emitido por traficante não é algo a ser comemorado, mas impressiona como a retidão de Bolsonaro na vida pública é reconhecida por todos os segmentos da sociedade, inclusive por aqueles que são firmemente combatidos por ele, como traficantes de droga".

Beira-Mar e Bolsonaro acreditavam estar em guerra. Mesmo em lados opostos, no entanto, viam os mesmos métodos violentos como necessários. Era preciso matar ou morrer, e certos erros deveriam ser pagos com a vida. Como deputado federal, Bolsonaro voltou-se com discursos, homenagens e iniciativas parlamentares para a rede de policiais, militares e paramilitares que participavam desses conflitos cotidianos. Bolsonaro também empurrou para esse universo seus três filhos: Flávio, Carlos e Eduardo. Como Jair vivia em Brasília, a aproximação com os grupos de policiais e paramilitares do Rio se deu por meio do sargento Fabrício Queiroz, ex-colega de Bolsonaro no Exército e linha de frente do 18º Batalhão. Queiroz era cria da Praça Seca, em Jacarepaguá, e participava dos conflitos policiais com os integrantes do tráfico na Cidade de Deus, que sempre rendeu arrego, armas e uma ampla diversidade de receitas. Em 2003, Queiroz conheceu Adriano da Nóbrega, com quem atuou num homicídio na Cidade de Deus.

A participação de policiais do 18º foi fundamental para que as milícias se espalhassem por Jacarepaguá, Recreio e Barra, principalmente depois de 2002, reinventando o modelo de Rio das Pedras. Queiroz era o principal articulador da base de aliados bolsonarista no meio paramilitar. Quando atuava na polícia, a pedido de Jair ele foi cabo eleitoral de Flávio, que, com 22 anos, ia concorrer ao Parlamento estadual. Queiroz levou o garotão imberbe e criado na Tijuca para pedir votos nos batalhões policiais. Anos depois também ajudou a indicar nomes a serem homenageados por Flávio no Parlamento — o capitão Adriano, suspeito de diversos assassinatos, foi um condecorado recorrente. Em 2007, Flávio contratou Queiroz para trabalhar em seu gabinete e, quatro meses depois, levou para lá a mulher do capitão Adriano. Em 2016, foi a vez de a mãe de Adriano ser contratada por Flávio, para atuar também em seu gabinete. Em 2018, o Ministério Público do Rio apontou Fabrício Queiroz como articulador das rachadinhas (apropriação de parte dos salários destinados aos funcionários do gabinete) no gabinete de Flávio. De acordo com as investigações do MP, o esquema foi criado no ano em que Queiroz começou a trabalhar para Flávio.

Os Bolsonaro não pegavam dinheiro de empreiteiras nem de bancos, não se vendiam a grandes empresários. A família não precisava de muito dinheiro para fazer campanhas políticas, pois já contava com os votos garantidos de militares e policiais (e seus familiares). Bolsonaro, contudo, achava que ganhava pouco como deputado federal. Conforme explicou certa vez, a maior parte de seu salário ia para o pagamento de impostos, fundo de garantia e pensão para a ex-mulher. "Fico somente com 5% do salário", reclamou, na entrevista que deu ao seu xará da Bandeirantes. O dinheiro que os deputados recebiam ao assumir o mandato, contudo, era muito acima do salário de um parlamentar.

A verba de gabinete que a Assembleia Legislativa do Rio, por exemplo, destinava para cada deputado contratar até 25 funcionários, com salários entre 548 reais e 15 mil reais, era de 107 mil reais em 2020. No pedido de prisão preventiva expedido contra Fabrício Queiroz em junho de 2020, o juiz escreveu que as rachadinhas ocorreram no gabinete de Flávio Bolsonaro entre abril de 2007 (um mês depois de Queiroz ser contratado) e dezembro de 2018. Pelo menos onze ex-assessores que repassavam parte de sua remuneração a Queiroz tinham com ele uma relação ou de parentesco, ou de vizinhança, ou de amizade. Essas pessoas transferiram ao assessor de Flávio um total de 2,39 milhões de reais, sendo 69% desse total em dinheiro vivo. No mesmo período, o Ministério Público detectou na conta corrente de Queiroz saques rotineiros, que totalizaram 2,967 milhões de reais. As investigações descobriram que parte desse dinheiro era transferida para Flávio Bolsonaro por meio de depósitos bancários fatiados em pequenas parcelas. Também foram encontrados depósitos na conta da mulher de Flávio e pagamentos mensais de boletos da escola das filhas do casal, todos realizados por Queiroz.

O rolo financeiro acabaria alcançando o gabinete de Jair Bolsonaro, na época em que ele era deputado federal. Jair havia empregado a personal trainer Nathália Queiroz, filha do sargento, em seu gabinete em Brasília. Nathália transferia parte do salário para as contas do pai — foram repassados pouco mais de 150 mil reais de janeiro de 2017 a setembro de 2018, conforme mostraram os dados da quebra de sigilo de sua conta autorizada pela Justiça.[8] Anos antes, entre 2007 e 2016, Nathália foi registrada no gabinete de Flávio na Assembleia do Rio e também repassava a maior parte do seu salário a Queiroz. Mesmo registrada nos mandatos da família Bolsonaro, Nathália seguiu sua bem-sucedida carreira como personal trainer, tendo várias celebridades entre seus clientes. Nathália, assim como as outras pessoas envolvidas, parecia ter sido usada para os rolos de Queiroz nos gabinetes dos Bolsonaro.

Bolsonaro e sua família são representantes ideológicos de uma cultura miliciana que se fortaleceu no Rio e chegou à presidência do Brasil. Defender extermínios, seu pensamento dizia, era lutar como um patriota pela missão de livrar o Brasil do mal. Desde que enxergou essa sua verdade muitos anos atrás, libertou-se de freios morais e passou a pregar a violência abertamente. Coube a Bolsonaro e a seus comensais da morte agir em defesa dessas crenças, levantando a bandeira da ideologia paramilitar contra as instituições da Nova República, que simbolizavam aquilo que deveria ser destruído.

Essa pregação se revelou especialmente sórdida depois da noite de quarta-feira 14 de março de 2018, quando Marielle Franco e Anderson Gomes foram executados no Rio de Janeiro, em plena intervenção militar. A vereadora e o motorista morreram por volta das 21h30, causando comoção dentro e fora das redes sociais. Na manhã seguinte, começaram a circular no WhatsApp áudios, fotos e memes querendo associar a vereadora ao tráfico de drogas. Diziam que ela havia sido eleita pelo Comando Vermelho e que tinha namorado o traficante Marcinho VP, chefe da facção. Imagens de criminosos de bermuda e chinelo, executando passageiros de um carro — em data e local desconhecidos —, foram postadas a fim de sugerir que ela tinha sido morta por traficantes. A viralização das mentiras era obra de expoentes do grupo que viria a se tornar, poucos meses depois, a base de apoio bolsonarista.

A desembargadora Marília Castro Neves acreditou nas mentiras que vinham se espalhando nas redes. Dois dias depois do crime, ela afirmou em seu Facebook que Marielle estava envolvida com bandidos: "Foi eleita pelo Comando Vermelho e descumpriu 'compromissos' assumidos com seus apoiadores. Ela, mais do que qualquer outra pessoa 'longe da favela', sabe como são cobradas as dívidas pelos grupos entre os quais ela transacionava. Até nós sabemos disso. A verdade é que jamais saberemos o que determinou a morte da vereadora, mas temos certeza de que seu comportamento, ditado por seu engajamento político, foi determinante para seu trágico fim. Qualquer outra coisa diversa é mimimi de esquerda tentando agregar valor a um cadáver tão comum como qualquer outro".

O site Ceticismo Político, de propriedade do empresário Carlos Augusto de Moraes Afonso, publicou uma reportagem com o título "Desembargadora quebra narrativa do PSOL e diz que Marielle se envolvia com bandidos e é cadáver comum", que falsificava uma matéria da *Folha de S.Paulo* para simular que a notícia vinha da imprensa profissional. Quatro horas depois, o link foi compartilhado pelo Movimento Brasil Livre (MBL) e se tornou um dos mais populares sobre o tema, com 360 mil compartilhamentos, segundo levantamento da Universidade Federal do Espírito Santo e do jornal *O Globo*.[9]

Entre a quarta-feira 14 de março e o domingo 18 de março, a Fundação Getulio Vargas acompanhou tuítes que postavam notícias falsas sobre Marielle.[10] O primeiro foi publicado pouco depois das dez horas da manhã da sexta-feira, associando Marielle a Marcinho VP. O deputado federal Alberto Fraga, da bancada da bala e melhor amigo de Bolsonaro no Congresso, reforçou o boato no fim da tarde, ajudando a espalhar a mentira, que ferveu nas redes no sábado. "Conheçam o novo mito da esquerda, Marielle Franco. Engravidou aos dezesseis anos, usuária de maconha, defensora de facção rival e eleita pelo Comando Vermelho, exonerou seis funcionários, mas quem a matou foi a PM", escreveu o deputado Alberto Fraga. Segundo o levantamento da FGV, no período de cinco dias foram publicados 6676 tuítes espalhando notícias falsas sobre o crime e sobre Marielle. Familiares e amigos da vereadora precisaram, durante o luto, articular uma rede de jornais, agências e influenciadores para reverter a onda de mentiras nas redes sociais. No dia 19, o PSOL havia recebido 15 mil e-mails denunciando mentiras sobre a vereadora.

Ideias conspiratórias sobre política no Brasil não eram estranhas ao principal suspeito de ter executado Marielle e Anderson, o sargento aposentado Ronnie Lessa. Depois que policiais e promotores chegaram ao seu nome, a Justiça autorizou a quebra dos dados telemáticos e telefônicos de Lessa. Foram analisadas todas as suas atividades na internet de janeiro de 2017 a 14 de março de 2018, dia do assassinato. Lessa fazia pesquisas sobre Carlos Brilhante Ustra, sobre a ditadura militar e o Estado Islâmico. O policial também tinha obsessão pelo deputado Marcelo Freixo e por políticos da esquerda. Em abril de 2017, lançou no campo de pesquisa do Google termos como mortes+de+marcelo+freixo, "marcelo freixo enforcado", "lula enforcado", "dilmarousseff morta". Também pesquisou sobre a filha e a ex-mulher de Freixo. Em abril de 2017, Lessa mandou um e-mail para si mesmo: "Adotem um bandido, viva o PSOL". Em julho, o sargento reformado buscou dados sobre pesquisadores e ativistas de ONGs de direitos humanos com termos como "ONG Redes da Maré", "Lidiane Malanquin Magacho", Marina Mota+Anistia Internacional.

Entre outubro de 2017 e fevereiro de 2018, Lessa pesquisou acessórios para a submetralhadora HK MP, focando em silenciadores, todos equipamentos usados no assassinato de Marielle e Anderson. A partir de fevereiro de 2018, Lessa fez pesquisas sobre vereadores que haviam votado contra a intervenção federal no Rio. Marielle era a relatora da comissão instalada na Câmara Municipal para fiscalizar e acompanhar a intervenção. Ainda em março, Lessa buscou nomes importantes da universidade, como as pesquisadoras Julita Lemgruber e Alba Zaluar. Ainda foi atrás de militantes negras, como a escritora Kenia Maria e a cantora e compositora Iza, que ele buscou como "Iza Cantora". Entre os dias 2 e 12 de março de 2018, pesquisou quatro endereços próximos aos lugares em que Marielle havia estado, uma indicação de que ele monitorava os deslocamentos dela.

Se essa movimentação de Lessa pela rede não deixou claras suas motivações, pelo menos mostrou pontos coincidentes entre seus interesses e o pensamento dos novos líderes que surgiram. Não por acaso o duplo homicídio turbinou os votos de políticos que haviam ofendido a honra dos mortos. Bolsonaro foi eleito presidente no final do ano com 57,8 milhões de votos — ou 55% do total dos brasileiros que foram às urnas no segundo turno. A escolha representava a derrota dos figurões da Nova República, que depois de trinta anos de democracia haviam mergulhado o país numa crise econômica e política. Os brasileiros também passavam um recado, desnudando as angústias de uma população mal resolvida com sua própria história, revelada na intolerância às diferenças e na tensão entre classes, raças e culturas que a eleição do ex-capitão representava. A sinceridade de Bolsonaro havia permitido ao brasileiro se olhar no espelho sem disfarces. A imagem que se refletia era assustadora. Haveria, contudo, um caminho a ser trilhado: racionalizar o que veio à tona, reconstruir o pacto político e amadurecer como nação.

Nesse processo, não se deve diminuir o papel de Olavo de Carvalho, que ajudou a dar sentido ao discurso de fúria e, principalmente, aproximar os militares ressentidos do antipetismo crescente que explodiria depois da reeleição da presidente Dilma Rousseff. Conheci e comecei a ler os textos de Olavo na internet em 2002, quando cumpria meus créditos para o doutorado no Departamento de Ciência Política da USP. O nome dele me foi indicado pelo meu professor e orientador Oliveiros S. Ferreira, referência no debate político nacional e que também havia sido diretor de redação e chefe dos editorialistas do jornal *O Estado de S. Paulo*. Oliveiros me disse que Olavo era a única pessoa que ele lia com interesse na imprensa daquela época. Fui conhecer seus escritos. Li os textos em seu site e tentei comprar um dos livros de Olavo, *Aristóteles em nova perspectiva: Introdução à teoria dos quatro discursos*. A obra havia se esgotado e mandei um e-mail para o autor, me apresentando, citando a conversa com Oliveiros e perguntando onde eu poderia comprá-la. Como não havia mais exemplares à venda, Olavo fez a gentileza de me enviar um arquivo do livro para eu ler.

Havia algo de fascinante nos textos de Olavo, que discutia filosofia como alguém que dialogava com o leitor comum e não com seus pares da academia — grupo do qual ele nunca fez parte. Isso aumentava a sagacidade e a clareza de seus argumentos e tornava seus textos mais atraentes — mesmo que repleto de distorções e sofismas. Sua erudição era notável e se tornou um importante divulgador de autores de tradição conservadora, ainda pouco debatidos no Brasil, indicando títulos e organizando obras para uma rede de editoras, algumas delas fundadas por ex-alunos de seus cursos de filosofia. Livros como os dos economistas liberais Ludwig von Mises e Friedrich Hayek, dos filósofos Roger Scruton, Ortega y Gasset, Eric Voegelin, Mario Ferreira dos Santos, dos críticos literários Otto Maria Carpeaux, José Guilherme Merquior, René Girard, entre outros. Olavo também tinha uma forte veia polemista, que lembrava Paulo Francis, mas que se tornaria cada vez mais agressiva. Francis, inclusive, havia sido um leitor entusiasmado de um dos primeiros sucessos editoriais de Olavo, *O imbecil coletivo: Atualidades inculturais brasileiras.*

Nessa época, começo dos anos 2000, Olavo ainda escrevia em jornais e revistas. Aos poucos, começou a perder esse espaço à medida que sobressaía outro traço de sua personalidade: uma mistura de paranoia com anticomunismo visceral, que o tornaria um dos mais criativos teóricos da conspiração no Brasil, alertando, com diversas citações, a existência de um plano diabólico para dominar o Brasil e o mundo. Olavo denunciava a formação de uma Nova Ordem Mundial a partir de uma corrente filosófica influenciada pelo marxismo, que teria criado uma consciência coletiva que moldava corações e mentes com suas ideologias. Essa hegemonia marxista no mundo das ideias estaria por trás do avanço mundial do comunismo, que se encontrava em pleno vigor mesmo depois do fim da Guerra Fria. A revolução comunista, segundo essa interpretação, ocorreria sem a necessidade de derramamento de sangue. Seria definida como uma revolução do tipo gramsciano, em referência ao filósofo italiano marxista Antonio Gramsci, por ser uma tomada de poder passiva, pelo domínio da cultura.

Olavo atacava ainda a omissão da imprensa em denunciar o avanço do comunismo na América Latina, planejado no Foro de São Paulo, organização fundada com o apoio do PT e que, desde 1990, reunia mais de cem organizações e partidos de esquerda do continente, que em breve tomariam o poder. O comunismo, ou a "hegemonia cultural marxista", ou o "globalismo", estaria, portanto, mais forte do que nunca, com seus tentáculos espalhados pelo mundo e aceitos por uma população que nem sequer percebia como esses mecanismos de dominação funcionavam. O marxismo, dessa forma, influenciava não apenas os partidos de esquerda, mas também agências insuspeitas, como a Organização das Nações Unidas, a Rede Globo, a imprensa em geral, as principais ONGs mundiais, cujo financiador central era o megainvestidor George Soros. A construção narrativa de Olavo dialogava com a da ultradireita nos Estados Unidos, que iria se fortalecer na oposição ao governo de Barack Obama e que levaria à surpreendente eleição de Donald Trump em 2016.

Havia uma afinidade profunda entre as ideias olavistas sobre a revolução gramsciana e a doutrina da guerra revolucionária contida no livro de Brilhante Ustra *A verdade sufocada*. Na edição ampliada de 2007, Ustra incluiu um trecho de *O jardim das aflições*, de Olavo, na conclusão. Ao longo dos anos 2000, Olavo foi figura importante também em diálogos constantes com as Forças Armadas. Fez conferências para oficiais e para o Estado-Maior do Exército, teve textos publicados no site do grupo Terrorismo Nunca Mais, do qual Ustra foi um dos fundadores. Em 1999, Olavo recebeu a Medalha do Pacificador, principal condecoração do Exército, entregue pelo general Gleuber Vieira, comandante no governo de Fernando Henrique Cardoso. Era um discreto sinal de resistência infiltrada no governo que pagaria as primeiras indenizações a familiares de desaparecidos políticos e perseguidos pela ditadura. Em 2001, Olavo de Carvalho recebeu a Medalha do Mérito Santos Dumont, concedida pela Aeronáutica. Um revisionista entusiasmado e seguidor das ideias de Ustra e de Olavo foi o general Hamilton Mourão, vice-presidente do Brasil no governo Bolsonaro.

A família Bolsonaro conheceria o filósofo anos depois e cairia de amores por ele. Em 2012, o deputado Flávio Bolsonaro concedeu a Medalha Tiradentes, a maior premiação da Assembleia Legislativa do Rio, a Olavo de Carvalho — a mesma entregue ao capitão Adriano da Nóbrega e a diversos milicianos. Flávio fez questão de viajar aos Estados Unidos para fazer a entrega pessoalmente na casa do filósofo em Richmond, na Virgínia. Na gravação do encontro, Flávio, com 31 anos, apareceu intimidado diante do professor. Olavo agradeceu a comenda e depois passou a falar sobre a destruição da instituição familiar e do "gayzismo" com muitos palavrões e ofensas pessoais dirigidas aos opositores ideológicos. As cenas seriam engraçadas se não fossem grotescas e protagonizadas por uma dupla cujas ideias, seis anos depois, ajudariam a definir o destino do Brasil.

Quando Jair Bolsonaro começou a planejar sua candidatura à presidência, o futuro presidente ainda estava distante dos holofotes. Os primeiros passos foram dados em março de 2014, quando se lançou pré-candidato pelo PP e não foi levado a sério nem mesmo por seus correligionários. Mandou uma carta ao partido oficializando o pedido, mas acabou desistindo pela falta de interesse do partido em tê-lo como candidato a presidente e resolveu concorrer a mais um mandato de deputado federal, seu sétimo. Já havia, no entanto, uma energia diferente no ar. Bolsonaro se elegeu com 464 mil votos, tornando-se o parlamentar mais votado no Rio. Em novembro do mesmo ano, durante a formatura de cadetes na Academia Militar das Agulhas Negras, Bolsonaro, ao falar com os formandos, foi recebido com gritos de "Líder!". "Parabéns pra vocês. Nós temos que mudar este Brasil, tá ok? Alguns vão morrer pelo caminho, mas estou disposto em 2018, seja o que Deus quiser, tentar jogar para a direita este país. O nosso compromisso é dar a vida pela pátria e vai ser assim até morrer. Nós amamos o Brasil, temos valores e vamos preservá--los. [...] Esse Brasil é maravilhoso, tem tudo aqui. Está faltando é político. Há 24 anos apanho igual a um desgraçado em Brasília, mas apanho de bandidos. E apanhar de bandido é motivo de orgulho e glória. Vamos continuar assim", finalizou. O clima, sem dúvida, havia mudado. Em agosto de 1992, os militares barraram a entrada de Bolsonaro na Academia das Agulhas Negras, na cerimônia de entrega de espadas. Em protesto, Bolsonaro deixou seu Chevette atravessado na portaria, para bloquear a entrada dos convidados, e só saiu rebocado por um guincho.

Integrantes das Forças Armadas embarcaram na onda bolsonarista. Começou timidamente, em 2015, quando o general Hamilton Mourão saiu em defesa da tutela militar durante as manifestações contra Dilma Rousseff.[11] Mourão seguiria com seu proselitismo nos anos seguintes, aumentando o tom conforme se aproximava o prazo de ele ir para a reserva. Em setembro de 2017, o general deu uma palestra numa casa maçônica em Brasília falando abertamente sobre a possibilidade de intervenção. "Ou as instituições solucionam o problema político, pela ação do Judiciário, retirando da vida pública esses elementos envolvidos em todos os ilícitos, ou então nós teremos que impor isso." Em outro momento, reforçou a necessidade da tutela: "Os poderes terão que buscar uma solução, se não conseguirem, chegará a hora em que teremos que impor uma solução, e essa imposição não será fácil, ela trará problemas". Diante da repercussão de sua fala na imprensa, Mourão negou que defendesse a intervenção ou que tivesse a intenção de entrar na política. "Não. Não sou político. Sou soldado."

Mourão foi para a reserva em fevereiro de 2018. Em seu discurso de despedida, chamou o coronel Carlos Brilhante Ustra de "herói". Questionado, Mourão afirmou que Ustra havia sido seu comandante, "combateu o terrorismo e a guerrilha, por isso é um herói". Na mesma ocasião, tornou público o descontentamento no interior das Forças Armadas com o pedido de intervenção federal no Rio de Janeiro, ocorrido na semana anterior. "A intervenção no Rio de Janeiro é uma intervenção meia-sola. O [general interventor] Braga Netto não tem poder político. Braga Netto é um cachorro acuado, no final das contas. Não vai conseguir resolver o problema dessa forma. E nós só vamos apanhar", afirmou.

A intervenção federal foi decretada em fevereiro. A decisão se deu em uma reunião realizada na Quarta-Feira de Cinzas, sem planejamento ou comunicação prévia, depois que assaltos e arrastões em Ipanema, durante o Carnaval, repercutiram no país. O autor da ideia foi o secretário-geral da presidência e ex-governador do Rio Moreira Franco. O objetivo era revigorar politicamente o governo Temer, fragilizado com denúncias de corrupção e sem bandeiras depois de a reforma da Previdência ser inviabilizada no Congresso. O marqueteiro de Temer, Elsinho Mouco, abraçou a medida. Era a última cartada para o presidente Temer tentar a reeleição. Bastava convencer o governador do Rio, do mesmo partido, o MDB. Afogado em crises, Luiz Fernando Pezão aceitou.

Na mesma semana da intervenção, o governo federal publicou seu novo slogan: "O governo, que está tirando o país da maior recessão da história, agora vai tirar o Rio de Janeiro da violência". As Forças Armadas seriam instrumentalizadas para tentar eleger um presidente afundado em denúncias de corrupção. Além de se sentirem usados por um presidente sem credibilidade, os militares já tinham seu "candidato": o próprio Mourão, que em agosto seria anunciado como vice na chapa de Bolsonaro. A dobradinha dos patriotas que idolatrava Ustra, seguidora de Olavo de Carvalho, era lançada para desbancar os políticos corruptos da Nova República. A verdade sufocada poderia ser finalmente conhecida.

O assassinato de Marielle Franco e de Anderson Gomes ocorreu em meio ao mal-estar criado entre Temer e os militares linha-dura. O duplo homicídio era uma evidente afronta ao governo federal e ao Exército no Rio, mesmo assim foi tratado de forma pusilânime pelos comandantes da intervenção. Os generais deram declarações protocolares, sem sequer esboçar empenho para pegar os assassinos. Houve também a percepção incômoda de que os militares concordavam com muito do que havia sido dito nos dias seguintes ao crime com o objetivo de minimizá-lo.

O comandante da intervenção no Rio de Janeiro, o general Walter Braga Netto, humilhado pelas milícias, se tornaria o chefe da Casa Civil de Jair Bolsonaro dois anos depois. Os militares, que por mais de trinta anos tinham se mantido fiéis a seu papel constitucional, assumiam ao lado do presidente o processo de desmoralização das Forças Armadas, ressuscitando o fantasma de tiranetes que governam por baionetas.

A vitória de Donald Trump, em novembro de 2016, animou os apoiadores de Bolsonaro no Brasil. O caminho das pedras para eleger um outsider havia se iluminado. Em janeiro de 2017, o deputado Eduardo Bolsonaro, o zero três, viajou aos Estados Unidos para conversar com o Bruxo de Virgínia — o apelido fazia referência a uma suposta capacidade de Olavo para prever o futuro e ao estado americano em que morava. Olavo já era um ídolo pop da ultradireita e Eduardo fez uma live da casa dele vestindo uma camiseta estampada com a frase "Olavo tem razão" e uma foto do filósofo. Na transmissão de quinze minutos, o filho de Bolsonaro fez duas perguntas a seu oráculo: o que a vitória de Trump representava para o mundo e o que ocorreria na eleição brasileira em 2018. Sobre a primeira pergunta, Olavo tergiversou e disse que o novo presidente norte-americano deveria destruir seus inimigos imediatamente, senão não teria tréguas. Depois, sobre as eleições no Brasil, alertou que a direita deveria tomar cuidado para não rachar, pois uma divisão de votos levaria à derrota.

Existiam pontos em comum entre a realidade do Brasil e a de outros países assolados pela onda direitista, como Itália, Hungria, Israel, Filipinas, Turquia, Polônia, Reino Unido e Estados Unidos. Em geral eram países que viviam momentos de crise econômica ou instabilidade política, o que favorecia a construção de bodes expiatórios, com a ajuda das redes sociais. A estratégia de comunicação da eleição de Trump, por exemplo, liderada pelo empresário e milionário Steve Bannon, seguiu esse caminho, com críticas à tolerância aos imigrantes, à globalização, que transferira empregos para a China ao importar seus produtos, e à desconstrução de valores tradicionais. No Brasil, os vilões foram os petistas e os partidos corruptos da Nova República, que haviam criado um Estado inchado e leis brandas para punir os culpados. Também impunham valores esquerdistas e degenerados.

A narrativa da direita tentava convencer pela emoção, instigando o medo, a insegurança e a revolta. A imposição dos valores globalistas e marxistas dos tempos de Lula e de Barack Obama tinha deixado tudo de pernas para o ar. As acusações eram direcionadas a ativistas dos movimentos LGBT, que buscavam fragilizar a família e incentivar o comportamento homossexual nas escolas primárias; ao movimento negro, que impunha a noção de raça sobre a de indivíduo, criando tensões despropositadas; aos ambientalistas que, sob o pretexto de evitar o aquecimento climático, queriam minar o motor da economia capitalista ou entregar a Amazônia aos estrangeiros. O rompimento com a tradição, anunciava a direita bolsonarista, empurrava parte dos brasileiros para um lugar desconhecido. Resgatar os valores transmitidos pelos pais, avós e bisavós da época em que todos sabiam o que era certo e errado, quem mandava na casa e na família, a diferença entre homem e mulher, dos tempos em que havia ordem e previsibilidade, podia trazer a sensação de paz e segurança. O bolsonarismo se propunha a engatar essa marcha a ré com a ajuda das novas ferramentas digitais.

As campanhas virais que impulsionaram o impeachment de Dilma Rousseff no Brasil e o sucesso eleitoral de Trump seriam a inspiração da campanha digital que elegeria Bolsonaro presidente. A possibilidade de manipular a revolta das massas nunca havia sido tão acessível. Nos Estados Unidos, Steve Bannon foi diretor da Cambridge Analytica, filiada da empresa inglesa Strategic Communication Laboratories (SCL), criada pelo empresário Robert Mercer, especializada em marketing hiperindividualizado. Com base em milhares de dados pessoais colhidos nos perfis de usuários das redes sociais, a Cambridge direcionava mensagens ou notícias — não importava se verdadeiras ou falsas — para manipular o comportamento de seus alvos e induzir o voto em determinado candidato. Em 2014, a empresa tinha armazenado cerca de 50 milhões de perfis do Facebook. A Cambridge e o Facebook seriam acusados depois da vitória de Trump de fornecer, sem autorização, dados de usuários, em ações consideradas decisivas para definir o resultado eleitoral.[12]

Em 2017, Eduardo Bolsonaro se aproximou desses grupos de influenciadores direitistas com a ajuda de um dos alunos mais aplicados de Olavo de Carvalho, Filipe Martins, que durante a campanha presidencial foi assessor do PSL. Formado em relações internacionais pela Universidade de Brasília, Martins tinha trabalhado na embaixada dos Estados Unidos na capital federal, onde entrou em contato com o site Breitbart News e Steve Bannon. Martins já escrevia para sites brasileiros de extrema direita, como Terça Livre, Mídia Sem Máscara e Senso Incomum. Junto com Eduardo e Carlos Bolsonaro, o zero dois, Martins teve papel importante na campanha de Jair Bolsonaro à Presidência, ajudando a mobilizar a rede de sites, blogs e replicadores de notícias que vinha se fortalecendo desde as manifestações contra Dilma Rousseff. Essa máquina de desinformação foi levada para dentro do governo de Jair Bolsonaro e apelidada, internamente, de gabinete do ódio por ministros e assessores do Palácio do Planalto. Martins virou assessor especial da presidência e também ganhou um apelido: Robespirralho, que fazia referência ao radicalismo do líder jacobino da Revolução Francesa, Robespierre.

Durante as eleições brasileiras, as mentiras disseminadas principalmente através do WhatsApp chegaram a níveis degradantes. Olavo de Carvalho, por exemplo, afirmou em sua página que Fernando Haddad, oponente de Bolsonaro na eleição, defendia o incesto: "Estou lendo um livrinho do Haddad, onde ele defende a tese encantadora de que para implantar o socialismo é preciso primeiro derrubar o tabu do incesto. Kit gay é fichinha. Haddad quer que os meninos comam suas mães". O cientista político Marcos Coimbra analisou as pesquisas eleitorais e afirmou que a estratégia da campanha bolsonarista de focar em valores morais foi decisiva, sobretudo para mudar o voto dos evangélicos, que correspondem a 30% do eleitorado.[13] A mudança na intenção de votos dos evangélicos teria ocorrido no período de 26 de setembro a 5 de outubro, principalmente entre as mulheres religiosas de classe média baixa.

A confiança nos políticos dos diversos partidos forjados na Nova República havia ido à lona. A fúria contra os políticos, despertada depois de junho de 2013, cresceria com a popularidade de agentes da lei e autoridades prontas a travar guerra contra os criminosos de colarinho-branco. Perdiam pontos os políticos, ganhavam pontos os militares, os juízes e os policiais que se diziam dispostos a impor a ordem perdida. E se prometessem tudo isso com discursos autoritários e truculentos, ainda melhor. As redes sociais e inúmeros comunicadores, guiados por teóricos da conspiração, ajudaram a construir uma narrativa capaz de fazer ferver e depois direcionar esse caldeirão de emoções contra as minorias, os políticos e as instituições democráticas. Foram tempos loucos, violentos e doentios. Tempos de Jair Bolsonaro, o capitão da República das Milícias.

Ubuntu

Flexibilizar as regras para porte, posse e venda de armas; reduzir o controle dos homicídios cometidos pela polícia. Se eu tivesse que pensar em duas mudanças legislativas para facilitar a vida dos paramilitares no Brasil, essas estariam em primeiro lugar. Não apenas porque a venda de armas e munições é fonte complementar de receita dos milicianos, mas também porque os homicídios têm sido um dos principais instrumentos de poder desses grupos. O presidente não decepcionou sua base de apoio. Como prometeu durante a campanha, Bolsonaro editou, duas semanas depois de assumir, um primeiro decreto de flexibilização da posse de armas e de diminuição dos controles de fiscalização sobre elas, com permissão até para o cidadão comum comprar fuzis. Em maio de 2020, um novo decreto do governo ampliava o porte de armas, autorizando diversas categorias profissionais a andar armadas na rua. Era o cumprimento de promessas de campanha de estímulo ao mercado formal, mas que ajudavam os negócios do mercado do crime. O Congresso conseguiu barrar os dois decretos, forçando o governo a negociar mudanças. O presidente, no entanto, seguia tentando fragilizar os órgãos de controle e ampliar os limites de compra de armas e munições, alcançando pequenas vitórias para facilitar a vida principalmente dos atiradores e colecionadores. Os resultados apareceram. No primeiro semestre de 2020, 139 mil armas haviam entrado em circulação no país, um total superior aos doze meses de 2018.[1] Armar a população era uma meta obsessiva do governo Bolsonaro.

Em fevereiro de 2019, o ministro da Justiça, Sergio Moro, apresentou um projeto de lei que chamou de anticrime. No pacote de medidas a ser apresentado ao Congresso, uma delas determinava que "o juiz poderá reduzir a pena até a metade ou deixar de aplicá-la se o excesso ocorrer de escusável medo, surpresa ou violenta emoção" em casos de legítima defesa. A legítima defesa já era, obviamente, um direito garantido em lei. Entre 2018 e 2019, mais de 12 mil homicídios foram cometidos pela polícia em supostas ações de legítima defesa, o que tornou as corporações brasileiras as mais letais do mundo em números absolutos. Em um cenário em que a violência da polícia vinha batendo recordes sucessivos, sem que as instituições conseguissem coibir ou fiscalizar os excessos, a proposta aumentava o descontrole sobre a corporação. Se a impunidade já imperava, o projeto de lei passava um recado: é permitido exterminar. O Congresso, mais uma vez, conseguiu barrar as propostas mais polêmicas do pacote, que foi parcialmente aprovado. Ainda assim, nas ruas das grandes cidades a violência seguiu batendo recordes mesmo durante a pandemia. As tropas das polícias militares eram forte base de apoio do governo.

Bolsonaro logo cumpriu diversas promessas de campanha. Nomeou ministros obscurantistas para as pastas da Educação, das Relações Exteriores, do Meio Ambiente e da recém-criada pasta da Mulher, Família e Direitos Humanos. Também levou militares para o governo. Tendo à frente os generais Hamilton Mourão, Braga Netto, Augusto Heleno, Luiz Eduardo Ramos e Fernando Azevedo, uma grande tropa fardada ganhou cargos na burocracia civil. Até julho de 2020, segundo informações dos próprios ministérios, já haviam passado pelo governo, ou estavam nas pastas e em algumas autarquias, mais de 250 militares.[2] Dez dos 23 ministros tinham origem militar. Levantamento feito pela *Folha de S.Paulo* indicou um crescimento de 33% de militares da ativa em cargos comissionados no governo

Bolsonaro. Eles ocupavam 2558 postos.[3] Pouco mais de três décadas depois do início da Nova República, as Forças Armadas voltavam a ocupar postos-chave no governo.

O ministro da Justiça Sergio Moro deixou o governo em abril de 2020. O ex-juiz saiu acusando o presidente Bolsonaro de tentar intervir na Polícia Federal do Rio de Janeiro, que investigava Flávio Bolsonaro no caso das rachadinhas. O sargento Fabrício Queiroz, preso preventivamente dois meses depois, ganhou o direito de cumprir pena em prisão domiciliar por meio de um habeas corpus concedido pelo presidente de plantão do Superior Tribunal de Justiça, João Otávio de Noronha. A mulher de Queiroz, Márcia Aguiar, que estava foragida, também recebeu o benefício.

A máquina de incitação contra bodes expiatórios passou a rodar no Palácio do Planalto e foi para as mãos de um grupo de funcionários que formavam o gabinete do ódio. Liderados por Filipe Martins, Carlos e Eduardo Bolsonaro, o núcleo deu prosseguimento aos ataques contra opositores e à disseminação de mentiras iniciados durante a campanha. O governo sempre negou a existência de um grupo que espalhava fake news, até que o próprio Facebook derrubou diversas páginas de seus integrantes. A beligerância continuou durante a pandemia do coronavírus. Bolsonaro atacou epidemiologistas e médicos que recomendaram o isolamento social como a forma mais segura, naquele momento, de desacelerar contaminações e mortes, e de evitar o caos no sistema de saúde. Também vociferou contra os governadores que seguiam recomendações de médicos e cientistas, agrediu a imprensa, que noticiava e explicava sobre a gravidade da situação, e demitiu dois ministros seus da Saúde, médicos que tentavam controlar e reduzir os danos e as mortes causados pela epidemia, substituindo-os por um militar sem experiência na área. Portanto, não foi de espantar que, em agosto de 2020, o Brasil tivesse alcançado o segundo lugar no ranking mundial de mortes pela Covid-19, com mais de 100 mil vítimas, atrás apenas dos Estados Unidos. Mesmo assim, Bolsonaro seguia apoiado por mais de um terço da população brasileira.[4]

Minha conversa com Lobo, o ex-miliciano entrevistado no primeiro capítulo, havia me ajudado a pegar e a puxar o fio daquele emaranhado de fatos e desembaraçá-lo ao longo deste livro. A linha de raciocínio de Lobo, de defender o homicídio como instrumento para a obtenção de obediência e de ordem, foi a mesma que contribuiu para a formação dos diversos grupos armados que passaram a disputar territórios no Rio. Ao fim da pesquisa para este livro, uma conversa que tive com os irmãos Jerominho e Natalino me permitiu saber ainda mais sobre a lógica dessa escolha, reforçando os argumentos de Lobo. Acusados, em meados dos anos 2000, de serem os fundadores da Liga da Justiça, os dois carregam nas costas um conjunto considerável de denúncias. Carminha, filha de Jerominho e sobrinha de Natalino, também participou da conversa, organizada para um projeto paralelo do qual participo, liderado pelo cineasta Fernando Gronstein. Foram duas horas e meia de um papo online com a família, que estava em casa, em Campo Grande, na zona oeste do Rio de Janeiro.

Jerominho e Natalino são representantes de um tempo em que os paramilitares matavam em público, em plena luz do dia, com diversos tiros num só corpo, para passar recados aos rivais. Natalino foi apelidado de Mata Rindo pelos policiais. Na época, as mortes associadas a conflitos como esses foram estimadas em pelo menos sessenta casos — a maior parte sem autoria comprovada, por medo das testemunhas. Em 2007 e 2008, os dois foram presos e condenados, e passaram uma temporada de quase dez anos em presídios federais, isolados, com direito a raras horas de banho de sol, em um lugar em que suicídios e surtos de prisioneiros eram comuns. Foram soltos em outubro de 2018. Pouco mais de um ano depois, Jerominho se candidatou a prefeito do Rio, mas desistiu por problemas no coração. Carminha, sua filha, que em 2008 também esteve presa por 45 dias em um presídio federal para homens, assumiu a cabeça da candidatura, tendo o pai como vice. A chapa se chamava Coração Valente.

Durante o bate-papo, realizado por vídeo por causa da pandemia — o que não esfriou o entusiasmo do trio —, Jerominho e Natalino se mostraram carismáticos. Cantaram jingles antigos dos tempos em que Jerominho foi candidato a vereador, em ritmo de funk, com direito ao som de bateria eletrônica feito com a voz. No fim nos convidaram para um churrasco, com violão e samba, para depois que saísse a vacina da Covid-19. Aos 71 anos, Jerominho não assustava mais com seu jeito de avô bonachão, uma grande barriga e rosto vermelho. Natalino, aos 64, era o tipo risonho que se calava, respeitoso, quando o irmão mais velho começava a falar. Eles me lembraram os coronéis dos sertões do Brasil, reinventados nas periferias urbanas cariocas. Assim como tinha me ocorrido no encontro com Lobo, enquanto eu os ouvia, me perguntava como duas personalidades distintas podiam conviver em um único indivíduo? Habitavam o mesmo corpo o médico e o monstro? O matador e o homem cordial? Claro que eu não estava diante de pessoas com dupla personalidade. O carisma e a violência não eram traços opostos, mas complementares na formação dessas autoridades que mandavam nos bairros. Foi para onde a conversa se dirigiu.

Jerominho e Natalino, assim como Lobo e outras figuras importantes no crime, quando matavam, acreditavam agir em defesa de uma causa. Os dois contaram que eram policiais em Campo Grande, bairro onde moravam, e passaram a ajudar os vizinhos em razão das imensas carências do local. Ofereciam garrafas de oxigênio a comunidades pobres e criaram um centro comunitário que ampliou o atendimento à população. Segundo Jerominho, como ele era um policial conhecido na região, moradores o procuravam para resolver problemas. Conforme sua fama crescia, os pedidos também aumentavam. Certa vez, ele baleou três ladrões que tentaram roubar sua filha Carminha na porta de casa. A partir daí, tornou-se inevitável construir uma aliança de homens armados para se protegerem contra inimigos, bem como pensar em fontes para financiar o grupo. De acordo com os promotores, o financiamento se deu inicialmente pelo controle do transporte alternativo na região. Mais tarde, outras fontes de receita surgiriam.

A violência, vista dessa ótica, ganha um papel instrumental. Quando imposta pela defesa de uma causa coletiva, em favor dos mais fracos, ajuda na garantia da ordem e da obediência às regras. Como uma ação pedagógica. O homicídio ensinaria aos demais o destino dos ladrões que ousavam desobedecer. Essa modalidade de assassinato, portanto, era vista como um antídoto ao roubo e ao tráfico de drogas, formas de violência consideradas covardes, desrespeitadoras das regras e geradoras de imprevisibilidade. Assassinatos, encarados desse ponto de vista, podem levar à ordem, que por sua vez traz segurança. Já o roubo e o tráfico são sinônimos de desordem, provocam medo e uma sensação de vulnerabilidade.

Por isso os esquadrões da morte foram criados e aplaudidos. Eles vendiam a ideia de que eliminavam ladrões em nome da segurança. O mesmo caminho foi seguido por outros grupos, como a Invernada de Olaria, a Scuderie Le Cocq, as polícias mineiras da Baixada Fluminense, os justiceiros de São Paulo. Todos alegavam matar em defesa dos fracos, mas acabavam matando em defesa dos próprios interesses. À medida que a venda de drogas aumentava, os traficantes passaram a se armar para seguir no jogo. Houve diversos confrontos. A violência desses grupos armados, traficantes e paramilitares, em vez de promover a obediência, estimulou reações, rivalidades, vinganças e uma espiral de mortes. Quando o Estado e a Justiça abrem mão de suas funções, a disputa é definida pela lei do mais forte.

Bolsonaro venceu a eleição de 2018 porque parte dos brasileiros foi seduzida pela ideia da violência redentora. Diante da crise econômica e da descrença na política, os eleitores escolheram um justiceiro para governá-los. Como se o país decidisse abandonar suas instituições democráticas para se tornar uma enorme Rio das Pedras gerida por princípios milicianos.

Sem dúvida, há espaço para aprender e amadurecer depois do surto bolsonarista. A tristeza e a depressão chegaram porque o Brasil prometido pela Nova República não aconteceu. Bolsonaro foi o sintoma dessa desesperança. O momento de achar os culpados. Como dizia Darcy Ribeiro, contudo, somos ainda "um povo em ser", na dura tarefa de encontrar o próprio destino; há um país em busca de uma teoria sobre si mesmo, que, em vez de olhar para fora e se frustrar com o que não conseguiu ser, precisa olhar para dentro e compreender melhor quem é.

Para encontrar esse rumo, a via a ser trilhada depende da política. Uma construção que necessita do diálogo entre representantes dos interesses em jogo, para fortalecer os laços de solidariedade. É preciso compreender aonde se quer chegar, refletir sobre os valores coletivos, para garantir um contrato que contemple interesses gerais e direitos individuais. A obediência a esse pacto vai ocorrer conforme as regras do jogo sejam vistas como justas e legítimas. A violência, quando aclamada como solução, alerta para a fragilidade do pacto, abrindo espaço para a ruptura e a guerra fratricida.

Desde seu ingresso na política, Marielle aspirava ajudar a construir esse diálogo. Foi eleita vereadora do Rio de Janeiro em 2016 com uma campanha inspirada no ubuntu, filosofia sul-africana que em 1994 serviu de base para que Nelson Mandela e o bispo Desmond Tutu costurassem um pacto para a reconstrução do país no pós-apartheid. "Eu sou porque nós somos" era o slogan da candidata Marielle, que pregava entendimento entre as diferenças em contraposição à guerra. As transformações, contudo, levam tempo e exigem esforço. Depois do assassinato de Marielle, uma das últimas mensagens que ela escreveu nas redes sociais continua a ressoar: "Quantos mais vão precisar morrer para que essa guerra acabe?". Bolsonaro veio com a proposta de acirrar a guerra. O surto que levou os eleitores a optar por essa via já faz parte da história brasileira, mas, se tudo der certo, será passageiro. Permanece a mensagem deixada por Marielle, a apontar o único caminho possível.

Notas

2. Os elos entre o passado e o futuro [pp. 37-68]

1. Balanço publicado em reportagem da revista *piauí*: Luigi Mazza, "Flávio, os condenados e os condecorados". *piauí*, 22 fev. 2019. Disponível em: <https://piaui.folha.uol.com.br/flavio-os-condenados-e-os-condecorados/>. Acesso em: 16 jul. 2020.
2. Moção 2650/2003. Disponível em: <http://alerjln1.alerj.rj.gov.br/scpro0307.nsf/e4bb858a5b3d42e383256cee006ab66a/7c5e3718a895341783256dc9004b6f49?OpenDocument>. Acesso em: 16 jul. 2020.
3. Moção 3180/2004. Disponível em: <http://alerjln1.alerj.rj.gov.br/scpro0307.nsf/e00a7c3c8652b69a83256cca00646ee5/20f1a3fbde44a5c283256e4d007055ec?OpenDocument>. Acesso em: 16 jul. 2020.
4. Disponível em: <https://www.camara.leg.br/internet/sitaqweb/TextoHTML.asp?etapa=5&nuSessao=291.3.52.O&nuQuarto=30&nuOrador=2&nuInsercao=0&dtHorarioQuarto=09:58&sgFaseSessao=BC&Data=27/10/2005&txApelido=JAIR%20BOLSONARO,%20PP-RJ&txFaseSessao=Breves%20Comunica%C3%A7%C3%B5es&txTipoSessao=Extraordin%C3%A1ria%20-%20CD&dtHoraQuarto=09:58&txEtapa=>. Acesso em: 13 ago. 2020.
5. Disponível em: <https://www.camara.leg.br/internet/SitaqWeb/TextoHTML.asp?etapa=5&nuSessao=138.1.52.O&nuQuarto=13&nuOrador=1&nuInsercao=0&dtHorarioQuarto=14:54&sgFaseSessao=BC&Data=12/08/2003>. Acesso em: 16 jul. 2020.
6. Disponível em: <http://www3.alerj.rj.gov.br/lotus_notes/default.asp?id=58&url=L3RhcWFsZXJqMjAwNi5uc2YvOGI5OWNhMzhlMDc4MjZkYjAzMjU2NTMwMDA0NmZkZjEvYzcyYWY4ODI5NTQwZWFkZDgzMjU3YjZiMDA2MjUyOTk/T3BlbkRvY3VtZW50JkV4cGFuZFNLY3Rpb249MSNfU2VjdGlvbjE=>. Acesso em: 16 jul. 2020.
7. No livro *Mito ou verdade*, que escreveu sobre o pai.
8. Ibid.

9. Disponível em: <http://alerjln1.alerj.rj.gov.br/taqalerj2006.nsf/5d50d39bd976391b83256536006a2502/d8acec134b8797f983257b6b0064c41f?OpenDocument>. Acesso em: 13 ago. 2020.
10. Disponível em: <https://www.camara.leg.br/internet/sitaqweb/TextoHTML.asp?etapa=3&nuSessao=326.2.53.O&nuQuarto=20&nuOrador=1&nuInsercao=0&dtHorarioQuarto=15:48&sgFaseSessao=BC%20%20%20%20%20%20%20%20&Data=17/12/2008-&txApelido=JAIR%20BOLSONARO&txFaseSessao=Breves%20Comunica%C3%A7%C3%B5es%20%20%20%20%20%20%20%20%20%20&dtHoraQuarto=15:48&txEtapa=Com%20reda%C3%A7%C3%A3o%20final>. Acesso em 17 jul. 2020.

3. As origens em Rio das Pedras e na Liga da Justiça [pp. 69-108]

1. Levantamento feito em 2020 pela Outdoor Social Inteligência (OSI) para a formação G10 das Favelas, bloco econômico com as dez maiores comunidades brasileiras.
2. Instituto Pereira Passos (IPP), "Sistemas de Assentamentos de Baixa Renda (Sabren)". Disponível em: <http://pcrj.maps.arcgis.com/apps/MapJournal/index.html?appid=4df92f92f1ef4d21aa77892acb358540>. Acesso em: 17 jul. 2020.
3. Esse histórico do processo de ocupação de Rio das Pedras e do papel da associação de moradores está em "Favela, cidade e cidadania em Rio das Pedras". In: Marcelo Burgos, *A utopia da comunidade: Rio das Pedras, uma favela carioca*. Rio de Janeiro: PUC-Rio; Loyola, 2002.
4. Depoimento de Maria do Socorro Tostes no processo que investigava a tentativa de homicídio que ela sofreu em 2008. O seu marido, Félix Tostes, fora assassinado no ano anterior.
5. Estimativa fornecida por testemunhas ao Disque-Denúncia e revelada na CPI das Milícias em 2008.
6. Relatório final da Comissão Parlamentar de Inquérito destinada a investigar ação de milícias no Rio de Janeiro (CPI das Milícias), feito em 2008; ver: Ignácio Cano e Thais Duarte, *No Sapatinho: A evolução das milícias no Rio de Janeiro (2008-2011)*. Rio de Janeiro: Fundação Heinrich Böll, 2012.
7. Relatório final da CPI das Milícias.
8. Depoimento do delegado Marcus Neves à CPI das Milícias em 2008.
9. Nilton Claudino contou sua história em "Minha dor não sai no jornal" (*piauí*, ago. 2011. Disponível em: <https://piaui.folha.uol.com.br/materia/minha-dor-nao-sai-no-jornal/>. Acesso em: 21 ago. 2020). Em abril de 2019, ele deu entrevista ao programa *Conversa com Bial* (disponível em: <https://globoplay.globo.com/v/7546170/>. Acesso em: 21 ago. 2020).

10. Números da Secretaria de Segurança do Rio de Janeiro. Disponível em: <http://piaui.folha.uol.com.br/lupa/wp-content/uploads/2018/05/milicianospresosbalanco.png>. Acesso em: 17 jul. 2020.

4. Fuzis, polícia e bicho [pp. 109-44]

1. Projeto do Instituto de Pós-Graduação dos Estudos Internacionais e Desenvolvimento, localizado em Genebra, publicou o relatório *Small Arms Survey: As armas e a cidade*. O estudo foi realizado pelos pesquisadores James Bevan (Small Arms Survey) e Pablo Dreyfus (Viva Rio), com a colaboração de Walter Barros (Departamento Técnico e Científico da Polícia do Rio, DPTC), Marcelo de Souza Nascimento (Instituto de Estudos da Religião, Iser) e Júlio Cesar Purcena (Viva Rio).
2. Ver: Instituto Sou da Paz, *De onde vêm as armas do crime apreendidas no Sudeste?: Análise do perfil das armas de fogo apreendidas em 2014*. Disponível em: <http://soudapaz.org/o-que-fazemos/conhecer/pesquisas/controle-de-armas/as-armas-do-crime/?show=documentos#3563>. Acesso em: 17 jul. 2020.
3. Daniel Veloso Hirata e Carolina Christoph Grillo, *Operações policiais no Rio de Janeiro*. Rio de Janeiro: Fundação Heinrich Böll, 2019.
4. Levantamento feito pela plataforma Fogo Cruzado. Disponível em: <https://fogocruzado.org.br/>. Acesso em: 17 jul. 2020.
5. Zuenir Ventura, *Cidade partida*. São Paulo: Companhia das Letras, 1994, p. 17.
6. David Maciel de Mello Neto, "Esquadrão da Morte: Outra categoria de acumulação social da violência no Rio de Janeiro". *Dilemas*, v. 10, n. 1, 2017.
7. Para a história do Esquadrão Suicida e do Esquadrão da Morte, ver: David Maciel de Mello Neto, op. cit.
8. Informações do relatório final da Comissão da Verdade do Rio de Janeiro.
9. Relato do jornalista Laurindo Ernesto (que na época trabalhava no *Última Hora*) ao programa *Fora de Pauta*.
10. Relatório final da Comissão da Verdade do Rio de Janeiro, 2015, p. 320.

5. Facções e a guerra dos tronos [pp. 145-86]

1. Alba Zaluar e Luiz Alberto Pinheiro de Freitas, *Cidade de Deus: A história de Ailton Batata, o sobrevivente*. Rio de Janeiro: FGV, 2017.
2. Carlos Amorim, *CV, PCC: A Irmandade do Crime*. Rio de Janeiro: Record, 2003.
3. Ibid.
4. Márcio Santos Nepomuceno e Renato Homem, *Marcinho Verdades e Posições: O direito penal do inimigo*. Rio de Janeiro: Gramma, 2017.
5. Ibid.

6. Marcos Alvito, *As cores de Acari: Uma favela carioca*. Rio de Janeiro: FGV, 2001.
7. Marcelo Rezende e Milton Costa Carvalho, "Um rei à Bangu". *Placar*, 14 mar. 1980. Disponível em: <https://www.bangu.net.br/informacao/reportagens/19800314.php>. Acesso em: 13 ago. 2020.
8. A história da ascensão de Uê na cena do crime do Rio foi contada no livro *Enjaulados: Presídios, prisioneiros, gangues e comandos* (Rio de Janeiro: Gryphus, 2009), na seção escrita pelo jornalista Marcelo Auler sobre o Rio de Janeiro.
9. A história de Lillo Lauricella foi contada pelo jurista e ex-secretário Nacional Antidrogas Wálter Maierovitch (disponível em: <http://www.ibgf.org.br/index.php?data[id_secao]=3&data[id_materia]=1195>. Acesso em: 20 jul. 2020) e na reportagem "Corleones do Brasil", da *Revista Superinteressante* (disponível em: <https://super.abril.com.br/historia/corleones-do-brasil/>. Acesso em: 20 jul. 2020).
10. Palloma Valle Menezes, "Os rumores da 'pacificação': A chegada da UPP e as mudanças nos problemas públicos no Santa Marta e na Cidade de Deus". *Dilemas*, v. 7, n. 4, pp. 665-84, 2014.
11. Dados do Anuário do Fórum Brasileiro de Segurança Pública de 2010, 2011, 2012, 2013, 2014, 2015, 2016.
12. Dados do Instituto de Segurança Pública do Estado.

6. Marielle e Marcelo [pp. 187-225]

1. Sobre a postura mais discreta e as mudanças na forma de agir dos paramilitares desde 2008, os sociólogos Ignácio Cano e Thais Duarte publicaram em 2012 o estudo *No Sapatinho: A evolução das milícias no Rio de Janeiro (2008-2011)* (Rio de Janeiro: Fundação Heinrich Böll, 2012).
2. Carina Bacelar, Luã Marinatto e Renan Rodrigues, "Jornada de trabalho de policiais militares pode ser mexida". *Extra*, 15 mar. 2018. Disponível em: <https://extra.globo.com/casos-de-policia/jornada-de-trabalho-de-policiais-militares-pode-ser-mexida-22491313.html>. Acesso em: 21 jul. 2020.
3. Informações extraídas de inquéritos das Operações da Polícia Federal — Black Ops, Hurricane e Escambo.
4. Conforme investigação da Polícia Federal e denúncia feita pelo Ministério Público Federal, que subsidiou a operação Segurança Pública S/A.
5. Levantamento feito pelo jornalista Flávio Costa ("Em dez anos, 53 milicianos citados em CPI foram assassinados no Rio". UOL, 16 abr. 2018. Disponível em: <https://noticias.uol.com.br/cotidiano/ultimas-noticias/2018/04/16/em-dez-anos-53-milicianos-citados-em-cpi-foram-assassinados-no-rio.htm>. Acesso em: 21 jul. 2020).

7. As milícias 5G e o novo inimigo em comum [pp. 226-56]

1. Thiago Antunes, "Polícia cobrava propina de R$ 500 mil ao mês e R$ 1 milhão para uso de caveirão". *O Dia*, 7 jun. 2017. Disponível em: <https://odia.ig.com.br/_conteudo/rio-de-janeiro/2017-06-07/policia-cobrava-propina-de-r-500-mil-ao-mes-e-r-1-milhao-para-uso-de-caveirao.html>. Acesso em: 13 ago. 2020.
2. Estimativa da Delegacia de Repressão aos Crimes contra a Propriedade Imaterial (DRCPIM).
3. Roberta Pennafort, "'A polícia vai mirar na cabecinha e... fogo', diz novo governador do Rio". *O Estado de S. Paulo*, 1 nov. 2018. Disponível em: <https://politica.estadao.com.br/noticias/eleicoes,a-policia-vai-mirar-na-cabecinha-e-fogo-diz-novo-governador-do-rio,70002578109>. Acesso em: 22 jul. 2020.
4. Ancelmo Gois, "Witzel ouve de Bolsonaro: 'Eu tenho um parafuso a menos, mas você tem dois'". *O Globo*, 15 dez. 2018. Disponível em: <https://blogs.oglobo.globo.com/ancelmo/post/witzel-ouve-de-bolsonaro-eu-tenho-um-parafuso-menos-mas-voce-tem-dois.html>. Acesso em: 22 jul. 2020.
5. Sérgio Ramalho, "Polícias mataram 881 pessoas em 6 meses no RJ. Nenhuma em área de milícia". UOL, 20 ago. 2019. Disponível em: <https://noticias.uol.com.br/cotidiano/ultimas-noticias/2019/08/20/policias-mataram-881-pessoas-em-6-meses-no-rj-nenhuma-em-area-de-milicia.htm>. Acesso em: 13 ago. 2020.
6. G1, "Witzel diz que 'em outros lugares do mundo', poderia ter autorização para jogar míssil em bandidos da Cidade de Deus". G1, 14 jun. 2019. Disponível em: <https://g1.globo.com/rj/rio-de-janeiro/noticia/2019/06/14/em-discurso-witzel-fala-em-jogar-missil-em-traficantes-na-cidade-de-deus.ghtml>. Acesso em: 22 jul. 2020.
7. Clara Velasco, Felipe Grandin e Thiago Reis, "Número de pessoas mortas pela polícia cresce no Brasil em 2019; assassinatos de policiais caem pela metade". G1, 16 abr. 2020. Disponível em: <https://g1.globo.com/monitor-da-violencia/noticia/2020/04/16/numero-de-pessoas-mortas-pela-policia-cresce-no-brasil-em-2019-assassinatos-de-policiais-caem-pela-metade.ghtml>. Acesso em: 22 jul. 2020.
8. A informação consta no livro *Os porões da contravenção: Jogo do bicho e ditadura militar: A histórica aliança que profissionalizou o crime organizado* (Rio de Janeiro: Record, 2015), de Aloy Jupiara e Chico Otávio.
9. Ibid.
10. Alguns textos consultados no debate sobre economia no Rio de Janeiro são: Bruno Leonardo Barth Sobral, "A crise no Rio não deve ser tratada como crise no Rio". Brasil Debate, 6 maio 2017 (disponível em: <https://brasildebate.com.br/a-crise-no-rio-nao-deve-ser-tratada-como-crise-do-rio/>. Acesso em: 13 ago. 2020); Observatório dos Benefícios,

Jogando Luz na Escuridão (disponível em: <https://apublica.org/wp-content/uploads/2016/11/Relato%CC%81rio-Observato%CC%81rio-dos-Benefi%CC%81cios.pdf>. Acesso em: 13 ago. 2020); Mauro Osório e Maria Helena Versiani, "O papel das instituições na trajetória econômica-social do estado do Rio de janeiro" (*Cadernos do Desenvolvimento Fluminense*, Rio de Janeiro, n. 2, jul. 2013).

8. Cruz, Ustra, Olavo e a ascensão do capitão [pp. 257-87]

1. Elio Gaspari, *A ditadura acabada*. Rio de Janeiro: Intrínseca, 2016.
2. Luiz Maklouf Carvalho, *O cadete e o capitão*. São Paulo: Todavia, 2019.
3. Flávio Bolsonaro, *Jair Messias Bolsonaro: Mito ou verdade*. Rio de Janeiro: Altadena, 2017.
4. Relatório da Comissão Nacional da Verdade.
5. A discussão sobre as influências sofridas pelo Exército está aprofundada no livro *A Casa da Vovó: Uma biografia do DOI-Codi (1969-1991), o centro de sequestro, tortura e morte da ditadura militar* (São Paulo: Alameda, 2014), de Marcelo Godoy.
6. Ver: *Brasil: nunca mais*. São Paulo: Vozes, 2014.
7. O relato está no livro de Flávio Bolsonaro, op. cit.
8. Camila Mattoso e Italo Nogueira, "Gabinete de Jair Bolsonaro abasteceu 'rachadinha' por meio da filha de Queiroz, indicam extratos bancários". *Folha de S.Paulo*, 12 ago. 2020. Disponível em: <https://www1.folha.uol.com.br/poder/2020/08/gabinete-de-jair-bolsonaro-abasteceu-rachadinha-por-meio-da-filha-de-queiroz-indicam-extratos-bancarios.shtml>. Acesso em: 17 ago. 2020.
9. Gabriela Cariello e Marco Grillo, "Como ganhou corpo a onda de 'fake news' sobre Marielle Franco". *O Globo*, 23 mar. 2018. Disponível em: <https://oglobo.globo.com/rio/como-ganhou-corpo-onda-de-fake-news-sobre-marielle-franco-22518202>. Acesso em: 22 jul. 2020.
10. Disponível em: <http://dapp.fgv.br/pesquisa-da-fgv-dapp-identifica-uso-de-robos-em-ate-5-debate-no-twitter-sobre-morte-de-marielle-franco/> e em <http://dapp.fgv.br/morte-de-marielle-franco-mobiliza-mais-de-567-mil-mencoes-no-twitter-aponta-levantamento-da-fgv-dapp/>. Acesso em: 22 jul. 2020.
11. O conteúdo da palestra foi divulgado em reportagem de Rodrigo Vizeu ("General critica políticos em palestra e pede 'despertar para a luta patriótica'". *Folha de S.Paulo*, 19 out. 2015. Disponível em: <https://www1.folha.uol.com.br/poder/2015/10/1695840-general-critica-politicos-em-palestra-e-pede-despertar-para-a-luta-patriotica.shtml>. Acesso em: 22 jul. 2020.
12. Essas discussões sobre o papel da mídia e das redes sociais no Brasil e nos Estados Unidos se inspiram nos debate feitos no grupo Jornalismo,

Direito e Liberdade sobre o texto de Ciro Marcondes Filho "Hora de reescrever as teorias da Comunicação" (*Questões Transversais: Revista de Epistemologias da Comunicação*, v. 7, n. 14. Disponível em: <http://revistas.unisinos.br/index.php/questoes/article/view/19765>. Acesso em: 22 jul. 2020).

13. A análise feita por Marcos Coimbra foi divulgada por Ciro Marcondes e pelo site Paz e Bem. Ver: "Milhões de evangélicas pobres decidiram a eleição em favor de Bolsonaro: É preciso conversar com elas". Paz e Bem, 20 fev. 2019. Disponível em: <https://pazebem.org/sociedade/100512/milhoes-de-evangelicas-pobres-decidiram-a-eleicao-em-favor-de-bolsonaro-e-preciso-conversar-com-elas/>. Acesso em: 24 ago. 2020.

Ubuntu [pp. 288-95]

1. Levantamento feito pelo programa de variedades *Fantástico*, "Quase 140 mil novas armas de fogo são registradas no Brasil só em 2020" (G1, 19 jul. 2020. Disponível em: <https://g1.globo.com/fantastico/noticia/2020/07/19/quase-140-mil-novas-armas-de-fogo-sao-registradas-no-brasil-so-em-2020.ghtml>. Acesso em: 22 jul. 2020).
2. Informações obtidas, via Lei de Acesso à Informação, pelo site Fiquem Sabendo, jul. 2020.
3. Ranier Bragon e Camila Matoso, "Presença de militares da ativa no governo federal cresce 33% sob Bolsonaro e mais que dobra em 20 anos". *Folha de S.Paulo*, 18 jul. 2020. Disponível em: <https://www1.folha.uol.com.br/poder/2020/07/presenca-de-militares-da-ativa-no-governo-federal-cresce-33-sob-bolsonaro-e-mais-que-dobra-em-20-anos.shtml>. Acesso em: 22 jul. 2020.
4. Em agosto de 2020, pesquisa Datafolha indicou que o presidente alcançou aprovação recorde, com 37% dos brasileiros afirmando que consideram seu governo ótimo ou bom. Ver: DW, "Aprovação de Bolsonaro bate recorde no auge da pandemia". UOL, 14 ago. 2020. Disponível em: <https://noticias.uol.com.br/ultimas-noticias/deutschewelle/2020/08/14/aprovacao-de-bolsonaro-bate-recorde-no-auge-da-pandemia.htm>. Acesso em: 17 ago. 2020.

© Bruno Paes Manso, 2020

Todos os direitos desta edição reservados à Todavia.

Grafia atualizada segundo o Acordo Ortográfico da Língua Portuguesa de 1990, que entrou em vigor no Brasil em 2009.

capa
Pedro Inoue
composição
Jussara Fino
leitura jurídica
Luís Francisco Carvalho Filho
preparação
Ciça Caropreso
checagem
Luiza Miguez
revisão
Huendel Viana
Tomoe Moroizumi

11ª reimpressão, 2024

Dados Internacionais de Catalogação na Publicação (CIP)

Manso, Bruno Paes (1971-)
 A república das milícias : Dos esquadrões da morte à era Bolsonaro / Bruno Paes Manso. — 1. ed. — São Paulo : Todavia, 2020.

 Inclui bibliografia.
 ISBN 978-65-5692-061-0

 1. Situação política. 2. Segurança pública. 3. Milícias. I. Título.

CDD 320.9

Índice para catálogo sistemático:
1. Situação política : Segurança pública 320.9

Bruna Heller — Bibliotecária — CRB 10/2348

todavia
Rua Luís Anhaia, 44
05433.020 São Paulo SP
T. 55 11. 3094 0500
www.todavialivros.com.br

fonte
Register*
papel
Pólen natural 80 g/m²
impressão
Geográfica